生命尽头的思考

嘉伟 编著

中国华侨出版社
·北京·

图书在版编目（CIP）数据

生命尽头的思考 / 嘉伟编著 . —北京：中国华侨出版社，
2019.10
ISBN 978-7-5113-8000-5

Ⅰ . ①生… Ⅱ . ①嘉… Ⅲ . ①名人—列传—世界
Ⅳ . ① K811

中国版本图书馆 CIP 数据核字（2019）第 189282 号

生命尽头的思考

编　　著：嘉　伟
责任编辑：刘晓燕
责任校对：孙　丽
经　　销：新华书店
开　　本：670 毫米 ×960 毫米　1/16 开　印张：17　字数：254 千字
印　　刷：河北省三河市天润建兴印务有限公司
版　　次：2020 年 2 月第 1 版
印　　次：2024 年 5 月第 2 次印刷
书　　号：ISBN 978-7-5113-8000-5
定　　价：48.00 元

中国华侨出版社　北京市朝阳区西坝河东里 77 号楼底商 5 号　邮编：100028
发 行 部：（010）64443051　　　传　真：（010）64439708
网　　址：www.oveaschin.com　　E－m a i l：oveaschin@sina.com

如果发现印装质量问题影响阅读，请与印刷厂联系调换。

前言

    中国人强调做人、做事有始有终，却对生死一事秉持着相反的态度：对"生"欢欣雀跃，对"死"规避不谈。追溯至古代，我们会发现，文人雅客对死亡的研究少之又少，这是因为从传统意义上来说，"死"意味着"丧"，是件不吉利的丧气事；也因为"死"意味着终结，让人本能地感到恐惧，故而刻意回避。与之类似的想法也一直延续至今。

    然而，实际上，死亡与出生、恋爱、工作、结婚一样，只是一个人生命进程中的一个过程。古希腊哲学家苏格拉底说：未经审视的人生不值得度过。死亡也是审视人生的一个重要课题，我们谈论"死"是为了更好地"生"；学会平和、客观地面对死亡，才能对生命怀有敬意、保持坦然。既然死亡一事必然到来、无法避免，为何不让它来得更有意义呢？

    基于上述想法，我们编撰了此书。我们精心挑选了影响过世界的、来自各行业的诸多名人，将他们的生平浓缩在一篇篇短小精悍的文章里，一一呈现他们人生中的重要时刻——不管是激情燃烧的青春岁月，还是艰难抉择的中年；不管是面对曲折命运的态度，还是走向临终时刻的怆然回首。他们的一生就是一段历史，希望读者能够以此为鉴，以他们的经历反观自己的人生：我要如何走向生命的尽头？当临终时刻到来的时候，我能否对自己的人生评价为"值得"？

目录

第三章 ／经济	**财富是人生的微末**

第六章
／艺术

作品是最高的信仰

第一章 哲学
思考是思想者的本能

　　上帝是否真的存在？人的精神如何才能获得安宁？生与死有着怎样的哲学意义？这里，我们就一探哲学家临终时刻的最后哲思，分享他们最后的智慧闪光、最铭心刻骨的心灵探索，并在这独特的视角中，重新找到关于生命的本真意义。

柏拉图：
在思考中与世界诀别

国　　别：古希腊

生 卒 年：公元前 427 年—前 347 年

死亡原因：正常死亡

地位影响：柏拉图是西方客观唯心主义创始人，影响整个西方文化的伟大哲学家、思想家和教育家。他和老师苏格拉底、学生亚里士多德并称为西方哲学的奠基人。柏拉图的哲学观点可归结为认识论，即世界由"理念世界"和"事物世界"所组成。理念的世界是真实的存在，永恒不变，而人类感官所接触到的这个现实的世界，只不过是理念世界的微弱的影子。其借老师苏格拉底之口撰写的《理想国》，表达了自己的政治、法律、教育、伦理观，对西方文化影响深远。

　　柏拉图出身于古希腊贵族家庭，天赋异禀，拥有出色的学习能力和口才。据说他原名为亚里斯多克勒，后因具有流畅宽广的口才（另一说法为宽广的前额）而得名柏拉图。在希腊语中，"流畅宽广"正与"柏拉图"发音类似。

　　受家族影响，柏拉图原本打算从政，但雅典贵族势力失利，以及他的老师苏格拉底因政见与当局不和被判死刑，导致他对政治完全失望，开始四处游学、传道授业解惑。约公元前 387 年，已逾不惑之年的柏拉图结束旅行返回雅典，并在城外西北角创立了以自己名字命名的柏拉图学园。这所学园的成立开创了历史先河，它是西方文明最早的有完整组织的高等学府之一，也是中世纪时在西方发展起来的大学的前身。该学院的课程设置可以说是近现代雏形，囊括了算术、几何学、天文学以及声学，体系全面科学，对后世影响深远。柏拉图学园存在了九百多年，培养出了众多知识分子，亚里士多德是其中的佼佼者。

柏拉图一生著作颇丰，在不同领域都有所建树。

首先，哲学方面。柏拉图的哲学体系博大精深，核心就是讨论人的认识与客观世界的关系问题。他认为世界由理念世界和事物世界两个层次构成，理念世界可知不可感，而可感世界可感不可知，这是他整个哲学的逻辑起点。他认为理念是事物的基础，事物是在理念的基础上衍生出来的，事物存在的目的就是实现理念的本质。柏拉图这一哲学观点的积极意义在于肯定了知识对于现实世界的重大意义，奠定了西方文化对知识尊重与追求的基因。

其次，政治方面。柏拉图的政治思想在其《理想国》一书中体现得淋漓尽致。因为推崇理念至上，柏拉图认为理想的国家应由贵族精英统治，因为他们是正义和道德的化身，拥有崇高的灵魂和渊博的知识。国家统治者的合法性最终植根于对知识的把握，统治的目的及其合理性与责任感，则体现在增加国家的利益，使被统治者受益。以现代的眼光看，柏拉图的理想国的确是乌托邦，将国家利益、人民福祉建立在个人人品和能力之上，未免过于理想化。

此外，柏拉图的爱情观也对后世产生了较大影响，"柏拉图式的精神恋爱"就是源于他的学说。柏拉图认为爱情是从人世间美的形体窥见美的本体以后所引起的爱慕，这种情感能使人达到永恒之美，因此是高尚纯洁的。他反对把爱情当成利害关系和情欲的满足，具有反对庸俗爱情的意义，所以是一种理想化的爱情。这一学说令世人产生共鸣，追求柏拉图式纯洁爱情也是古往今来无数动人故事流传的原始动力。

柏拉图可谓西方世界的精神导师，他勤于思考、善于思考，为后世留下了宝贵的精神财富。关于他的死亡，也因为史料记述颇有争议而产生了两个版本。一种是死于自己写作的过程中；一种是参加弟子的婚礼，在休息时安然逝去。目前我们无法考证究竟哪个是历史的真实写照，但我们都坚信，即使在死亡的最后一刻，这位伟大哲人仍没有停止思考。即使在参加婚礼的休息片刻，他也是在思考中平和地与这个世界诀别。

亚里士多德：

雅典人不能再次毁灭哲学

国　　别：古希腊

生 卒 年：公元前 384 年—前 322 年

死亡原因：存在争议

地位影响：亚里士多德是古希腊著名哲学家、思想家、教育家，研究领域广阔，涵盖了逻辑、哲学、政治、教育、物理等诸多领域，是全能型学者。他的思想对人类产生了深远影响，是西方哲学的奠基人之一，同时也对科学做出了重大贡献。

　　亚里士多德出生于贵族家庭，父亲是马其顿王的御医。18 岁的时候，亚里士多德便被送到雅典的柏拉图学园学习，并在那里学习了近 20 年，一直是柏拉图学园最出色的学生。在公元前 347 年柏拉图去世后，由于和学园的新首脑在数学上的理念不和，亚里士多德便离开了雅典，像他的老师柏拉图那样开始四处游学。

　　起初，他接受学友赫米阿斯的邀请访问了小亚细亚。赫米阿斯当时统治着小亚细亚的一个城邦密细亚。亚里士多德在那里娶了赫米阿斯的侄女为妻，并在那里安稳地度过了三年左右的时光。公元前 344 年，随着赫米阿斯在一次暴乱中被谋杀，亚里士多德在密细亚失去了靠山，不得不和家人离开密细亚，奔赴米提利尼避难。又过了三年左右，因仰慕亚里士多德的才华，马其顿国王腓力二世召唤他回到故乡，为当时年仅 13 岁的儿子（即历史上著名的亚历山大大帝）传业授道。虽然长期埋头学术，亚里士多德却非常希望自己的政治抱负能够付诸实践，所以他想把自己的政治理念灌输给未来的国王，再借由国王的意志将其化为现实，这是个千载难逢的机遇。亚里士多德接受了这一邀请，根据古希腊著名传记作家普鲁塔克的记载，他从政治、哲学、道德及科学等方面对亚历山大大帝进行了全方位的辅导，使这位未来国王的思想刻上了浓重的亚里士多德烙印。不出所料，亚历山大大帝十分重视科学，尊重知识，但是，二人的政治观点并不完全相同，亚里士多德师承自己的老师柏拉图，希望在城邦制的基础上建立精英政治；亚历山大大帝则希望加强集权统治，所有的决策都来源于个人意志，以建立大一统帝国。

公元前 336 年，马其顿国王腓力二世去世，亚里士多德不想过问政治，于是又回到雅典，并在那里建立了自己的学园吕刻俄斯。这段时期是亚里士多德著述最丰富的阶段。他边讲课边撰写了多部哲学著作，也培养了很多得意门生。

亚历山大大帝当权时对希腊实行残暴统治，在他去世后，雅典人开始奋起反抗。由于和亚历山大大帝的师徒关系，亚里士多德被指控犯有不敬神罪而遭到通缉，他不得不将学园交给他人掌管，逃亡到加而西斯避难。对于此次逃亡，亚里士多德解释说："我不想让雅典人再犯下第二次毁灭哲学的罪孽。"因为他老师的老师苏格拉底是因为同样的罪名被处死的。

虽然成功逃避了刑罚，但是在一年之后即公元前 322 年，亚里士多德终究还是没能避免死亡。关于他的死因，流传了很多版本。一种说法是他多年积劳成疾，病发而死；一种说法是他在厄里帕海峡溺水身亡。据史料记载，当亚里士多德被雅典最高法院以不敬神罪判处死刑之时，已成功隐居在埃维厄岛上，而厄里帕海峡把埃维厄岛同希腊大陆分隔开来，并以水流每日多次改变方向的奇异现象而闻名。亚里士多德曾说"愿厄里帕的水吞没我吧，因为我无法理解它"，因此便有学者考证认为他是因为找不到对这一现象的合理解释，挫败感强烈而投水身亡。这种说法过于牵强，仅凭他当时的一句话来推测也有失理性。一代哲学大师难道脆弱至此，会因为解释不了一种自然现象而想不开？亚里士多德解释不了的现象何止于此，不至于和厄里帕海峡过不去。

此外，还有一种说法是，由于受到雅典人的控告和仇视，亚里士多德不得不挥泪离开自己耕耘多年的吕刻俄斯学园。由于精神遭受严重打击，公元前322年，在卡尔基斯抑郁而终。

这种说法比前一种靠谱许多。纵观亚里士多德这一生，与雅典有割舍不开的情结，知识的获取、观念的塑造、思想的形成都是在雅典成就的。而他在雅典创办的吕刻俄斯学园又是他的精神家园和支柱，因此，遭受雅典的否定对他来说不啻为重大打击。积劳成疾也好，抑郁而终也好，亚里士多德就这样充满遗憾地离开了。但是，他的思想永存人世。

伊壁鸠鲁：
快乐是生命的起始和终结

国　　别：古希腊

生 卒 年：约公元前341年—前270年

死亡原因：肾结石

地位影响：伊壁鸠鲁是古希腊哲学家、伊壁鸠鲁学派的创始人。伊壁鸠鲁是个快乐主义者，他认为快乐就是幸福生活的开端与归宿，并且认为快乐就是善，善产生快乐。他将快乐区分为积极的快乐和消极的快乐，强调追求快乐的同时，也要考虑它所带来的副作用。他坚信节制自我欲望，以平和的心境才能对抗痛苦。此外，伊壁鸠鲁也是反对宗教、反对神灵、反对迷信的先驱。后世将他与他弟子的主张归纳为伊壁鸠鲁主义，对形而上哲学的发展具有重要的启示意义。

伊壁鸠鲁是个乐观的人。他所开创的伊壁鸠鲁教义的核心就是"快乐"，他说快乐是神圣生命的起始和终结。我们做的一切事情都是为了免除身体的痛苦和灵魂的烦恼。将快乐等同于善，认为快乐是一种人性良善的体现，但这并不意味着可以无限追求享乐。在他看来，衡量一种行为有趣与否，需要我们同时考虑它所带来的副作用；在追求短暂快乐的同时，也必须考虑获得更大、更持久、更强烈的快乐的可能性。他区分了肉体快乐和精神快乐，指出肉体快乐大部分是强加的，而精神的快乐则可以为我们所支配，因此写书、社交、欣赏画作等也是一种乐趣。只有对自我欲望加以节制，营造平和的心境，才可以帮助我们忍受痛苦。因此伊壁鸠鲁是一个谨慎、有节制的快乐主义者。

这也体现在他的生死观上，伊壁鸠鲁认为，"死亡和我们没有关系，因为只要我们存在一天，死亡就不会来临，而死亡来临时，我们也不再存在了"，所以没有必要对死亡产生恐惧。

想想这真是一个豁达的人，我们禁不住要问：为何伊壁鸠鲁如此快乐？难道生活中的他很幸福吗？实则不然。伊壁鸠鲁出生于贫苦家庭，且长年体弱多病，命运待他并不公平。正是在与命运长期抗争的过程中，伊壁鸠鲁逐渐领悟了人生的真谛，以"快乐"对抗痛苦，以豁达的人生态度面对一切，形成了自己的人生哲学。有个例子可以看出伊壁鸠鲁的乐观幽默。公元前207年，他在自己位于雅典的住房和庭院内设立了一个学派，与外部世界完全隔绝，被后世称为"花园哲学家"。据说在庭院的入口竖有一块牌子，上面写道："陌生人，你将在此过着舒适的生活，在这里享乐乃是至善之事。"这可以看作他哲学观点的直观表达。

伊壁鸠鲁以同样乐观的心态面对死亡。据记载，在他卧病休养两周的时候，他给一个弟子写信道："我在生命最后的时光里十分快乐地写信给你，尽管我的膀胱和肠子让我承受着无以复加的痛苦，但回忆起过去我们的交谈所带给我的快乐，这些痛苦就算不了什么了。"

他同时叮嘱自己的弟子们每逢他的诞辰日和祭日都要为他庆贺，而不是如传统那般哀恸一片。伊壁鸠鲁对生死的淡然态度可见一斑。

他去世那一天，也许预感到自己大限已至，要求弟子把他泡在一个盛满热水的铜浴缸里，并要了一杯纯酒。对他来说，以这种方式告别人世，也是很快乐的。就这样，伊壁鸠鲁，这位古希腊哲学先驱，在舒适与美酒中逝去。

勒内·笛卡尔：
听从理性的安排

国　　别：法国

生 卒 年：1596 年 3 月 31 日—1650 年 2 月 11 日

死亡原因：感冒

地位影响：勒内·笛卡尔，是享誉世界的思想家、哲学家、数学家和物理学家。哲学上，他是二元论者，崇拜理性主义，反对封建经院哲学，开拓了近代唯物理论，并提出"普遍怀疑"的主张，对西方哲学发展影响深远，被德国大哲学家黑格尔称为"现代哲学之父"，可谓西方现代哲学的奠基人。科学上，他将几何坐标体系公式化，被后世视为解析几何之父，对现代数学的发展做出了重要的贡献。笛卡尔在多领域取得了巨大成就，堪称 17 世纪欧洲哲学界和科学界最有影响的巨匠之一，被誉为"近代科学的始祖"。

　　勒内·笛卡尔以勤于思考闻名，他善用逻辑和理论影响他人。他的母亲在他一岁时因肺结核去世，年幼的笛卡尔也因受到感染而体弱多病。因为学习成绩优异，学校允许他在床上早读，这致使他养成了终生沉思的习惯和孤僻的性格。由于家境富裕，笛卡尔自小便接受了良好的教育。1606 年他就读于欧洲最有名的贵族学校——耶稣会的拉弗莱什学校，1616 年在普依托大学学习法律与医学，对各种知识特别是数学深感兴趣。后来他变卖家产在欧洲四处游历，更是注重收集各种知识，并随时陷入沉思。对知识的渴求以及辛勤地思考换来了累累硕果，在荷兰生活的二十多年间，他先后出版了《方法谈》（1637）及其附录《几何学》《屈光学》《气象学》，《哲学原理》（1644），甚至死后还有《论光》问世。

笛卡尔的思想对欧洲现代哲学和科学影响深远。他是西方历史上创立一套完整哲学体系的第一人，因而被广泛认为是西方近代哲学的奠基者。作为理性主义者，笛卡尔将数学引入哲学，认为人类可以使用数学的方法——也就是理性——来进行哲学思考。他坚信，相比于感官感受，理性的感受更加可靠。由此，笛卡尔主张思考的首要步骤就是对每一件事情都进行怀疑，而不能信任我们的感官，由此他推出了著名的哲学命题——"我思故我在"。他认为"我"是一个独立于肉体的、时刻处于思考状态的形态，是区分人类和动物的显著标志。现实世界中存在诸多可以用"我"——即理性——来察觉的特性，这种特性便是它们的数学特性（如长、宽、高等），因此人类才能认识世界。

笛卡尔将这种理性思维的方法不仅运用在哲学思考上，还运用于几何学，并创立了解析几何。他从逻辑学和数学中发现了四条规则，即除了清楚明白的观念外，绝不接受其他任何东西；必须将每个问题分成若干个简单的部分来处理；思想必须从简单到复杂；我们应该时常进行彻底的检查，确保没有遗漏任何东西。这也可以看作他从科学中悟出的哲学方法论。除了数学上的成就，笛卡尔在物理学、天文学方面也造诣非凡。

笛卡尔十分重视科学，他认为科学的最终目的在于造福人类，使人成为自然界的主宰者。他反对封建经院哲学和神学，提出怀疑一切的哲学主张，并提出"我思故我在"的原则，强调理性思维对认识客观世界的重要作用。笛卡尔将世界划分为精神世界和机械世界，这种二元论的观点与长期占据欧洲主流的亚里士多德的学说完全对立，后来却成为欧洲近代哲学的根本主张。可见笛卡尔对近代欧洲思想发展的卓越贡献。

笛卡尔善于思考，用他的智慧点亮了人类思想进步的明灯，在当时的欧洲也享有盛誉，受到多国的普遍尊敬。1649年，因仰慕笛卡尔的智慧和才华，爱好科学的瑞典国王克里斯蒂娜女王邀请他来到斯德哥尔摩，为其授课，笛卡尔应允前往。瑞典天气十分严寒，女王的日程又比较紧张，所以他们经常约在清晨五点的时候于女王书房会面。1650 年 2 月 1 日，从女王书房回来后，他感到冷得发抖，但是并没在意，喝了些烧酒就入睡了，结果突然高烧不退，卧床不起。此时的笛卡尔依旧相信自己只是普通感冒，没有接受医生放血治疗的建议。他拒绝放血的原因在于认为这会缩短自己的寿命，而他一直希望自己能活 100 年。高烧的第八天，笛卡尔终于恢复了理智，他意识到自己高烧不退，于是他用上了理性思维那一套，认为既然上帝让他恢复了理智那就要听从理智的安排，于是接受了放血治疗，但是这并没有使高烧减退。他虚弱至极，甚至咳出的痰里全是黑色的血。第十天，他突然感觉好了一些，开始进食，还与他人进行交谈，但这一切只是回光返照。当天晚上，他昏倒在扶手椅里。当仆人将他抬到床上并叫来神父进行祷告时，他已经永远地闭上了眼睛。克里斯蒂娜女王为他在斯德哥尔摩举行了隆重的葬礼，随后其遗体被运回故乡法国安葬。一代思想巨匠终于停止了思考，获得了永远的休息。

在他的墓碑上，人们这样写道："笛卡尔，欧洲文艺复兴以来，第一个为人类争取并保证理性权利的人。"这样的评价对于思想巨擘笛卡尔来说，实至名归。

伏尔泰：
宽容我的所有对手

国　别：法国

生 卒 年：1694 年 11 月 21 日—1778 年 5 月 30 日

死亡原因：前列腺癌

地位影响：伏尔泰，本名弗朗索瓦·马利·阿鲁埃，该笔名取自他在法国南部故乡的一座城堡。伏尔泰是 18 世纪法国资产阶级启蒙运动的先驱，享有"法兰西思想之王""法兰西最优秀的诗人""欧洲的良心"等盛誉。他以笔为斗争武器，主张开明的君主政治，强调自由和平等，写下了《哲学通信》《形而上学论》《路易十四时代》《老实人》等著作，是法国著名的启蒙思想家、文学家、哲学家、史学家，对法国的资产阶级启蒙运动影响深远。

伏尔泰是个斗争精神很强的人。他出身于贵族家庭，正值欧洲资产阶级启蒙运动兴起、封建专制统治日趋黑暗没落的时期。虽然属于贵族阶层，但他对统治者的腐败昏庸深恶痛绝。1715 年，他因写诗讽刺当时的摄政王奥尔良公爵被流放到苏里。这是伏尔泰与封建腐朽势力的第一次斗争。

当然，这只是序曲，斗志昂扬的伏尔泰只会越挫越勇。1717 年，也就是被流放后回来不久，他再次因写讽刺诗影射宫廷的淫乱生活，被投入巴士底狱。在被关押的 11 个月中，伏尔泰创作了以当时法国国王路易十五为蓝本的悲剧作品《俄狄浦斯王》，并首次使用"伏尔泰"这一笔名。1718 年秋，《俄狄浦斯王》在巴黎上演引起的轰动效应，为伏尔泰摘得了"法兰西最优秀诗人"的桂冠。这部作品也为伏尔泰奠定了以悲剧为主的作品基调和以笔为武器的斗争策略。

1726 年，伏尔泰再次遭到贵族的污辱并遭诬告，又被送到巴士底狱关押了一年。出狱后，他被驱逐出境，流亡英国。当时英国已完成资产阶级革命，确立君主立宪政体，这对伏尔泰的思想产生了极大影响。他用心观察英国的政情人情，探寻法国革命得以借鉴的道路。三年后，在得到法国国王默许的情况下，伏尔泰结束流亡，回到祖国。他笔耕不辍，出版了大量作品宣扬英国革命和自己的政治主张。最终的导火索是书信集《哲学通信》的出版，因对当权者的猛烈抨击而遭到政府严查，身为作者的伏尔泰也被法院下令逮捕。他不得不逃到朋友的乡下庄园隐居，一待就是15年。在此期间，他写出了诸如《牛顿哲学原理》《恺撒之死》等著作，并为年轻一代的启蒙思想家提供智力支持。正是他的不倦斗争与不懈努力，推动了法国资产阶级启蒙运动的发展，为法国大革命埋下了伏笔。

1778年2月10日，在法国人民的热烈欢迎中，已经83岁高龄的伏尔泰终于回到了阔别29年的巴黎，伏尔泰迎来了人生发展的巅峰。但此时他已距死亡不远，身患前列腺癌的他身体状况不容乐观。

临终之前，伏尔泰的态度变得颇为柔和，他倾向于与自己斗争了一辈子的贵族统治阶级以及天主教势力和解。因为他非常担心被扣上"公众罪人"的罪名，自己的葬礼不能按天主教方式进行，从而不能进入天堂。为此，他先是让人请天主教士过来听自己忏悔，他指出"如果我曾经给教会带来过灾难，那我请求仁慈的天主和教会能够宽恕我的罪孽"，然后对自己的后事做了安排，要求把棺材一半埋在教堂里，一半埋在教堂外。这样在他看来，上帝让他上天堂，他就从教堂这边上天堂；让他下地狱，他可以从棺材的另一头悄悄溜走。可见年老的伏尔泰对教会是多么纠结的态度，他信仰上帝，却对迷信无可奈何。他说道："我将怀着对上帝、对朋友的爱而死去。我不再怨恨我的对手，但对迷信永远深恶痛绝。"

逝世之后，伏尔泰的灵柩并没有被放入教堂墓地，而是被巴黎人民永久地摆放在先贤祠中，供世人瞻仰。而他的心脏则由德·维莱特伯爵保存，伯爵建了一个大理石墓，专门用来安葬存放伏尔泰心脏的盒子。在墓碑上，有这样两句话："他的心存放在此，他的思想遍布世界。"这位启蒙斗士不必纠结是否能上天堂了，在世人心中，他早已成为一代神圣。

让－雅克·卢梭:
直面不堪的内心

国　　别：法国

生 卒 年：1712—1778 年

死亡原因：中风

地位影响：让－雅克·卢梭是法国资产阶级启蒙运动的代表人物和
思想先驱，他倡导自由、平等、人权，为法国大革命提供了强大的思想
动力，他在哲学、文学、教育以及音乐领域均有突出建树，同时也是浪
漫主义文学流派的开创者，主要著作有《论人类不平等的起源和基础》《社
会契约论》《爱弥儿》《沉思录》等，为法国思想界、文学界添加了浓墨
重彩的一笔，影响深远。

　　出生于 18 世纪钟表匠家庭的卢梭一生命运多舛。母亲在他出生后不久
便去世了，使得他没有获得过母爱，奠定了人生悲剧的基调。

　　因为家境贫困，卢梭没有接受过正规教育，但是受父亲影响，他十分
喜爱读书，父子通常在晚饭后轮流为对方朗读，这是他们唯一的精神食粮。
成长到十岁那年，他的父亲因得罪一名官员遭到通缉而流亡，使年纪尚小
的卢梭彻底变得孤苦伶仃。为维持生计，卢梭先后为公证人和镂刻匠当过
学徒，后来因忍受不了苛待，他逃离了出来，开始四处流浪漂泊的生涯。

　　好在命运眷顾，卢梭得到了贵族华伦夫人的垂青。她为卢梭提供了一
段衣食无忧的生活，并挖掘了卢梭音乐方面的才能，促使他写出了具有独
创性见解的著作《音乐记谱法》，完成了一部名为《新世界的发现》的歌剧。
这些充分展现了卢梭的音乐才华。

　　离开华伦夫人后，卢梭开始自谋生路，广结善缘，其间他结识了大哲

学家狄德罗，这对他影响深远。两人由于志同道合而建立了深厚的友谊。出于对学术工作的热爱，他们共同编撰了一部《百科全书》，以启蒙世人。

真正让卢梭一鸣惊人的是他的一篇论文《论艺术和科学》。在这篇文章中，他从反面论证，抨击科学、艺术、文学等为权力所主宰，已失去本来意义，从而否定了艺术和科学的价值，引起了巨大反响，从这篇文章中可以看出卢梭对当时社会不公与权力腐败的不满与愤怒，这正是他政治思想的流露。此后，卢梭的许多著作，如《社会契约论》《新爱洛琦丝》等，常常是甫一问世便引起轰动，将他推上作家的巅峰。

但是，卢梭的内心一直无法得以平静。一方面，由于不同的人生境遇，卢梭与原本交好的许多思想家，如狄德罗、伏尔泰，无一例外地反目断交。从哲学观念上看，卢梭属于感性的情感主义，而以伏尔泰为首的思想家崇尚功利主义理性，二者矛盾不可调和，友谊当然也无法持久。另一方面，对于金钱的需要和他不想为钱写作的内心产生冲突，使他受到强烈煎熬。此外，早年因生活所迫抛弃了自己的五个孩子，也让他时刻背负着愧疚之心，无法获得救赎。

1762 年，他创作了教育论著《爱弥儿》，因触犯当局而遭到通缉，他不得不流亡到英国。此后 20 年，卢梭基本在悲惨中度过。

临终前的卢梭蒙朋友收留，隐居在埃尔默农维勒，此时他正经受着疾病的折磨。深感时日不多的卢梭加快了自传《沉思录》的写作步伐。在这部以反省自身为主的巨著里，卢梭回忆了自己在生活、思想、写作等各个领域的不足，并真诚忏悔。他写道："这个世界再不会有什么东西让我感到恐惧了。我将在地狱深处得到安宁。死亡当然可怜而不幸，但我会像耶稣基督一样，视死如归。"自知死神将至的卢梭，在经历过人生的起起伏伏后，终于可以淡然地面对一切，让自己的内心获得平静。

晚年隐居的卢梭经常独自一人在林中散步，或感悟自然或收集灵感。一天散步回来，他突然感到脑袋一阵撕裂般的剧痛，倒地不起。从此，这位思想巨擘离开了人世，离开了这个让他遭受苦难又给他极致盛名的世界。

德尼·狄德罗：
怀疑到生命最后一刻

国　别：法国

生卒年：1713 年 10 月 5 日—1784 年 7 月 30 日

死亡原因：持续中风

地位影响：平民出身的德尼·狄德罗，是法国启蒙运动时期著名的思想家、唯物主义哲学家和作家，他花费了二十多年不遗余力地从事《百科全书》的编辑和出版，是百科全书派的代表人物和杰出领袖。这本《百科全书》引领了法国启蒙运动的高潮，使狄德罗成为启蒙运动的领军人物。除主编《百科全书》外，他还撰写了《对自然的解释》《达朗贝和狄德罗的谈话》《拉摩的侄儿》《关于物质和运动的原理》《论戏剧艺术》等，使他在唯物论和文艺理论方面的成就大大超过了同时代的思想家。

德尼·狄德罗是个学术多面手，一生著述颇丰，且在哲学、文学、美学等诸多领域造诣颇深。能胜任《百科全书》的主编工作，说明他本人就是一本百科全书。1713 年，狄德罗出生于平民家庭，天资聪颖，精通欧洲多国文字，从巴黎大学获得文科学士学位后就一直致力于学术研究。

狄德罗喜欢用批判的眼光看问题，因此"怀疑一切"是他埋首书海及自身创作的总体原则。1745 年，法国出版商布雷顿邀请狄德罗和哲学家达朗贝将英国百科全书译成法文，他们接受后却在翻译过程中发现英国的这套百科全书内容支离破碎、观点陈旧，充满了腐朽落后的封建神学思想。这让善于怀疑的狄德罗十分不安，将这样的糟粕传播出去违背了著书立说育人的本意，于是他提出由自己组织编写一套更好的《百科全书》，布雷顿同意了这个建议。自此狄德罗用了 25 年的时间，耗费了大量的精力，才完美地编撰出法国的《百科全书》。在这 25 年中，他深受英国思想家培根、霍布斯以及洛克等人思想的影响，一边献身于《百科全书》的编撰事业，一边不断修正自己的思想观点，完成了许多著作的写作，形成了自己的思想体系，引领了法国启蒙运动的潮流。

哲学上，狄德罗是坚定的唯物主义者，主张无神论，反对封建宗教神学。这在他于 1749 年发表的《论盲人书简》中得到了充分表述，他认为世界就是一个庞大的系统，存在其中的只是时间、空间和物质，物质能够自行运动而不需要借助神秘力量，因此运动是物质的特殊属性，万物都处于运动之中，因为物质与运动的这种特殊关系，造就了多姿多彩的大千世界。同时由于物质的不断运动，所有的事物又都具有千丝万缕的联系，因此又可以相互统一、相互转化。狄德罗的这种哲学思想具有唯物主义色彩的同时又蕴含辩证法思维，是同时代哲学家中最具先进性和科学性的。此外，他还主张理性认识与感性认识并行的认识论，这也是哲学认知上的巨大进步。狄德罗的哲学观点批判地继承了前人思想，又创新性地提出了自己的主张，可归因于他"怀疑一切"的思维态度。

与哲学相媲美的是他在文艺理论上的成就。他根据唯物主义观点，提出了"美在关系"的主张。他认为"美"是一种存在事物的名词，它是存在事物一种共有性质的标志，这个共有性质就是"关系"，这就意味着事物的性质是一切美的根源。他把"关系"基本上分为实在的关系、察知的关系和虚构的关系。与此相应，美也分为"实在的美""见出的美"与虚构的美，而虚构的美正是艺术家创作作品的体现。由此他主张艺术创作应效法自然，而不能墨守成规。

按照"美在关系"的观点，狄德罗解释了现实美和艺术美。他把艺术美看作"模仿的美"。他主张艺术效法自然，反对仿古，反对墨守成规。认为大自然高于艺术，自然美高于艺术美。但是，狄德罗作为启蒙运动思想家，并不甘愿作自然的追随者，所以他又认为艺术真实既不应违背自然真实，又不等同于自然真实，艺术真实必须符合艺术家的理想，符合他所虚构的关系。而在艺术美的现实和理想两个方面，他又更重视理想。同时他还提出审美创造力这一概念，认为审美鉴赏不单是感受力，更是一种创造力。一个人对美的感受和他的想象、敏感和知识成正向关系，审美也在考验着个人智慧。

此外，狄德罗也对戏剧研究、表演充满兴趣，撰写了大量戏剧批判著作，主张淋漓尽致表现人物情感同时又保持冷静疏离的表演技巧。涉猎多个领域，可以看出狄德罗对不同领域都有不同于前人的独特见解，相信这正是他"怀疑一切"精神的完美体现。

由于主张无神论，狄德罗受到了教会和当局的迫害，曾经数度入狱，但他在思想上的研究并未止步。晚年的狄德罗受胃病折磨，到 1771 年已经让他感到"比痛楚更让人难受"。此时的狄德罗自感头脑已经枯竭，智慧正弃他而去，糟糕的身体状况也不允许他像从前那样投入工作了，于是他开始整理自己的文稿，虽然年事已高，但是热情不减，他视自己的作品比生命更重要。

1783 年水肿病将狄德罗击倒在床，有时他甚至需要进行三次放血治疗。1784 年 2 月心肌梗塞引起的脑血栓使他更加衰弱，而肿胀的大腿让他承受着不堪的痛苦。为了方便他疗养，卡特琳娜二世给他找了一套底层的漂亮公寓。6 月份住进这套公寓的时候，狄德罗已经意识到自己时日不多，此时的他思维混乱，说话颠三倒四，肉体上的折磨也加剧了他精神上的痛苦。7 月 31 日中午，在吃了一个糖煮水果之后，他轻轻地咳嗽了一声，就突然倒下，再也没有起来。

这位伟大的思想家曾有一句哲言，"走向哲学的第一步，就是怀疑"。他的一生是这句话的最好注脚。

马奎斯·孔多塞：
"妄议未来"者的离奇身亡

国　　别：法国

生 卒 年：1743 年 9 月 17 日——1794 年 3 月 29 日

死亡原因：中风

地位影响：作为 18 世纪法国启蒙运动的最杰出代表，马奎斯·孔多塞集哲学家、数学家、政治家于一身，并在 1782 年当选法兰西科学院院士。他在政治上属吉伦特派，是法兰西第一共和国的重要奠基人，提出了著名的"投票悖论"，起草了吉伦特宪法，被誉为法国大革命的"擎炬人"。恩格斯将其与孟德斯鸠、伏尔泰、卢梭并列，可见其崇高地位。马奎斯·孔多塞同时是法国革命领导人中为数不多的几个公开主张女性应该拥有与男子相同的财产权、投票权、工作权以及接受公共教育权的人之一，思想之进步令后世仰慕。

在 18 世纪，欧洲社会面临着巨大的社会变革，文艺复兴、启蒙运动让我们见识到了许多思想巨匠的风采。马奎斯·孔多塞这个名字也许让我们感到不是那么熟悉，但他以积极进步又充满理性的思想光辉，在世界史上留下了光彩照人的一页。

这位启蒙运动的积极倡导者，平生对数学最感兴趣，而且他将数学思维运用到哲学以及政治之中。他运用概率论和统计学知识提出了著名的"投票悖论"，即"孔多塞悖论"。这一悖论指的是在进行以投票为形式的公共选择中，投票人的福利与投票结果息息相关，他们投票这一行为的作用就是将个人偏好转换为集体偏好。由于个人偏好不一，在多数投票原则下，可能不会得出稳定一致的结果。这是他将数学理性运用于政治运动所得出的结论。孔多塞主张可操作的理性，具体到政治环境中，这种可操作的理性可以促使"一种自由的宪法"与"市民的普遍教育"之间取得平衡。这一理论在当时十分具有开创性，可以说找到了一把解决政府与民众对立难题的钥匙。

以数理方法进行社会政治研究是孔多塞留给后世的宝贵财富，这使他与维柯并列，成为18世纪对社会科学研究最有贡献的两个人。此外，他还著有《人类精神进步史表纲要》。在这本18世纪启蒙哲学的经典中，他对人类历史进行了宏观总述，对历史发展做出了乐观展望，并首次提出了"人类不断进步"的观点，被视为西方哲学中历史进步观的奠基人，影响了几乎19世纪和20世纪所有的思想家。此外，他还主张男女平等与公平正义，把科学看作改善人类理性的工具，而不是人类沦为科学的奴隶。

身处特权阶层却拥有开明进步的思想，孔多塞作为后世的榜样实在当之无愧。但是在封建势力强大的社会之中，他因其开明主张长期遭受政敌的迫害，多次流亡。

法国大革命爆发后，政权频繁更迭，社会处于动荡之中。1791年，孔多塞当选为巴黎立法议会秘书，后又升职为议长。他在议会中倾向于主张建立共和政体的吉伦特派，而反对激进的雅各宾派，并对雅各宾派制定的宪法提出反对意见，因此雅各宾派执政后，他遭到了迫害。1793年7月，雅各宾派领袖罗伯斯比尔下令逮捕他，孔多塞再次被迫流亡。

当时的局势颇为紧张，他的朋友卡巴尼斯和皮内尔安排他到位于福索耶尔街21号的韦尔内夫人家中躲藏。因为法令规定包庇通缉犯的人都要被处死，韦尔内夫人的生命因此也受到威胁。孔多塞不想连累这个善良的女人，在写完《人类精神进步史表纲要》这本书后，他决定离开。藏匿期间，妻子与他离了婚。也许预感自己离开后将死路一条，他在一本西班牙史书上写下了一些对女儿的祝愿，之后便带着奥拉斯的书、手表、剃须刀、票夹悄悄地离开了。流落街头的他无处可去，在一家客栈吃饭休息时，因为形迹可疑而引起了店主的注意。他注意到孔多塞没有佩戴三色标志，这是雅各宾派对国民实施控制的身份标识，于是将孔多塞告发到公安监察委员会。受讯时孔多塞谎称自己是名家仆，但是从他身上清点出来的镀银手表、镀银水笔、拉丁语版本奥拉斯的书等都表明他不是普通平民，就这样孔多塞被投入监狱。第二天下午 4 点，看守发现他"面朝地，手臂前伸"，永远停止了呼吸。关于孔多塞的死，谜团重重，因为在他手里"找不到武器，也找不到能让他自杀的工具"，医生诊断他是内出血而亡，还有一种说法认为他是被雅各宾派秘密投毒致死。

因为投身政治运动，在革命年代，思想家孔多塞经历了多次坎坷的流亡，甚至最后的死亡也是扑朔迷离，我们为他感到惋惜的同时，不得不佩服他开明的思想与顽强的意志。后世对他思想的传承，也许是对他最大的安慰。

奥古斯特·孔德：
践行理想主义的一生

国　　别：法国

生 卒 年：1798 年 1 月 19 日 – 1857 年 9 月 5 日

死亡原因：食道癌

地位影响：奥古斯特·孔德，是法国著名的哲学家，开创了社会学这一学科，成为社会学研究的鼻祖，被尊称为"社会学之父"。他创立的实证主义学说是西方哲学由近代转入现代的重要标志之一。

奥古斯特·孔德出生于法国蒙彼利埃的一个天主教家庭，童年的孔德体弱多病，其貌不扬，但是十分聪慧，尤其在拉丁文和数理方面成绩优异。进入巴黎综合技术学院读书时，恰逢法国大革命的后期，社会正在经历巨变，孔德的革命热情也被随之点燃。这激励他在学习科学知识的同时阅读了大量政治学、社会理论著作，受到 18 世纪启蒙思想家的巨大影响。他既赞同狄德罗、孟德斯鸠的学说，又奉孔多塞、休谟为良师，思想受到了双重影响。1817 年，经朋友介绍，他成为著名的空想社会主义者圣西门的秘书，其后他撰写并出版了《实证哲学教程》，正式提出"社会学"这一概念，并形成了相关的框架和构想，他的实证主义学说初具模型。1844 年他遇到了哲学家德克洛蒂尔德·德沃，受德沃的影响，孔德探索建立一种宗教形式来实现自己的社会理想，于是"人道教"创立成功，还成立了具有宗教色彩的"实证主义学会"。孔德对于社会抱有理想主义的情怀，正如他认可的空想社会主义一样，他主张建立一种拥有统一信仰、鄙视物质名利、重视精神地位的社会。这样的社会中，人人都具有实证思想，人的才智是推动社会发展的工具，因此科学用来指导生活，社会秩序则由达成共识的人们统一遵守，没有战争、暴力和压迫。孔德认为，理想的社会由人性中的感性来推动发展，过去以及现在的社会都是不完美的，但会进化成为理想社会，即理想社会是会自动实现的。晚年的孔德倡导唯感情主义，强调爱与同情心，并致力于建立没有神但又把人类神化的宗教。

孔德的理想主义不仅体现在理论主张上，感情生活更是充满传奇。他和妻子卡洛琳·玛桑于 1821 年 3 月 3 日散步时相识，当时玛桑是别人的情妇，同时也是一位在警察局登记在册的妓女。但孔德还是接受了她，两人结为夫妻。不久，孔德发现妻子重操旧业，这让他的精神饱受折磨，于 1826 年精神错乱。第二年，孔德跳塞纳河自杀未遂，却意外地使病情好转，最终两人还是分道扬镳。离婚后，孔德依旧负担玛桑的赡养费，甚至后来经济状况很差时也没有中断。

1844 年，孔德偶然结识了一名学生的妹妹克洛蒂尔德。他对她一见钟情，十分迷恋，但是他们的来往遭到了克洛蒂尔德父亲的阻挠，鲜有见面机会，只能通过通信表诉衷肠。两人感情日渐深厚，孔德曾于信中向克洛蒂尔德求婚，但是身患肺病的克洛蒂尔德害怕拖累他而婉言拒绝，这并没有使孔德气馁，他称她为"永远唯一的真正的妻子"。1845 年 10 月，克洛蒂尔德与孔德看了歌剧后，便一病不起，最后死在孔德的怀抱里。孔德将克洛蒂尔德视为影响他的"三天使"之一，每周三都去她的墓前拜祭，并要求死后和她同葬一穴。

1857年5月，孔德的朋友维耶亚尔先生去世，他得知消息后立即赶往墓地送行，回到家中时已疲惫不堪，浑身哆嗦。作为实证主义思想家，孔德信奉自己的科学，他拒绝就诊，而是将自己当试验品一样自己给自己诊断。他要求自己规律作息、只吃乳制品，不吃任何药物。他相信自己的诊断方式，7月底他的心悸症趋缓，又重新开始了活动。不过他的医生怀疑孔德从7月起就已形成腹水，8月注意到孔德的腹部、脚、小腿、大腿有肿胀。他的病情急剧恶化，但仍坚持定期去拜祭克洛蒂尔德，并好几次都昏倒在墓前。一次，他又昏倒在克洛蒂尔德的墓前，朋友将他送到家中休息。此时孔德已十分虚弱，他右手握着装有克洛蒂尔德头发的椭圆形饰盒，几个小时之后，追随克洛蒂尔德而去。孔德的一生都在追求理想的社会、理想的爱情，他和克洛蒂尔德会重聚于理想世界吧！

卡尔·马克思：
让整个身体为头脑牺牲

国　　别：德国

生 卒 年：1818 年 5 月 5 日—1883 年 3 月 14 日

死亡原因：肺炎

地位影响：卡尔·马克思是近代伟大的哲学家、经济学家和革命家，他以深厚的哲学、经济学、社会学知识为基础，史无前例地创造了马克思主义学说，揭露了资本主义的运行机制和剥削本质，为工人运动和无产阶级革命指明了方向，被誉为全世界无产阶级和劳动人民的伟大导师、精神领袖和当代共产主义运动的先驱。主要著作有《资本论》《1844 年经济学哲学手稿》《共产党宣言》。

　　出生于以盛产哲学家闻名的德国，卡尔·马克思是前无古人、后无来者的集大成者，堪称杰出的思想者。他的思想被概括为马克思主义，涵盖了政治、经济、哲学等诸多领域。

　　哲学博士出身的马克思早年深受德国哲学家黑格尔辩证法的影响，认为世界万物是联系、变化、发展的；但不同的是，黑格尔是意识决定物质的唯心论者，马克思则是物质决定意识的唯物主义者。

　　马克思哲学另一个重大突破就是将实践概念引入哲学，提出实践是检验真理的唯一标准，倡导用真理指导实践，同时促进真理不断修正和完善。因此马克思主义哲学也是实践哲学。他的理论和现代无产阶级解放联系起来，掀起了 19 世纪、20 世纪无产阶级革命的高潮，为社会主义国家的诞生奠定了坚实的理论基础。

　　马克思主义哲学的最高理想是实现人类全面而自由的发展，它追溯人的本性，认为人和动物的根本区别在于人可以劳动，可以制造生活资料和生产资料，为生存提供物质基础；而又由于劳动，人与人之间形成了生产关系和其他社会关系，而这些关系构成了社会的基本框架，揭示着社会客观规律，由此又延伸出马克思主义政治经济观。

马克思认为一国政治经济反映该国的社会生产关系，而在资本主义生产关系下，劳动力遭受无情剥削，无法获得等值回报；而产生的剩余价值被资本家无偿占有，随着需求增加、市场扩大，资本家需要不断压榨工人劳动价值来获取超额利润积累财富。此外，资本家投资更多资源进行科技研发，变相造成工人价值贬值，无论如何工人始终处于劣势地位，最终结局不过是资本家的人肉机器。马克思认为资本主义发展即将走向尽头，无产阶级必定因自身觉醒和解放而推翻资产阶级统治，带领人类社会步入更高的发展形势。马克思认为只有全世界的无产阶级团结起来，成立政党，在政治上争取权利，才能最终取得胜利。他的这一论断直接促成了共产国际的产生和无产阶级运动的发展，而社会主义国家的建立正是马克思主义的最好实践。

由于触及了资产阶级的核心利益，马克思主义在西方世界长期被视为"异端"，而他本人及家庭也遭受着资本主义的迫害，一生贫困潦倒，颠沛流离。马克思的物质生活极端匮乏，他曾经向恩格斯写信倾诉困境："我的妻子和小女儿都病了，因为没钱，无法请医生也无法买药，这十天以来，只能以面包和土豆充饥，而今天是否能够弄到这些，还是个问题。"由于生活贫困，他有三个孩子早夭，妻子也长年患病，整个家庭靠他微薄的稿费收入及好友恩格斯的接济来支撑。虽然物质上捉襟见肘，但马克思拥有丰富的精神食粮。他长期坚持理论研究，笔耕不辍，流亡伦敦时，天天在图书馆埋首苦读，留下一段不畏困难的佳话。

1881 年 12 月，与马克思感情甚笃的妻子因肾癌去世，这对他是重大的打击。过度的悲伤击倒了他，摧毁了他的身体，他甚至不能亲自参加妻子的葬礼，送她最后一程。

他在日记中写道："我的双重疾病，思想上是燕妮之死，身体上是胸膜变厚和支气管炎加剧，我需要很长一段时间来彻底恢复健康。"

正在马克思努力同病魔做斗争的时候，他的小女儿因膀胱癌也去世了，他的精神差到了极点。

1883年3月14日，恩格斯像往常一样走进马克思的房间，发现他正在睡觉，然而两分钟后，他便平静地走了。对此，恩格斯曾有这样一段描述："3月14日下午2点45分，最伟大的思想家停止了思想。仅仅两分钟，我们就发现，他坐在他的扶手椅上，睡着了，永远地睡着了。"

哲学家法拉格这样总结马克思的一生："思考是他无上的乐事，他的整个身体都为头脑牺牲了。"虽然饱受物质和身体折磨，这位思想巨人却为人类贡献了无上财富。

西格蒙德·弗洛伊德：
死亡也是一种本能

国　　别：奥地利

生 卒 年：1856年5月6日—1939年9月23日

死亡原因：口腔癌

地位影响：西格蒙德·弗洛伊德，是闻名世界的心理学家、精神病医师。他首次提出"精神分析"这一概念，是精神分析学派的创始人，代表作《梦的解析》对人类心理和精神疾病研究产生了深远影响。弗洛伊德的学说开创了潜意识研究的新领域，是人格心理学、动力心理学和变态心理学的强大推动器，为现代医学模式奠定了新基础，也是现代西方人文学科的重要理论支柱。

作为精神分析学派的开山鼻祖，西格蒙德·弗洛伊德一直试图探索人类精神世界的奥秘。他认为人的心理可以划分为意识和潜意识两个部分，且相互对立。意识是表象，潜意识则是揭示人类心理的本质，而存在于潜意识之中的性本能是人做出某种行为的根本驱动力，有着摆布个人命运、决定社会发展的强大而神秘的力量。弗洛伊德将性本能归结为人类一切活动的根本动力，原因就在于人类首先是生物体，性本能是生物体最核心的冲动力。在文明社会中，由于受到法律、道德、舆论的压制，性本能被压抑进潜意识，而没有显露在人的意识层面，只得以社会接受的方式发泄出来，比如艺术、文学等，都是性的隐晦表达。倘若这种本能没有找到合适的宣泄途径或者受到扭曲，则会造成人类的精神失常与行为失和，构成社会动荡不安与个人不幸的主因。

弗洛伊德学说的创新之处就在于把人类的精神世界加以分层，以意识、潜意识和下意识来解释人类心理的运作机理与方式。在他看来，人的童年经历严重影响人格发展，而性本能的压抑与否直接关系到人的精神健康与行为方式。这种将一切行为解释为性本能的理论使弗洛伊德颇受争议。有人认为他的研究大多基于自身经历，只是个体经验，而不具有广泛代表性。因为弗洛伊德早年与母亲关系紧密，有浓厚的俄狄浦斯情结，所以带有强烈的主观主义色彩。也有人认为他的学说过于强调性本能的主导作用而有失偏颇。于是，在精神分析学说发展如日中天的时候，学派内部由于学术分歧而出现分裂，比如阿德勒创立了个体心理学，弗洛伊德的指定继承人荣格建立了分析心理学。

尽管争议至今仍然存在，但是弗洛伊德的学说为人类心理研究打开了一扇大门，潜意识这一概念的提出无论对学术研究还是临床治疗都是意义非凡的。此外，很多文学与艺术创作也受到了弗洛伊德学说的巨大影响。因为擅长运用隐喻和想象描述心理问题，并从混乱的潜意识中创造形式和重点，使弗洛伊德备受文艺界的推崇。

出生于犹太教家庭的弗洛伊德有一位正直单纯的商人父亲，而弗洛伊德本人对学术的执着追求似乎受到了父亲的影响。他穷尽一生都在试图找到打开人类精神世界的钥匙，让世人理解自己的学说。中晚年的弗洛伊德受纳粹迫害，逃亡到伦敦，其间并未停止追寻真理的脚步。这一时期他写出了《图腾与禁忌》这部仅次于《梦的解析》的著作，宣传发现了人类心理世界的三大真理：梦是无意识欲望和儿时欲望的伪装的满足；俄狄浦斯情结是人类普遍的心理情结；儿童具有性爱意识和动机，这使他被支持者视为与达尔文发现进化论一样伟大。同时他也提出"死亡本能"学说，是对生存恐惧的一种折射。

女儿被纳粹迫害致死以及两个儿子在反法西斯前线作战，令弗洛伊德感受到死亡的威胁。由于长期依赖雪茄释放精神压力，弗洛伊德患上了口腔癌，并接受了几十次手术。被病魔纠缠的他常常恳求医生不要让他忍受无谓痛苦，他的脸颊也因坏疽形成一个洞，致使无法开口说话。当时的他让人感觉十分可怜与无助。为了避免病灶招来蚊虫，他不得不用蚊帐把床边围了起来，甚至连他的爱犬都不能接近他。1939 年 9 月 21 日，实在不堪病痛折磨的弗洛伊德恳求医生注射吗啡缓解痛苦。征得家人同意后，医生按其要求给他注射了 200 毫克吗啡，结果他再也没有醒来。一代精神分析大师就此溘然长逝，他的精神世界获得了永恒安宁。

第二章　政治
争议、压力与权力同生

　　政治对人类历史的发展产生了十分深远的影响，而政治领域的杰出人物通过他们的智慧为我们创造了多姿多彩的世界。他们有的是军事天才，奠定了当今的地缘政治格局；有的是宗教领袖，塑造了全新的精神指引；有的是政坛奇才，力挽国家于狂澜。他们的人格、经历、才能，甚至弱点，都能给我们带来无限的启迪，引导我们走好自己的人生之路。

马基雅维利：
医治国家者无法自医

国　　别：意大利

生 卒 年：1469 年 5 月 23 日—1527 年 6 月 21 日

死亡原因：胃部疾病

地位影响：尼可罗·马基雅维利是中世纪后期意大利著名的政治家、思想家、历史学家和戏剧家，他是摆脱神学和伦理学束缚的先锋，为政治学和法学成为独立学科奠定了基础。他主张国家至上、君主权力至上，强调君主为了实现个人意志可以不择手段，由此被后世衍生出"马基雅维利主义"。马基雅维利一生涉猎多个领域，著述颇丰，其中最为知名的是《君主论》，主要论述了一国君主应具备的素质和能力以及如何夺取并巩固政权。他的政治思想影响深远，是当之无愧的近代政治思想的主要奠基人之一。

马基雅维利的人生角色，放在中国历史的语境中，相当于古代君主的谋士。1469 年 5 月 3 日，马基雅维利出生在佛罗伦萨一个没落贵族家庭，虽然父亲曾是一名律师，但家产微薄，家中除了藏书之外基本一贫如洗，所以他完全依靠自学来获得教育。14 世纪至 15 世纪的佛罗伦萨以及意大利其他一些地方都出现了资本主义萌芽，当时的佛罗伦萨是文艺复兴的发源地，商业和文化璀璨繁盛，与之形成鲜明对比的是政治体制仍旧处于封建分裂状态，意大利内部四分五裂，各个领地为了疆域而时常大动干戈。对政治怀有浓厚兴趣的马基雅维利有着强烈的爱国思想，他渴望通过自己的努力找到可靠的英明君主，结束国家分裂状态，实现统一。

1494 年，起义军推翻了美第奇家族对佛罗伦萨的统治，并成立了共和国。马基雅维利迎来了重大人生机遇，1498 年他出任佛罗伦萨共和国第二国务厅的长官，兼任共和国执政委员会秘书，主要负责外交和国防事务，有机会经常出使各国，并与许多执掌政权的人物会晤。马基雅维利凭借出色的政治才能受到佛罗伦萨首席执政官的青睐，成为后者的心腹。马基雅维利深知弱国无外交，而军事能力是一国实力的强大后盾，有感于佛罗伦萨雇佣军军纪松弛，战斗力不强，他极力主张建立本国的国民军。他积极游说当权者，推动国民军的立法进程，组织成立国民军九人指挥委员会，担任委员会秘书，并在与比萨的交战中，亲自率领军队作战，最终促使比萨投降佛罗伦萨。当时在神圣罗马帝国，皇帝和教皇的矛盾十分激烈，处在二者中间的佛罗伦萨岌岌可危。为了避免卷入战争，他在加强武装自卫能力的同时，到处出使游说，力图调解二者之间的矛盾，但是他的努力失败了。1511 年教皇的军队攻陷佛罗伦萨，首席执政官遭到废黜，美第奇家族重掌政权，洛伦佐·第·皮埃罗·德·美第奇成为佛罗伦萨大公，马基雅维利因此丧失了一切职务，并于 1513 年被投入监狱，受到严酷折磨，但最终被释放。此时的马基雅维利一贫如洗，他隐居乡间，开始埋首写作，《君主论》正是在这段时间完成的。

洛伦佐死后，朱理·美第奇统治佛罗伦萨，他立志进行改革，开始向马基雅维利征询意见。1523 年，朱理当选教皇，重新起用马基雅维利，让他编写《佛罗伦萨史》，并任命他为城防委员会秘书，参加教皇的军队和神圣罗马帝国皇帝作战。1527 年，随着美第奇家族倒台，佛罗伦萨又恢复了共和制，马基雅维利想继续为共和国效力，但因为他曾效力于美第奇家族，被彻底冷落。

虽然曾经效力过不同政权，马基雅维利的最终目的都是为了实现自己的政治主张，他渴望结束意大利的分裂状态，建立统一的中央集权国家。他认为应该将政治和伦理分开，国家只是纯粹的权力组织，因为人性本恶，为了防止人类无休止的争斗，才有了国家的诞生，因此国家是人性本恶的产物，在国家的层面上谈论伦理是毫无意义的。他崇尚强权，希望有强有力的君主专制制度来带领意大利走向统一和繁荣。

　　马基雅维利作为君主的智囊，一生为君主不断献计献策。他倡导的思想核心就是君主应该大权独揽，精通军事，同时不受任何道德准则的束缚，外示仁慈、内怀奸诈，为了达到一个最高尚的目的，可以使用最卑鄙的手段。后人将其总结为马基雅维利主义，并深深影响了欧洲的政治哲学。

　　在共和国恢复以后，马基雅维利谋求回归的企图落空，内心十分苦闷。同时，他的胃病也越来越严重，但他拒绝去看医生。他喜欢自己给自己诊病，就像他擅长为国家为君主"把脉"一样，他相信自己同样也能根治自己的顽疾了。当时他服用了一种配方——"一盎司半的药用芦荟、一盎司小栋树枝、半盎司藏红花、没药、来苏水、地榆"。结果他没能治好自己，他的儿子在一封写给朋友的信中提到，父亲死于"由药物引起的内脏痛苦"。

　　马基雅维利一生非常善于出谋划策，多次解决了君主的燃眉之急，但他最终没能拯救自己。

　　1787 年，为了纪念他，人们在他墓前竖立了一块石碑，碑上刻了一行字："任何赞美都无法和这样一个伟大的名字相提并论"。

马丁·路德：
从宗教变革中解脱

国　　别: 德国

生 卒 年: 1483 年 11 月 10 日—1546 年 2 月 18 日

死亡原因: 心脏动脉疾病

地位影响: 马丁·路德是 16 世纪欧洲宗教改革的领军人物，创办了基督教新教路德宗，对欧洲中世纪的宗教发展影响深远。在信徒的想象中，马丁·路德是真善美的化身，但历史上真实的他并非完人，他缺乏自制力，言谈举止粗俗，但这无法掩盖他的伟大成就。他的宗教改革运动改变了西方文明，使信徒对基督教的理解回归了圣经本真，同时自由主义的阐述也令信仰更加纯粹，掀起了宗教变革的大幕。

　　马丁·路德 1483 年 11 月生于神圣罗马帝国（今德国）的一户小矿主家庭，他的父母信教，但并不十分热诚。马丁·路德的父亲非常重视他的教育，在经济上支持他进入了一所知名的大学学习法律，毕业后他就可以在皇宫谋求一个职位，从此不愁吃穿。但是马丁·路德的志向并未在此。在一次祷告中，他突然顿悟，坚决地放弃了法律学习，而选择去修道院当一名修士。在修道院期间，他获得了神学博士学位，并参与圣经教导的工作，此时马丁·路德的思想受到了威廉·奥克姆神学理论的影响，奥克姆强调神的自由性和人的自主性的观点与他不谋而合。此外，罗马教廷的道德败坏以及对圣经教义的故意歪曲也令马丁·路德内心十分愤怒和不安，他在与罗马教廷决裂的路上越走越远。

　　促使马丁·路德最终与罗马教廷分道扬镳的导火索便是赎罪券。在欧洲中世纪，基督教士贩卖赎罪券是特有的现象，当时的信徒相信死后天国的钥匙掌握在教廷手上，一个人死后若要进入天堂必须洗涤生前所犯一切罪行，而教皇宣称教徒购买这种券后可赦免"罪罚"，虔诚的信徒便争相抢购。赎罪券沦为教廷敛财牟利的工具，已丧失了它原本的宗教意义。

1517 年万灵节前夕，马丁·路德宣布他反对赎罪券，并写下了 95 条论纲。他指出赎罪券买卖鼓励了作恶的人继续作恶，良善的人却不再良善，这种方式完全与圣经教义背道而驰。1530 年，马丁·路德在奥斯堡会议上阐述了教改新运动，他主张把基督教欧洲一分为二，产生三个主要路线：信义宗、改革宗和英国圣公宗，信徒应该直接和基督联合，上帝会透过先知和使徒、透过圣经、借着个人的启示，向他的儿女说话，而无须其他中介。

马丁·路德的宗教改革受到罗马教廷的强烈反对，要求他收回所有不利教廷的言论和著作，马丁·路德没有屈服。为躲避教廷的迫害，他开始隐居于瓦尔特堡，其间把整本新约圣经由希腊文译成了优美的德文。他的教改主张在社会上引起了极大反响，主张改革的左派极端主义者到处生事，而有的民众也误解了路德有关宗教自由的学说而对教廷采用暴力对抗。这对宗教改革运动产生了十分不利的影响，马丁·路德被罗马教会定罪并逐出教会。但是宗教改革运动如星星之火，蓬勃发展起来，最终改变了欧洲的宗教历史和文明进程。

马丁·路德的宗教改革运动受到了诸侯和平民阶层的拥护，在与罗马教廷对抗的过程中他们也给予了他有力的支持。不过，由于内部利益分化，以及暴力流血冲突不断，马丁·路德为了防止改革极端化而煞费苦心。

终年生活在宗教改革战争中，马丁·路德身心俱疲，积劳成疾。甚至在预感到自己将不久于人世时，他表现得十分开心。有记载称，在去世前几天，马丁·路德高兴地宣称："我马上就能回到维滕伯格去了，我可以在自己的棺木中安息了，让医生们都见鬼去吧。"

1546 年 2 月 18 日晚，他的身体承受着前所未有的痛苦，仆人用玫瑰酒醋帮他搽涂嘴唇以帮助他维持生息。但不久他的脸色开始变得十分苍白，身体也逐渐发冷。他吩咐自己的葬礼按照他一贯倡导的教理进行，随后便咽了气。

对于大半生活在宗教战争中的马丁·路德来说，死亡或许是他最快乐的事，因为他终于可以回到上帝那里。

黎塞留：
对祖国至死忠贞

国　　别：法国

生 卒 年：1585 年 9 月 9 日—1642 年 12 月 4 日

死亡原因：假性胸膜炎

地位影响：阿尔芒·让·迪普莱西是法国波旁王朝时期著名的宰相，别名黎塞留，他在路易十三执政时期成功地主导了一系列政治改革，削弱地方贵族割据和教士阶层的势力，完善政治架构和法律体系，使法国成为绝对君主制国家，为路易十四时期的强盛打下了坚实基础。同时，他凭借出色的外交手腕，成功主导了神圣罗马帝国与新教国家之间爆发的席卷整个欧洲的宗教战争——三十年战争，由此结束了哈布斯堡王朝长达数十年的欧陆霸权，开启了法国的大国时代。黎塞留以优秀的政治家和外交家名留史册，对法国的发展与强盛影响深远。

　　黎塞留 1585 年出生于巴黎的一个小贵族家庭，自小接受过良好的教育。他的父亲在法国胡格诺宗教战争中牺牲，为了表彰其父的事迹，亨利三世授予黎塞留家族吕松主教这个职位。而黎塞留在达到任职年龄后，由亨利四世批准任命为吕松主教。早期黎塞留的仕途并不顺遂，亨利四世遇刺后，王太后摄政，此时黎塞留担任内政与陆军国务秘书。当路易十三掌权并流放王太后的时候，黎塞留受到牵连亦被放逐。后来他由于出色的能力而逐渐得到路易十三的信任，这才重返政坛，进入枢密院，最后官至首相。

　　黎塞留坐拥宰相之位 18 年，他主要做了对外抗击德国霸权和对内加强中央集权两方面的努力，促使法国逐渐走向强盛。为了缓和国内的宗教矛盾，身为枢机主教的黎塞留力排众议推动法国加入新教同盟，打破了以往教权高于主权的传统，使法国摆脱了罗马教廷的束缚，为经济的繁荣发展铺就了道路。这也使我们看到，相比于爱上帝，黎塞留更爱法国。

晚年的黎塞留疾病缠身，肿瘤、瘫痪，以及经常性的放血，使得他虚弱不堪。黎塞留想利用剩下的时光周游法国，关于他的此次出行，当时同行的人描绘道："当我们乘坐的船靠岸时，船上的水手就搭起一座木桥，一直搭到岸上。等到一切都安排妥当，不再有任何危险后，人们才抬出一张床。黎塞留大人就躺在这张床上，因为他感觉非常痛苦，手臂上布满了溃疡。6个壮汉用两根粗壮的杆子抬着床，杆子把手的地方用熟牛皮缠绕着……就这样，这些汉子抬着黎塞留大人下了船，穿过城市，来到下榻的地方。"

可以看出当时的黎塞留几乎是躺着旅行的。三个月后，他回到巴黎并准备撰写一部献给路易十三的回忆录。由于黎塞留曾经清除过国王十分宠信的大臣，这让他们之间的关系十分紧张。路易十三拒绝接见黎塞留，黎塞留也以强硬的姿态对国王做出反抗，但是他所承受的是极其痛苦的代价，因为当时他已被诊断出患上了假性胸膜炎。他开始高烧不退，吐血不止，预感自己时日不多，黎塞留决定首先做出妥协，他给路易十三写了一封信，得到了他的积极回应。不久，路易十三便来到黎塞留的卡尔蒂纳宫看望他，甚至亲自给他喂了两个蛋黄。尽管身体不适，黎塞留还是不得不吞了下去。有人认为国王此举是为了噎死黎塞留，但是史料关于这件事的记载十分模糊，只能是臆测了。不过路易十三对黎塞留的态度并没有根本性转变，前去探望也是作为对他妥协的一种回应。据说路易十三从黎塞留病房出来后看到满屋的财宝放声大笑，因为黎塞留死后的一切财产都是他的。

路易十三走后，黎塞留的病情更加恶化，医生承认回天乏术，开始放弃治疗。他们将黎塞留的命运交给江湖郎中，死马当作活马医，他们想碰碰运气。黎塞留喝下大量奇怪的药水，他的病情没有好转，第二天便与世长辞了。

弥留之际，忏悔神父问他是否会对他的敌人表示歉意，他说："除了我的祖国，我对其他任何人都无话可说。"黎塞留的回答让神父哭泣。

这位铁血首相生前树敌众多，能够自然死亡而不是死于谋杀，也算上帝对他的厚待吧。毕竟，上帝不想为难一个爱国者。

路易十四：
所有固执，必付出代价

国　　别：法国波旁王朝

生 卒 年：1638 年 9 月 5 日—1715 年 9 月 1 日

死亡原因：坏疽

地位影响：全名路易·迪厄多内·波旁的路易十四是法国波旁王朝最为著名的君主，他是国王路易十三的长子，自封"太阳王"。执政期间使法国一跃成为欧洲最强大的国家，为欧洲君主专制树立了典型和榜样，赢得了民众的普遍尊重，但是他穷兵黩武、频繁发动战争的行为又使法国的国家经济一度破产。

路易十四生活的年代，整个欧洲由于宗教战争基本处于混乱状态。因为新教国家与天主教国家不合导致的全面欧洲大战已经结束，虽然法军获胜，但是付出了惨痛的代价，民穷财尽，百废待兴。雪上加霜的是，法国又爆发了投石党之乱，国力严重被削弱，法国降至欧洲二流国家。在内忧外患之际，年轻的路易十四登基，他发誓要重整旗鼓，夺回霸权。

他兢兢业业，全身心地投入国家治理之中，堪称法国有史以来最为勤勉的国王。路易十四是位非常强势的君主，为了避免暴乱的悲剧重演，他借助天才宣教士博旭哀主教（法国历史上最伟大的演说家）积极宣传君权神授，在思想上驯化了国民，同时利用自身的威望和能力，彻底收服了法国贵族与教会，建立了绝对君主权威，达到了统一的目的。

他知人善任，重用中产阶级的杰出人物帮助他打理政务，当时涌现了一大批治国治军之良才，如柯尔贝尔、皮埃尔·塞吉埃、卢福瓦等，为法国的强盛做出了自己的贡献。路易十四统治时期，法国的政治、外交、军事都达到全盛。政治上，严厉镇压反叛的外省贵族，并建造凡尔赛宫，以侍奉王室的名义将各地大贵族宣召进宫，达到监视软禁的目的。同时向各省派驻司法、警察和财政监督官，并把各地军队调度权牢牢控制在中央政府手里，此外为了加强对臣民的控制，要求全国一律信奉天主教。这些都为政权稳固创造了良好条件，使得法国在路易十四时期没有爆发大的叛乱。军事上，路易十四十分重视扩充国防军备实力，他整顿军备，扩充兵源，任命杰出军事人才，使用新式武器和先进技术，使法国的军力在欧洲无人匹敌。路易十四在位期间对外发动了四场大的战争，除了一次和解，其他三次均取得了绝对胜利，这使得法国在欧洲成为最强大的国家。经济上，他崇信重商主义，促进了法国工商业的发展。种种举措不仅将法国推向全盛，也使得路易十四青史留名，成为法国历史上最伟大的君主。

　　然而，路易十四后期生活奢华无度，加之连年的对外征战与对内征收苛捐杂税，把原本就疲弱的法国经济拖垮了，这也令他遭受诟病。

　　在位 72 年，路易十四是世界上在位时间最长的君主，然而就算是伟大的君主，晚年照样摆脱不了病痛的折磨。据历史记载，路易十四自 1712 年起身体状况急转直下，御医马雷斯夏尔为他诊断时发现身体出现低热，建议国王及时治疗，但是当时并未被采纳。三年后，路易十四的大腿开始出现剧痛，医生诊断为坐骨神经痛，建议他卧床休息，但是生性乐观的路易十四又没有采纳，依旧我行我素，四处奔波。1715 年 8 月开始，路易十四的身体已出现明显的衰弱信号，他的糖尿病越来越严重，没有食欲，人也更加消瘦。此时的路易十四开始在床上办公，虽然身体极度衰弱，但是考虑到他的储君年纪尚小，还有很多重要事情没有完成，为了为未来的君主做好铺垫，他拼尽全力。为了缓解他的痛苦，医生调制了"勃艮第葡萄酒和一种香草制剂"混合的药物为他泡脚，又先后进行了几次放血治疗，但是情况没有得到好转。半个月后，他的下肢开始出现黑斑，这就是坏疽的标志。得知自己将不久于人世，路易十四表现得十分平和。他安慰自己的子女，并叮嘱当时只有 5 岁的路易十五不要重蹈他频繁发动战争的覆辙。接见来访的贵族大臣，他依旧要刮好胡子、戴好头套、整理好妆容，他对身边悲伤的亲属说"难道我还不会死吗"来调侃自己。

　　1715 年 9 月 1 日早上 7 点 45 分，路易十四，这位法国历史上伟大的"太阳王"安详地归天了，一切归于平静。路易十四去世时身处凡尔赛宫，9月 9 日晚上 8 点，他的遗体被送往圣·德尼斯，到那里已是第二天早上 7 点，因此下葬仪式被安排在了晚上，一代伟大君主就这样在月光下归入尘土。

本杰明·富兰克林：
缔造"美国梦"

　　国　　别：美国

　　生 卒 年：1706 年 1 月 17 日—1790 年 4 月 17 日

　　死亡原因：肺脓肿

　　地位影响：本杰明·富兰克林是美国著名的发明家和政治家。他博学多才，善于发明创造，最有名的是通过多次有关电的实验，发明了避雷针。同时，他也是政治上的活跃分子，曾参与起草了美国建国初期多项具有划时代意义的文件，倡导的自由、平等、公正思想至今是美国社会的文明基石。他还在外交领域发挥过巨大作用，成功促成了法国对美国独立的支持。此外，兴趣广泛的富兰克林还是出色的作家、记者、商人和慈善家。富兰克林是美国精神的象征，激励着一代又一代美国人为自己的梦想奋斗。

　　富兰克林的一生是拼搏的一生。他出生于一个英籍移民家庭，父亲靠制造蜡烛和肥皂为生，家境并不富裕，这使他仅仅接受过两年的在校正规教育，大部分知识的获得只得靠自己的勤奋和努力。富兰克林十分热爱读书，即使从学校辍学到工厂做工也不忘利用业余时间大量读书。以他当时的经济条件根本无法负担得起高昂的书本费，于是他同书店的伙计搞好关系，夜间从书店偷偷把书借出来，通宵达旦地阅读，次日清晨再归还。正是利用这种方式，他积累了广博的知识，自然科学、政治著作、名家小说无所不包，大大开阔了他的视野，也使他不甘于做一名默默无闻的工人，立志做一名对社会有益的人。

1736 年，当选为宾夕法尼亚州议会秘书的富兰克林工作愈加繁重，但是他仍利用点滴时间坚持学习。为满足当时的政务需要，他努力掌握了法文、西班牙文等多门外语，这也为他更加广泛地接受国外先进知识打下了坚实基础。与此同时，出于对自然科学的浓厚兴趣，他开始着手进行发明创造，其中电力领域的研究令他享誉世界。他发现了"正""负"电荷，并证明两者是守恒的。他的那次著名的雷雨天气里利用风筝获取电的实验至今仍为人们津津乐道，并作为他为了追寻真理而顽强拼搏精神的佐证，激励了无数人为了理想而不懈追求。此外，富兰克林还发现了风暴移动的规律，为后来天气分析图的出现做出了贡献，改变了气象学的发展历程。

难得的是，富兰克林并不是"两耳不闻窗外事，一心只读圣贤书"的书呆子，除了科学方面取得的杰出成就，他还是一名优秀的政治家。为了取得民族独立，他曾经出使英国，试图说服英国国王。当美国独立战争爆发时，他又扛起斗争的大旗，多次代表殖民地与英国谈判，争取独立权益。他参与《独立宣言》的起草，使民主、自由、平等、法治的观念深深植入美国土壤，成为不可动摇的立国之本。之后他又出使法国，顺利赢得法国政府对美国独立的支持，为独立战争的胜利夺得了重要砝码。建国后，他又积极参与制定美国宪法，并加入了反对奴役黑人的运动。

富兰克林身上不仅贴着"科学家""政治家"的标签，他还是一位著名的社会活动家。他重视教育和慈善，兴办了大学、图书馆、医院，为提高美国民众的教育素质和保障他们的医疗条件而努力。他深受美国人民尊重，并被视为"美国梦"的杰出代表。

长期的拼搏劳碌击垮了富兰克林的身体。1787 年，时任宪法制定委员会委员的富兰克林为了构建美国的法律蓝图殚精竭虑，他私底下向家人表示自己快要透支了。他患有风湿痛和结石病，雪上加霜的是，他有一次摔倒在自家的楼梯上，扭伤了手腕。他服用鸦片来舒缓身体的痛苦，虽然这会给他带来麻烦的副作用。糟糕的身体状况让他担心自己支撑不了太久，于是匆忙立下了遗嘱。

1789 年，虽然他的身体持续恶化，但"誊写机"的发明问世和孙子的出生让他宽慰不少。他的心情开始明朗起来，甚至奇迹般地出版了回忆录的前三章。这一年也爆发了法国大革命，这让富兰克林感到鼓舞，他在日记中写道："上帝愿人们将热爱自由与人权的深层意识相连，达到世界各民族的统一，直至一个哲学家无论在哪儿都可以说'这是我的家乡'。"西方伟人在临终时，最被人们渴望知道的是他们对上帝的看法。1790 年，当耶鲁大学的校长询问他时，他认为基督教义是"人们所知道的最好的准则"，但他对此持谨慎怀疑的态度，这也反映出了富兰克林的思想已经彻底摆脱了传统神学的束缚，而能更加客观地看待这一问题。

富兰克林的病时常发作，但是每次病痛一过，他又能乐观地面对生活。1790 年 3 月底，高烧不退的他希望医生赞同他的"空气疗法"，但是医生拒绝了，这让他感到沮丧。为此，他偷偷地在敞开的窗前一动不动地度过了几个小时，想利用自己的方式为自己治疗，结果他的病痛更加严重了。他经受着胸口剧痛和强烈的咳嗽，呼吸也变得异常艰难，几天之后，便因为肺部脓肿破裂而去世了。

为了纪念这位伟人，费城人民为他的逝世服丧一个月来表示哀悼。所谓极致哀荣，大抵如此吧。

拿破仑·波拿巴：
死亡不是终结

国　　别：法国

生 卒 年：1769 年 8 月 15 日—1821 年 5 月 5 日

死亡原因：不详

地位影响：拿破仑·波拿巴是享誉世界的军事天才，他 1799 年至 1804 年担任法兰西第一共和国第一执政，后加冕称帝，缔造了法兰西第一帝国。面对内忧外患，他对内遏制了分裂势力叛乱，颁布了《拿破仑法典》，完善了资本主义法律体系，并为塑造资本主义社会秩序奠定了基础；对外挫败了反法同盟的五次入侵，维护了法国资产阶级大革命的成果，并多次对外扩张，使得欧洲除英国外的其余各国都向其俯首称臣，形成了拿破仑帝国体系，铸就了一系列政治和军事传奇。

相信世界人民对拿破仑·波拿巴都不陌生，关于他传奇的一生我们也都有所了解。这位世界著名政治军事天才创造的奇迹令我们仰慕，然而关于他的最终归宿，又让我们唏嘘不已。

在第七次抗击反法同盟入侵失败后，1815 年 10 月，拿破仑被英国人流放到与非洲大陆隔海相望的圣 - 赫勒拿岛。他挑选了几名亲信随行，上岸后暂时寄居在英国商人巴尔科姆家中，后来又搬至龙坞德庄园，在那里潜心撰写回忆录。

此时的拿破仑身体条件每况愈下，忍受着高烧、呕吐、胃痛的折磨。1821 年，预感到自己大限将至，拿破仑开始交代自己的后事，为了防止被政敌暗算，他要求死后如有解剖身体的必要，则必须由长期照料自己的阿尔诺医生进行，其他医生尤其是英国医生万万不能触碰他的身体。考虑到家族胃病遗传史，他还要求医生在他死后详细检查他的胃，并做一份详细报告。

1821 年 5 月 5 日下午五点，拿破仑永远合上了双眼，但是他死后的日子仍不太平。人们急切地想知道这位伟人的死因。拿破仑的同乡马尔当负责对拿破仑的遗体进行解剖。他发现拿破仑的心脏依然处于良好的状态，只是略有些肥大的迹象，肝脏左叶的凹面部分有些粘连，胃部表面出现了一个直径为 6.75 毫米左右的洞，由此他推论拿破仑死于肝脏肥大。

此外，关于拿破仑死于阴谋论的观点也甚嚣尘上。人们怀疑圣 - 赫勒拿岛的地方官德森·卢威与拿破仑之死有关，因为他故意向这位伟人提供了十分糟糕的医疗条件，加速了他的死亡。为了摆脱嫌疑，德森·卢威搬出拿破仑家族的胃病遗传史，将拿破仑死于胃癌定为官方说法。

但是这并未平息人们的猜测。这份官方报告出来之后，时常有新的说法出现。因为拿破仑生前曾在遗嘱中断言自己倘若过早死亡必是被英国政客谋杀，所以人们倾向相信拿破仑之死是场阴谋。

在拿破仑去世 19 年以后，法兰西第三帝国强烈要求将拿破仑的遗体运回法国安葬，于是 1840 年 10 月由菲利普·德·罗昂 - 夏博作为国王的特派员前往圣 - 赫勒拿岛。到达拿破仑墓地后挖掘工作开始，菲利普详细记录了拿破仑棺木初次被打开后的情形："他的面颊很圆，显得非常温和、柔顺。他的脸色十分苍白……最令人吃惊的是，他死后竟然又长出了胡子，还使得他的下巴位置出现了一丝青蓝色……连他的皮肤都保持着这种完全属于生命的特殊颜色……在一个不太大的空间中，我们对我们以前从未料到过的这种保存状况进行了十分详细的检查。"

这让人们出乎意料，并再度引起了对拿破仑死因的怀疑。本·韦德和斯登·弗斯胡福伍德医生经过仔细检查论证，认为拿破仑死于氰化物中毒。之所以会得出这样一种结论，是因为从拿破仑去世近 20 年后开棺的情况来看，他的遗体具有氰化物中毒的典型特征，通常氰化物可以保护动物尸体不发生腐烂。此外，也有研究者对拿破仑的头发进行了极其深入的毒性分析和研究，结果发现他的头发中的氰化物含量是普通人的 13 倍。因此有人推测是英国人在拿破仑的日常饮食中投了毒，使他慢性毒发身亡。

关于拿破仑之死，正如他本人一般秘不可测。至今围绕他的死因仍是众说纷纭，也许我们永远无法得到真相，但是他创造的伟大功绩彪炳青史，激励着一代又一代人勇往直前。

拿破仑遗体回归法国后引起万民朝拜的热潮。当天，整个巴黎都沸腾起来，数十万民众涌上街头，挤在塞纳河岸边。人们高举着形形色色缀满花饰的牌子，许多人穿着特地定制的带有拿破仑回归标志的衣服，喝着为庆祝拿破仑回归特地酿造的各种美酒。著名作家维克多·雨果如此描述当时的盛况："枢车看起来就像是一个庞然大物，很高，很大。整个枢车金碧辉煌，一层一层，呈金字塔状。真正的棺木放在最下面一层，以避免引起人们的冲动。但事实上，这种设计存在一个极大的缺点，就是没有顾及法国人民的感情，它把人民最希望看到的、整个法国最渴求的、法国人民所期待的东西掩盖了起来，那就是'拿破仑的遗体'！"

与这位伟人在孤岛上的孤独时光不同，他死后如此地哀荣一时，算是对他猝然长逝的弥补吧！

亚伯拉罕·林肯：

愿灵魂回到南方

国　　别：美国

生 卒 年：1809 年 2 月 12 日—1865 年 4 月 15 日

死亡原因：头部中弹

地位影响：亚伯拉罕·林肯是美国第 16 任总统，世界政坛的知名人物。他在任期间废除了黑奴制度，平息了南方叛乱，维护了美国建国之初宪法所规定的天赋人权、自由平等的理念，推动了美国社会的巨大进步与发展，使他受到了美国人民乃至世界人民的尊敬与爱戴。马克思曾对他做出高度评价："他是一个不会被困难所吓倒、不会为成功所迷惑的人，他不屈不挠地迈向自己的伟大目标，从不轻举妄动，他稳步向前，而从不倒退……总之，他是一位达到了伟大境界而仍然保持自己优良品质的极其罕有的人物。"为了纪念这位伟大的人道主义斗士，小头版 5 美元纸币的正面印上了他的头像，可见他对美国社会的巨大影响力。

　　林肯出生于美国南部的一个贫困家庭，他的个人奋斗史就是一部励志传奇。由于家境贫困，他没有接受太多的正规教育，而是通过自学，在三十岁出头成为了一名律师，此后当选为州议员、众议员，后来加入共和党，因强烈反对奴隶制的立场最终在 1860 年成为美国第 16 任总统。他的当选对南方奴隶主的利益构成了严重威胁，南方 11 个州先后宣布退出联邦，筹划成立"美利坚联盟国"，制定新的宪法，选举新总统。

　　1861 年 4 月，南方叛乱武装挑起战争，林肯号召民众为维护联邦统一而战，南北战争自此爆发。战争初期，由于谋求和解，北方在军事上节节失利。在各阶层民众的强烈要求下，林肯签署颁布了一系列打击奴隶制、维护黑奴权益的法令，这极大激发了黑人奴隶的热情。他们纷纷参加了北方军队，使得北方在内战中最终占据了上风，并于 1865 年 4 月取得了内战胜利。南北战争的胜利对美国历史产生了重大影响，也是林肯最伟大的功绩之一。但是应该看到，当时奴隶制的废除并不是一帆风顺的，等级意识在美国社会根深蒂固，战争取得胜利、法令获得颁布并不能立即解决所有遗留的问题。无论在北方还是南方，林肯都遭受着强烈非议，承担着巨大的压力，他经常受到死亡威胁，因此他被政敌刺杀也是避免不了的厄运。

林肯在被刺杀前就有了某种预感。1865 年 4 月 9 日，他朗诵了莎士比亚《麦克白》中的一个片段："邓肯躺在坟墓里，生命之火燃烧之后，他睡着了。都是背叛造的孽。不过无论是利剑还是毒药，无论是内部的敌人还是外部的敲诈，今后再也没有什么能伤害他了"，并跟身边的朋友说，你永远无法阻止一个想杀死你的人。

两天后，他做了一个奇怪的梦，讲给妻子听："在我面前是一个柩台，上面躺着一具尸体，身上盖着遮尸布；四周有卫兵把守，人群中有些人悲痛地盯着尸体那张模糊的脸看，另一些人在伤心地哭泣。我问其中的一个士兵：'谁在白宫死了？'他回答我：'是总统，他被谋杀了。'"

4 月 13 日，他梦见自己在一艘难以名状的陌生船上，驶向一个阴沉、模糊的海岸。

4 月 14 日，林肯处理了一些政务，心情很愉快，晚饭后他们打算去福特剧院看一出名叫《我们的美国表兄》的喜剧。当时他的妻子感觉不是很舒服，想要取消，但是林肯坚持要去，因为他想放松一下。

他们的包厢正对舞台中央，剧目十分精彩，让他开怀不已。其间他感觉有些凉意，还出去加了件衣服。十点刚过，突然几声枪声响起，林肯倒在血泊之中，一个身着黑衣的男人从总统的包厢顺着旗杆摔倒在舞台上。这位名叫约翰·威尔斯·布斯的男人是名喜剧演员，他起身后叫着"这就是暴君的下场"和"为南方报仇"的口号。当时人们以为这是他的台词，加上守卫总统包厢的警察擅离职守，刺杀总统就这样让他得手了。林肯被迅速地送到剧院对面的一个房间内。医生赶来时他还有气息，但子弹穿过颅骨直至他右眼边上，医生也无能为力。第二天早晨 7 点 22 分，这位深刻改变美国历史的伟大总统永远离开了人世。

维多利亚一世：
平静地告别她的时代

国　　别：英国

生 卒 年：1819 年 5 月 24 日—1901 年 1 月 22 日

死亡原因：昏厥病发

地位影响：维多利亚一世是英国历史上十分有为的女王。她在位的 64 年间，英国国力迅速强盛，在世界各地拥有众多的殖民地，资本主义发展到鼎盛时期，经济、文化空前繁荣，英国独特的君主立宪制也重新获得世界的认可，具有强大的世界影响力。维多利亚时代是英国历史上的黄金时代，"日不落帝国"的称号也是发端于这一时期。

维多利亚的父亲爱德华王子是英国国王乔治三世的第四个儿子，在她出生 8 个月后因为急性肺炎不幸去世，从此维多利亚和母亲相依为命。她的童年算不上无忧无虑，家中巨额的债务使她养成了非常节俭的品质。本来皇位不会轮到她来继承，不过在她 18 岁时，当时的国王威廉四世意外身亡。他没有子嗣，按照英国皇室的继承传统，皇冠落在了皇室直系维多利亚的头上。

欲戴皇冠，必承其重。这个突如其来的人生转折并没有使维多利亚措手不及，相反，事实证明她是一位十分优秀的一国之君。

维多利亚对内知人善任，采取开明的政治经济政策，索尔兹伯里和张伯伦都是她重用的贤相；对外手腕强势，曾经在争夺苏伊士运河统治权时逼迫法国退让，逼停了俄国对土耳其的入侵，并在自己登基50周年纪念庆典时，利用自身威名邀请各国召开了帝国殖民会议，巩固了英国的外交成果，使英国一跃成为世界强国。

维多利亚即位之时，英国刚刚完成了第一次工业革命，资本主义轰轰烈烈地发展起来。为了寻找原料产地和销售市场，英国开始急速对外扩张，在北美、印度、东南亚、大洋洲等各地建立了大批殖民地，通过殖民压迫攫取了丰厚的利润，积累了大量的国家财富，为英国成为世界第一强国奠定了坚实的基础。维多利亚女王是英国对外扩张战略的坚定推动者，为了得到国内民众对向中国发动鸦片战争的支持，她甚至不顾女王之尊发表演说，可见其坚定的政治决心。维多利亚代表资产阶级利益，支持资本主义的自由发展，因此深受资产阶级的拥护和爱戴。

维多利亚时期，英国的经济与社会发生了翻天覆地的变化。强盛的经济吸引了各国朝拜，世界上第一届万国博览会正是在伦敦举办的，展示了英国富强的国力。科技的进步为英国带来了发达的铁路交通网络、先进的污水排放系统和街头照明系统，社会面貌焕然一新。经济的繁荣也推动了文化上的百花齐放，查尔斯·狄更斯和查尔斯·罗伯特·达尔文都是这一时代的杰出代表。此外，值得一提的是，这一时期英国已经实行了小学免费教育。这时候的英国堪称世界第一强国。

强势的维多利亚女王在政治上取得了巨大的成就，在生活中也拥有美满的婚姻。早年她与俄国沙皇亚历山大二世的爱情因为政治考量无疾而终，她便下嫁了阿尔伯特亲王。两人感情很好，并生育了九个子女，后来都成为欧洲的皇亲国戚，因此她的子孙后代可谓遍布欧洲各大皇室。

1861年，阿尔伯特亲王去世之后，维多利亚女王开始变得郁郁寡欢，沉寂了很长时间之后才再度活跃于政坛。

她的晚年在孤独中度过。1900年夏天，一向体质很好的维多利亚得了失忆症和失语症。医生建议她好好休养，但是为了完成君主立宪制度改革，她带病坚持。

1901年1月的某天，维多利亚会晤完一位从南非归来的英国贵族后不久便晕倒在地上。经过医生仔细的诊断，已经无力回天，只能顺其自然了。很快王室张贴了关于女王健康状况公告，称："女王陛下在过去几年一直承受着十分沉重的健康压力，神经系统又在最近遭受严重损害，她的身体每况愈下，现在基本不能如常去花园散步了。尽管如此，女王陛下依然兢兢业业，为自己的子民操劳，令人敬佩。"

1月18日，维多利亚陷入了昏迷，温切斯特主教急忙赶来陪伴。幸好女王第二天清晨就醒来了，她想吃波莫瑞水果甜点，但是当侍从拿过来时，她又昏迷过去。很久，她睁开了眼睛，自言自语，希望上帝给她更多时间，因为她还有太多工作没有完成。

1月22日中午，她的儿女们过来陪伴她，但她很快又陷入了昏迷。温切斯特主教为她不停祈祷，但是丝毫没有好转的迹象。当天下午4点，王室又贴出公告："女王陛下正在慢慢离去。"下午6点30分，维多利亚的身体开始变得僵硬。王室最后一张公告宣布："18点30分，女王陛下平静地回归了天国。"入殓的维多利亚女王手中握着一个银质的耶稣十字架，脸上罩上了殓纱，十分肃穆，透露着女王的威仪。按照她生前的意愿，继任的爱德华国王为她举办了军葬，身着蓝色海军制服的士兵们抬着女王的灵柩，完成了她最后一个心愿。

菲力克斯·福尔：
永不为人知的死亡真相

国　别：法国
生卒年：1841 年 5 月 6 日——1899 年 2 月 16 日
死亡原因：官方称"脑溢血"致死
地位影响：菲力克斯·福尔是法兰西第三共和国的第 5 任总统，在任期间使法国的经济获得了短暂的发展繁荣，并维持了政权的相对稳定。

自 18 世纪末的大革命爆发以来，法国政坛就没有平静过。经历了几代政权的更迭换代，到了法兰西第三共和国时期，狂热的政治运动似乎平息了，共和国的元老梯也尔为国家的政治、经济和社会发展勾画了宏伟蓝图，一切似乎步入正轨了。到了菲力克斯·福尔接任总统的时候，事情都预示着向好的方向发展。政治稳定了，经济在经历了工业革命之后加快了复苏进度，文化也是一片欣欣向荣。除了几个政敌的存在，福尔总统好像没什么不顺心的。

私底下，他除了妻子和孩子，还有一个名叫玛格丽特的情妇。一切看起来都那么美好。然而事实证明，福尔总统的命运在急速下转。

1899 年 2 月 16 日下午 5 点，同往常一样，福尔的情妇玛格丽特来到爱丽舍宫与他幽会。通常他们都会在一间"蓝色小客厅"见面，但是这天这里被一个宴会占用了。玛格丽特被带到了邻近一间书房，总统正在那里休息。在她到来的前一个小时，福尔突然感到不舒服，医生过来没有检查出来什么症状，只好作罢。玛格丽特的到来并没有缓解他的痛苦，他对情妇说自己感到非常不舒服，并推断这可能与他长期服用的一种针对体质虚弱症的药物有关，他表示以后再也不吃这种药了。接着他又感到一阵眩晕和胸闷，之后发生了什么，除了玛格丽特就没有人知道了。唯一可以知道的是，福尔口中的那种治疗体质虚弱的药是一种性药。

人们再看到总统时，他已经极其虚弱了，玛格丽特十分紧张地告辞了。人们手忙脚乱地照顾总统，并没有对她有过多的注意。总统的妻子和孩子匆忙赶来，为他祈祷。侍从慌忙去为总统找神父，正巧碰到了散步的勒诺尔特神父。神父后来在《宗教周刊》上回忆说，总统躺在一个昏暗的小房间里，他的一只床垫放在靠墙的地板上，他则穿着高贵的法兰绒内衣，身体僵硬地裹在毯子里。医生当时正打算用舌节线性牵引法替他做人工呼吸，并试着用水蛭和发疱药替他治疗。总统在不停地出血，医生为他注射了血清。《菲力克斯·福尔的暴行》一书的作者安德列·加拉布曾经指出，医生使用的这种治疗方法就是针对中毒症状的。

由于匆忙赶来，勒诺尔特神父忘记带圣油，临终圣事仪式无法举行了。而福尔总统似乎没意识到这点，就瞬间死去了。

医生记载了福尔总统的阴茎勃起持续时间，这令人惊叹，除非有兴奋剂的作用，否则不会持续这么久的时间。这也证实了安德列·加拉布的推测，福尔死于中毒。但是，遗憾的是，福尔总统没有被解剖，相反，他的尸体在逝世后的 24 小时之内就被匆匆埋葬了。据说是因为当时他的尸体已经发黑，假如这一说法是真的，那么福尔总统中毒身亡就不言而喻了。可能是由于他的政敌伺机陷害，买通了福尔的情妇玛格丽特下毒；也可能是福尔纵欲过度，性药服用过量身亡。不论哪种猜测，菲力克斯·福尔，这位堂堂的法兰西第三共和国总统，就这样不明不白地凄惨离世了，甚至连个像样的葬礼都没有。

路德维希二世：
被冠有精神疾病的纯真君主

国　　别：巴伐利亚国

生 卒 年：1845 年 8 月 25 日——1886 年 6 月 13 日

死亡原因：溺水

地位影响：路德维希二世以浪漫和艺术天分著称，他在位期间政绩平平，却建造了许多著名的宫殿和城堡，因此有"童话国王""天鹅国王"之称。今天，这些建筑已经成为巴伐利亚重要的旅游资源，为当地居民带来了丰厚的收入。路德维希二世留给世人的另一个想象，便是他的死亡之谜。这位国王终身未娶，民间有种种传闻，同时他也是罕见的被诊断为精神病人的国王之一，绰号又称"疯王路德维希"。

　　路德维希二世 18 岁时继承王位，他后来回忆说，还没做好充分的准备，就被推上了权力的宝座，这是他一生痛苦的根源。与野心勃勃的年轻君主形象不符，路德维希二世无心过问政治，他讨厌尔虞我诈的权力斗争和宫廷的繁文缛节，热衷于追求艺术和游览自然风光。他在位的二十多年间，并未做出太大的政绩，只是保持了巴伐利亚相对和平的状态。尽管如此，他仍以英俊的外貌和浪漫的气质博得了巴伐利亚人民的喜爱。19 世纪德国著名剧作家理查德·瓦格纳这样描述了第一次与路德维希二世见面的情形："今天，我被引领觐见了他。他是那么'无可救药地'英俊、富有智慧、热情洋溢且气质高雅，以至于我担心，在这个尘世中，他的生命会像一个绝美的梦般逝去……你完全想象不到他所具有的魅力，如果他能够一直活下去，那将是一个奇迹！"可见这位传奇国王的非凡魅力。

　　然而，对于一个国家的国王来说，貌美并不是什么优势，尤其路德维二世未免过于感性。他深爱诗歌、音乐、绘画和建筑，为了实现自己的理想世界而修建了很多童话色彩的建筑和城堡。这虽然满足了他的浪漫幻想，却耗费了大量的财力物力，后期举全国之力修建的新天鹅城堡更是将他推到了被废黜的边缘。此外，路德维希二世不近女色，被认为是同性恋，他一生除与表姑奥地利皇后茜茜公主保持友谊外，始终未娶，这对需要绵延子嗣、继承皇权的皇室传统背道而驰，亦成为他遭受非议的理由。据史料记载，路德维希二世时常为自己不正常的性取向而苦恼，在他的日记中，他多次忏悔，祈求上帝原谅。对于严格的天主教国家来说，这样的国王不啻为一个异类。

路德维希二世沉湎于自己的世界无法自拔，这令他的大臣和亲属十分担忧。由于大兴土木带来的巨额赤字令国力日渐微弱，他们必须采取措施加以应对。1886 年 1 月，路德维希二世被迫参加了一次仓促的精神测试，结果他被诊断为患有精神疾病，当时的诊断书写道"陛下患有偏执狂，确切地讲这是一种顽疾，根据他的病状，他的行为很可能随心所欲，不只是一两年，而是一生"。这样的国王当然不再适合管理国家，于是他被名正言顺地送往施塔恩贝格湖畔的一家精神病院，过起了囚徒生活。这让路德维希二世十分愤怒，他声明可以不再执政，但是不能接受自己被鉴定为发疯。他的反抗没有得到理睬，反而让医生更加坚定了原来的判断。

这样的对待方式，对于爱好自由与纯真的路德维希二世无异于巨大的侮辱，可以想见他当时有多么绝望。被送到精神病院的第二天，他停止了反抗，反而十分配合医生的治疗，这让他们放了心。当天他对自己的治疗医生古当表达了想去河边散步的愿望。古当看到他如此顺从便答应下来，结果他们再也没有回来，晚上人们在施塔恩贝格湖里发现了二人的尸体，这位传奇国王结束了悲剧的一生。

死后舆论仍不放过他，为了证明路德维希二世精神有问题，医生解剖了他的头颅，并抛出以下证据证明他们的观点："颅骨呈多样性病变，眼神变化不定的理由是：1. 颅骨窄小；2. 颅骨两半之间的容量不等；3. 颅骨异常轻、薄；4. 身高 197 厘米，脑重 1349 克（这比同样身高的正常人的脑重要轻 36 克）。"

这样的结论并不使人信服，科技进步表明是否患有精神疾病并不能从颅骨形态来加以判断，这仅仅是医生们摆脱自己间接谋害国王的托词。关于路德维希二世之死也有众多猜测，有人认为他并非死于溺水，而是被人谋杀。直至今天，仍有人想用"虚拟解剖"技术来探寻路德维希二世死亡的真相，不过遭到了其后裔的反对。

看来，这位颇具传奇与悲剧色彩的国王不仅为我们留下了宝贵的精神财富，还给我们制造了一个也许永远不会解开的谜团。

皮埃尔·赖伐尔：
死亡即自由

国　　别：法国
生　卒　年：1883 年 6 月 28 日——1945 年 10 月 15 日
死亡原因：枪决
地位影响：皮埃尔·赖伐尔是"二战"前后法国知名的政治家。他曾两度任职于国民议会，并于 20 世纪 30 年代两度担任法国总理。"二战"爆发后，在希特勒的支持下，于 1942 年 4 月再度出任法国总理。法国光复后，他被巴黎高等法院以叛国罪判处死刑。

皮埃尔·赖伐尔出生于法国的一个平民家庭，但是拥有强烈的政治志向和抱负。他非常善于学习，靠自学攻读了法律学位，并在巴黎当起了执业律师。当时法国的工人运动此起彼伏，深受这股社会浪潮的鼓舞，赖伐尔于 1903 年加入了社会党，为工人阶级的利益奔走呼告。他曾经为一名无政府主义工人辩护，最后使该工人无罪释放，他也随之名声大噪。1914 年开始，他担任了四年塞纳省奥博维耶的社会党众议员。因为反对第一次世界大战，他于 1920 年退出社会党，四年之后又以独立党人的身份卷土重来，再度当选众议员。

20 世纪 20 年代至 30 年代的法国政坛政权更迭频繁，赖伐尔却历任公共工程部长、司法部长、劳工部长，可见其左右逢源的灵活手腕。赖伐尔在担任劳工部长期间，曾主持实行社会保险法，一时间赢得舆论普遍赞扬，而且当时法国较之欧洲其他国家拥有很低的失业率，被视为他的伟大政绩而载入史册。1934 年，他转任外交部长，并在这一时期犯下了一系列外交错误。例如，他支持将萨尔地区划归德国；将法属殖民地索马里的 22 公里海岸线割让给意大利，并允许意大利在埃塞俄比亚自由行动，这为意大利侵略非洲打开了方便之门。此后，在 1935 年他担任总理期间还伙同英国秘密签署了一份协议，将埃塞俄比亚 15 万平方公里的土地割让给意大利，使意大利坐收渔翁之利。意埃战争爆发之后，他还采取了亲意的外交策略，为后来法国在非洲的被动局面埋下了隐患。

赖伐尔虽然被视为向法西斯分子实行绥靖政策的始作俑者，但他并不是彻底屈服于法西斯国家。他反对德国建立空军，并与苏联签订了法苏互助协议，为法国争取外援。

经济危机的爆发导致法国兴起了诸如火十字团、法兰西行动同盟等这样的法西斯党派，赖伐尔支持这些政党团体，甚至发给他们津贴，这导致了法国政坛的分裂和动荡，不久，他的内阁就倒台了。此后赖伐尔在法国政坛消失了长达四年之久。

1939 年，德国进攻波兰导致第二次世界大战爆发，他坚决反对法国对德宣战。1940 年德军侵略法国，亲德的赖伐尔被德国重新启用，出任傀儡政府的总理和国防部长。渐渐地，依靠德国对自己的信任，赖伐尔开始大权独揽，兼任外交部长、内政部长、情报部长等多种职务，成为德国法西斯祸害法国人民的帮凶。法国解放前夕，他被德军带往德国，盟军占领德国后他又逃往西班牙，最终于 1945 年 8 月被引渡给法国政府。

引渡回国后，赖伐尔已经深知了自己将要面临的命运。"二战"期间他的种种表现早已令法国人民愤怒不已，他的死似乎是避免不了的。10 月 5

日，巴黎高等法院开庭审理他的案件，他被指控犯下了叛国罪，并最终判决死刑，剥夺公民权。早就预知这一结果，听到宣判后他反而如释重负了。

　　但是，赖伐尔打算为自己申辩。别忘了他自己也是一名出色的律师，并且成功地赢得过很多场诉讼，但是这次为自己的辩护会成功吗？他犹豫不决，在他的脑海里，他不认为自己对祖国犯下了如此严重的罪行。他自认只是一个和平主义者，希望通过妥协为法国带来和平，可惜被别有用心的法西斯分子利用了。不过，他反念一想法国这些年遭受的侵略和凌辱，顿时失去了申诉的自信和勇气。也许他真的错了呢！最后，赖伐尔放弃了申诉，他打算接受这最终的命运了。这段时间，他通过阅读莫里亚克的《耶稣的生命》来获得内心的平静。

　　10 月 13 日，他在纸上写道："面对死亡我很平静。受到谴责的将是那些不了解我、折磨我、玷污我的人。我微笑接受死亡，我的灵魂不会因此而死去，死亡胜于锁链。"在一封给朋友的信里他写道："我想用毒药自杀，以抗议这种残忍的行径。我需要一小瓶毒药。"这些记录展现了他当时面对死亡纠结的心态。

　　行刑的日子到了，检察官来到赖伐尔的床前，只见赖伐尔迅速将一个小瓶子吞了下去，随后便开始痉挛抽搐，事后证明那是毒药氰化钾，也许是药量不够，他并没有死去。他被强制洗胃，两小时之后，他恢复了知觉。检察官决定就近执行枪决。临死前，赖伐尔对那些行刑的士兵们说："你们是历史上最大罪孽的同谋，但是我不怨恨你们。"赖伐尔就这样死在了自己同胞的枪口之下。他认为死亡胜于锁链，起码，死亡终于让他自由了！

撒切尔夫人：
"铁娘子"的铁腕柔情

国　　别：英国

生　卒　年：1925 年 10 月 13 日—2013 年 4 月 8 日

死亡原因：中风

地位影响：撒切尔夫人是迄今为止英国历史上唯一的女首相，也是享誉世界政坛的伟大女性政治家。她在任期间推行的政治经济外交政策对英国产生了长期而深远的影响，其政治哲学和政策主张被学界称为"撒切尔主义"，她本人也因强硬的政治手腕和外交作风，被誉为"铁娘子"。

　　外号是对一个人行事特征的精准概括，有"铁娘子"之称的撒切尔夫人，其强势作风可见一斑。

　　父亲早年的严格教育与刻意培养，造就了撒切尔夫人对政治的无限热情和"永远只坐第一排"的强烈竞争意识。早年在牛津攻读化学专业时期，她便热衷参加学校的各种政治活动，不久一举当选牛津大学保守党协会主席，是该职位在历史上的第三位女性。毕业后，她在化学公司担任了两年的研究员，但政治热情不减，不仅利用业余时间攻读法律，更是经常穿梭于伦敦及其他地方的保守党会议、辩论集会和群众大会等，使自己得到了很好的政治锻炼。在 1950 年和 1951 年的选举中，她成功成为当时工党地盘达特福德选区最年轻的保守党女性候选人，考下律师执照后于 1951 年成为保守党议会成员，先后担任几个政府职务，并终于在 1970 年保守党大选胜出后如愿入阁。1979 年，在与工党激烈的角逐中，保守党胜出，撒切尔夫人出任首相。

　　首相之路由强大的野心驱使，撒切尔夫人一直马不停蹄。成为首相后，她全力推行改革。当时英国经济受到美国和德法的夹击，颓势明显，高福利制度使政府疲惫不堪。撒切尔夫人信奉货币主义理论，主张减少政府干预，因此推行私有化、控制货币、削减福利开支、打击工会力量成为她经济的主体思路。这些政策毫无疑问受到了极大阻力，引发了民众不满，但是她全然不顾反对，甚至声称"私有化无禁区"，强势推进自己的改革方案。客观地说，她的一系列政策措施减轻了政府负担，推进了公共服务私有化，使英国经济得以复苏，但是削减福利引发的群众不满一直使她处于风口浪尖，直至去世也依旧争议不断。此外，外交上她主张对苏联强硬，铁腕处理马岛分裂危机，无不彰显其"铁娘子"的一面。

撒切尔夫人对自己的政治主张拥有强烈的自信，尽管在任首相11年期间因强势作风遭受到不少的非议和批评，她仍坚信自己是对的。作为英国第一位女首相，撒切尔夫人可谓叱咤政坛，获得了无数殊荣，那么她究竟有没有柔情的一面呢？

抛开首相的面具，我们须知道，撒切尔夫人首先是一个女人，撒切尔便是她的夫姓。原名玛格丽特·希尔达·罗伯茨的女首相在爱情面前也是柔情似水。她与丹尼斯·撒切尔·戴卓尔相识于肯特郡保守党的一次聚会中，当时两个人，一个是冉冉上升的政治明星，一个是刚刚退役的殷实商人，撒切尔夫人后来回忆说，自己那时热衷于政治，还没有把心思放在感情上，对丹尼斯谈不上一见钟情。但是因缘际会，在聚会结束，丹尼斯载她回伦敦的路上，两个人因为政见相合碰撞出了奇妙的火花，成就了一段佳话。

他们的结合无论在当时还是以现在的眼光看，都是无比匹配。出生于小商贩家庭的撒切尔夫人没有多少资产，担任议员收入微薄，大笔的竞选开支凭一己之力根本无法解决，而丹尼斯恰好可以弥补她财富上的短板。更可贵的是，丹尼斯赞同妻子的政治主张，资助她考取律师资格、竞选工党领袖乃至英国首相，更在妻子如愿后甘当背后的男人，全力支持妻子的事业，在她遭受反对、被不满民众扔掷臭鸡蛋时保护她，帮助她实现自己的政治抱负。作为一个国家最有权势女人的丈夫，丹尼斯毫无怨言。而对丹尼斯，撒切尔夫人倾注了同样深沉而热烈的爱。虽然工作繁忙，她坚持每天为家人做早餐，也尽量抽时间陪伴丈夫和孩子度过家庭生活。对她来说，丹尼斯无疑是精神支柱和力量源泉，她也竭力在事业和家庭之间求得平衡，以回馈丈夫对家庭的贡献。

夫妇二人伉俪情深，丹尼斯于 2003 年逝世对撒切尔夫人是重大打击。其间，她数度泪流满面，这样缅怀道："担任首相就得承受孤独，你无法在群议纷纷里领导国家。然而我从未感到孤单，因为有丹尼斯陪伴。他是多么好的一位丈夫啊！"撒切尔夫人迟暮之年经历几次中风，患上了老年痴呆，但她对丈夫的记忆依旧十分深刻。在她的臆想世界里，丈夫丹尼斯还活着，并且每天都生活在她的身边。年老孤独、远离政治的她时常感慨："这一生最令我骄傲的是嫁给了丹尼斯·撒切尔。"

铁娘子有两副面孔，即作为英国首相的铁娘子和作为丹尼斯妻子的撒切尔夫人。她于 2013 年因中风去世，至死都没有改变自己政治上的强硬立场。对于丈夫，那个 2003 年去世却在她的臆想世界中一直存活的精神伴侣与支柱，一直是她心中的软肋。她晚年回忆道，假如有选择，一定不会从政。也许这样才能弥补对爱人的愧疚吧！

离世时的铁娘子究竟是怎样的？我们不得而知，但是，想到与天堂中的丈夫重聚，她应该是祥和而幸福的吧！

第三章 经济

财富是人生的微末

也许每个人都有一个励志梦，我们渴望机遇，渴望通过自身奋斗，白手起家，到达人生的巅峰。卡内基、乔布斯、福特等这些耳熟能详的名字曾经激发了我们无限的斗志与激情。作为前辈，他们曾经拥有怎样的人生故事呢？我们又该如何向他们看齐？这里，将一一为你讲述。

亚当·斯密：
为后世留下财富与疑团

国　别：英国

生卒年：1723 年 6 月 5 日—1790 年 7 月 17 日

死亡原因：不详

地位影响：亚当·斯密是现代经济学之父，公认的经济学祖师，代表作《国富论》。亚当·斯密在经济学界拥有独一无二的地位，他所创建的古典经济学理论体系在经济学领域的影响极为深远。此外，他撰写的《道德情操论》是伦理学方面的经典之作。2007 年新版的 20 英镑纸币上印上了他的头像，足以看出他对现代自由市场经济的深刻影响。

　　亚当·斯密 1723 年出生在苏格兰，当时他的父亲已经去世，他与母亲相依为命。年幼的亚当·斯密天资聪颖，勤奋好学，他在家乡求学十余年，并在格拉斯哥大学求学期间完成了拉丁语、希腊语、数学和伦理学等课程，毕业后赴牛津学院学习，阅读了大量书籍，为他的经济思想的形成奠定了坚实基础。1750 年，亚当·斯密回到母校格拉斯哥大学担任逻辑学和哲学教授，其间他撰写了《道德情操论》，受到业内高度评价。该书主要是阐述伦理道德问题，亚当·斯密假设人在本能上都是自私的动物，那么如何在追逐利益最大化的资本主义生产关系中克制人的本性，从而建立规范的社会行为准则确保经济的有序发展就是一个具有普世价值的命题。亚当·斯密主张同情心和正义感，这对资本主义经济秩序的塑造具有深远意义。《道德情操论》问世之后，亚当·斯密又花费了五年时间著述《国民财富的性质和原因的研究》（简称《国富论》）。此书出版后引起强烈关注和广泛讨论，并影响了包括欧洲和美洲在内的整个资本主义世界，亚当·斯密也因此被尊称为"现代经济学之父"。

《国富论》这本书直接促使了经济学作为一门独立的学科出现，堪称西方世界经济学领域发行过的最具影响力的著作。亚当·斯密在该书中宣扬自由市场，他认为虽然自由市场表面看起来混乱无序，实际上却由一双"看不见的手"所指引，这双手引导着市场生产出符合需求的产品。而这主要通过价格机制传导，假如产品供不应求，价格便会高涨，所能得到的利润会刺激其他人也加入生产，短缺最后得以消除。反之，如果产品供大于求，将会加剧生产者之间的竞争，促使价格下降，最终会导致部分生产者的退出，实现供求平衡。亚当·斯密认为人性自私而贪婪，追求利益最大化的动机能使自由市场的竞争充分发挥作用，进而造福整个社会，这就是亚当·斯密的核心观点。在《国富论》中，亚当·斯密主张个人主义，他认为每个人充分发展自我的结果会促使社会整体进步，而保证财产私有制、经济自由以及个体追求利润的正当性就是个人主义的题中之义。亚当·斯密关于个人主义和自由市场的论述深刻影响了整个资本主义的经济发展，这也和资本主义倡导的自由、平等理念不谋而合，因而，他塑造了整个资本主义的经济原则与形态。

亚当·斯密并不是经济自由学说的最早宣扬者，他的许多经济观点也并非新颖独特，但是他的经济思想体系结构严密，论证有力，吸收了前人的正确观点并对错误理论进行批判，首次形成了全面系统的经济学说，这是前无古人的壮举，可以说他是他那个时代经济学理论的集大成者，并为该领域的进一步发展打下了良好的基础。事实上，在他之后的经济学家，如托马斯·马尔萨斯和大卫·李嘉图，其观点都是对亚当·斯密学说的修正拓展，可见亚当·斯密在经济学领域的非凡影响。

尽管在学术上取得如此耀眼成就，生活中的亚当·斯密却是一个平凡人。他从小身体十分瘦弱，沉默寡言，喜欢自言自语。但是针对自己喜爱的学术研究，他又能口若悬河、侃侃而谈。他对于学术研究无比痴迷，有时甚至达到废寝忘食的地步。亚当·斯密终身未娶，一直与母亲为伴。他没有什么朋友，但与同时期的经济学家戴维·休谟保持了终生良好的友谊。他们互相指定对方为自己遗稿的管理人，可见友谊之深厚。

1790 年 7 月 17 日，67 岁的亚当·斯密突然暴毙，给后人留下了一些疑团。比如，为何他在去世前将自己的手稿全部销毁，又因为什么猝然长逝？有人猜测亚当·斯密由于常年辛勤研究而患有隐疾，只是碍于当时落后的医疗条件没有及时发现而导致猝死。由于史料有限，我们不得而知，但是他这样的经济学巨擘，死后还在继续影响着后世，不可不谓之传奇！

梅耶·罗斯柴尔德：
以犹太身份为傲

国　　别：德国

生 卒 年：1744 年 2 月 23 日—1812 年 9 月 19 日

死亡原因：风寒

地位影响：梅耶·罗斯柴尔德是世界著名的国际金融之父，他创办了世界首家跨国公司，并开创了国际金融业务，将自己的五个儿子派往伦敦、巴黎、维也纳、法兰克福和那不勒斯，编织了一个巨大的金融网络，使罗斯柴尔德家族成为欧洲显赫的金融家族，并影响欧洲的政治和经济长达二百多年。在全球金融市场，梅耶·罗斯柴尔德至今仍是神一般的存在。

1744 年，当时姓氏还是鲍尔的梅耶出生在法兰克福的一个犹太人聚居区，他的父亲以放贷为生。小小年纪的梅耶十分具有经商天赋，他从父亲那里学习借贷的商业知识，在父亲去世后，又来到汉诺威，在欧本海默家族银行当银行学徒。

由于天资聪颖和踏实勤奋，他很快就熟悉了银行运作的各个方面，并接触到了当时非常先进的金融理念。这段时期，他还结识了很多有实力的客户，和他们的交往让他意识到与政府和国王做放贷交易要比与普通人更加可靠和划算，这一思路主导了他后来的商业行为。

积累了丰富经验之后，梅耶回到了法兰克福，接手了父亲的放贷生意，还给自己取了一个新的姓氏——罗斯柴尔德。梅耶当时应该没有想到这个姓氏会对世界产生怎样的影响吧！当时梅耶在银行工作时结识的冯·伊斯托弗将军也回到了法兰克福并供职于威廉王子的宫廷，知道这一消息后，梅耶打算以冯·伊斯托弗将军为突破口和王室搞好关系。

梅耶开始频繁联系冯·伊斯托弗将军，并投其所好，以低价卖给他大量的古代金币，这让冯·伊斯托弗将军对梅耶十分满意，并引他为知己。正巧威廉王子也喜爱收藏古代金币，在冯·伊斯托弗将军的大力引荐下，梅耶以同样的招数获得了王子的青睐。很快，他从王子那里获得了宫廷代理人身份，为他的放贷生意赢得了极大的信誉。一时间找他放贷的人络绎不绝，他的生意越发红火起来。

威廉王子嗜财如命，他以出借军队帮助其他国家维护和平为由大发战争财，有"欧洲最冷血的贷款鲨鱼"之称，身家高达2亿美元。梅耶和威廉有共同的发财志向，因此二人一拍即合，配合十分默契。梅耶做人做事小心谨慎，且追求完美，是威廉王子的得力助手，深得王子的信赖。梅耶也从威廉王子身上学到了发乱世财的诀窍。1789年法国大革命爆发时，恐慌迅速蔓延欧洲各地，造成金币价格大涨，梅耶赚得盆满钵满。当法国的革命愈演愈烈时，德国与英国的海外贸易中断，德国本地的英国商品快速走俏，梅耶瞅准时机，囤积了大量英国商品，高价卖出，又积累了很大一笔财富。梅耶不满足于此，向国王和政府放贷才是他追求的目标。一次，丹麦国王向威廉王子借款，王子担心露富，并没有立即答应。梅耶知道后，建议威廉王子做担保，由他自己向丹麦国王借款，利息可以在他们二人之间提成。威廉一听有这等空手套白狼的好事，非常爽快地答应了，结果贷款十分成功，其后又有六笔丹麦皇室的贷款成交。这为梅耶打开了通往欧洲各国皇室财富的大门，通过与皇室的密切联系，他的生意越做越大，在欧洲名噪一时。

拿破仑上台以后，威廉王子因为不愿与他合作而被他以武力相威胁。王子仓皇出逃，并把300万美元的现金交给梅耶保管，梅耶决定好好利用这笔巨款，于是他建立了历史上第一家跨国金融机构，以巴黎、法兰克福、维也纳、伦敦和那不勒斯为据点，开办国际金融业务，一个横跨欧洲、史无前例的金融帝国就这样诞生了。梅耶创造的这一金融集团延续了他早年的工作思路，即在战争爆发时，向交战国提供贷款，并办理欧洲各国之间的国际汇兑；战后，进行政府证券、保险及股票交易，同时投资于实业，大大促进了欧洲的经济发展和金融繁荣。

梅耶以自己的犹太身份为傲，是法兰克福犹太社区非常活跃的人物。1800年，他获得了神圣罗马帝国皇帝授予的"皇家代理"称号，这使他在帝国可以自由出入，并惠及他的犹太同胞，大大减轻了他们的税负。他还热心于帮助贫困的犹太同胞脱离困境，经常做一些施舍和慈善活动。

1812年8月的某天，一向身体硬朗的梅耶在外出时突然着凉了，回到家便卧床不起，高烧持续不退，并数次陷入昏迷。家人为他请来一流的医生都无济于事。作为虔诚的犹太教徒，梅耶相信这都是上帝的安排，他不打算违抗，于是在病痛中开始思考如何将自己的金融帝国传递下去。他将散落在欧洲五个城市的儿子召回，公布了自己的遗嘱和家训。梅耶认为犹太人的团结是经商的重要秘诀，因此他要求自己的儿子们必须忠诚于彼此，家族财产只能由成员继承，只能男性家族成员参与商业活动，每家必须由长子做统帅，等等，他的这些遗训被视为罗斯柴尔德家族保持旺盛生命力的源泉。1812年9月19日，交代完自己的重要嘱托之后，梅耶安详地离开了人世。

安德鲁·卡内基：
为慈善贡献全部心力

国　别：美国

生卒年：1835 年 11 月 25 日——1919 年 8 月 11 日

死亡原因：肺炎

地位影响：安德鲁·卡内基是 19 世纪末 20 世纪初的美国"钢铁大王"，他白手起家，成为美国最大的钢铁制造商，一跃成为世界首富，在美国工业史上留下了浓墨重彩的一笔，写下永难磨灭的一页。他热心慈善和公益事业，在功成名就后，几乎捐出了自己全部的财富。

1835 年 11 月 25 日，安德鲁·卡内基出生于苏格兰，他的父母都是纺织工人，性格正直乐观，积极进取，这都给予卡内基十分正面的影响。由于家境贫困，卡内基很小便帮助父母做事。在他 12 岁那年，由于受到英国经济危机的影响，卡内基的父母带着他和弟弟移民到美国匹兹堡谋求生计。

为了减轻家庭负担，到匹兹堡后，卡内基便成为了当地一家纺织厂的童工，靠自己的力量贴补家用。卡内基在白天辛勤工作，晚上还参加夜校补习，他选择的是复式记账法会计课程，这个无意的选择为他将来打造钢铁商业帝国埋下了重要伏笔。卡内基 14 岁时，离开纺织厂，顺利成为一家电报公司的接线员，四年后他又跳槽进入宾夕法尼亚铁路公司担任秘书，凭借自己的聪明才智，事业平步青云，并积累了大量的管理技巧和经验。然而卡内基还有更大的理想，他想积累足够的财富自己创业。颇具商业头脑的他，开始紧抓投资良机。1856 年，在朋友的劝说下，卡内基靠贷款购买了十股亚当斯快运公司的股票，这是他的人生第一次投资，不久便分得了十美元红利。之后，卡内基又将机缘巧合认识的卧铺车发明者伍德拉夫引荐给宾夕法尼亚铁路公司，促成了一家火车卧铺车厢制造公司的建立。他通过借贷投资买下该公司 1/38 的股份，一年之内便分得高达 5000 美元的股票红利。几次历练下来，卡内基很快成为了股票投资的行家里手。

　　1865 年，他果断地辞掉了铁路公司的职务，全身心投入自己的事业。他先后创办了匹兹堡铁轨公司、火车头制造厂、铁桥制造厂、炼铁厂，并瞄准机会开始涉足钢铁企业。当时的美国钢铁生产经营极为分散，采矿、炼铁到最终制成铁轨、铁板等成品的中间环节需要经过大批的厂商，加上中间商在每个产销环节层层加价，导致产成品的成本非常高昂。了解到传统钢铁产业的这些弊病，卡内基认为这是建立一个供、产、销一体化现代化钢铁公司的绝佳机会。为此，他做了充分的准备，首先亲赴英国考察成本低廉的酸性转炉炼钢法在实践中的应用；其次，调研铁矿市场，他意识到美国丰富的铁矿资源已经进入大规模的开采时期；最后，此时的卡内基已经积累了数十万美元的财富，有充分的资本来投资实业。此外，在铁路公司十余年的管理经验也让卡内基倍添自信。于是 1873 年底，他与人合伙创办了注册资本达七十余万美元的卡内基 – 麦坎德里斯钢铁公司，卡内基则是最大的股东。在随后的二十多年间，卡内基的个人财富急剧增长，到 1881 年，他与弟弟汤姆一起成立了卡内基兄弟公司，其钢铁产量占据了美国市场的 1/37 的份额。1892 年，卡内基把该公司与其他两家公司合并，组建了以自己的名字命名的钢铁帝国——卡内基钢铁公司，成为了名副其实的钢铁大亨，并与洛克菲勒、摩根并立为当时美国经济界的三大巨头。

　　如果说卡内基从无到有的个人奋斗史是美国梦的缩影，那么他成功之后热心慈善、将自身财产全部捐出的行为又是对众多怀揣美国梦的人们的无私帮助。

　　卡内基的慈善之路也不是一蹴而就的。早年他沉迷于赚钱，很少仔细思考如何把这些钱花得有价值。1886 年 10 月，与他感情甚笃的弟弟汤姆去世了，母亲被噩耗击倒随之而去；1889 年他的得力助手琼斯厂长因为高炉爆炸而死。亲朋好友的相继离去给卡内基带来了非常大的影响，他开始考虑拼命赚钱的意义与价值。他研究起了孔子著作和佛经，并开始思考如何让自己做个比赚钱机器更有价值的人。

卡内基得出这样一个结论："富人若不能运用他聚敛财富的才能，在生前将其财富捐献出来为社会谋取福利，那么死了也是不光彩的。"回想自己的成功之路，从苏格兰到匹兹堡，他一路走来都得到了很多人的帮助，他认为正是这些善良因素的存在才造就了现在的他，他觉得自己有必要去帮助更多像当年的自己的人们。

1900 年，年逾花甲的卡内基决定退休，并开启公益慈善的第二事业。他捐款设立"卡内基协会"，资助科学、文学和美术事业的发展，在匹兹堡设立"卡内基大学"。后来，他又在美国和英国很多地方捐资创办了各种学校和教育培训机构。他还设立了若干项基金。包括对在突发事件中为救助他人而牺牲或负伤的英雄及其家属予以奖励或救济的"舍己救人者基金"；以保障教育家晚年生活为目的"大学教授退休基金"；对美国总统或作家的晚年给予资助的"总统退休基金"和"作家基金"。此外，他还向 11 个国家提供了"卡内基名人基金"，并设立"卡内基国际和平财团"，专门资助那些为世界和平做出贡献的人们。

1911 年，由于长期的慈善捐助工作导致年迈的卡内基身心俱疲，他以 1.5 亿美元设立了"卡内基公司"，他的捐献工作由该公司人员代理。

据统计，卡内基一生捐献总额高达 3.3 亿多美元。在他逝世以后，"卡内基公司"及各项卡内基基金依然正常运转，为慈善事业继续做出大量贡献。

1919 年 8 月 11 日，84 岁高龄的卡内基在美国因肺炎谢世，这位功成名就的商业奇才至死都在为他的慈善事业殚精竭虑。他有句名言，"一个人死的时候如果拥有巨额财富，那就是一种耻辱"。钢铁大王卡内基，他赢得了全世界的尊重。

约翰·皮尔庞特·摩根：
"我要爬上山了"

国　　别：美国

生 卒 年：1837 年 4 月 17 日 — 1913 年 3 月 31 日

死 亡 原 因：积劳成疾

地 位 影 响：约翰·皮尔庞特·摩根是美国著名的银行家。在他的主导下，曾经成功促进了通用电气公司、美国钢铁公司等垄断寡头的组建，深刻地影响了美国乃至世界的经济。

约翰·皮尔庞特·摩根家里世代经商，而他从小就有惊人的商业天赋，并且十分富有冒险和投机精神。当他完成在德国格廷根大学的学业归国后，他的父亲为他在华尔街开办了一家摩根商行，希望儿子能够青出于蓝而胜于蓝，成就新的商业神话。

当时适逢美国南北战争爆发，北方军队伤亡惨重。摩根敏锐地嗅到了这里面的商机，战争引起的恐慌会抬高黄金的价格，如果顺势而为一定大有可图。于是摩根和朋友合伙秘密买下了 500 万美元的黄金，将其中一半汇往伦敦，然后故意将这一消息走漏出去。北方军失败的消息加上黄金如此大规模地汇出一定会引发人们的恐慌，从而抬高黄金的价格，这时他再把自己预留的另一半黄金高价卖出，巨额的收益可想而知。一切都按照摩根设想的那样，他成功了。此次金价暴涨让他赚得盆满钵满，并且成为了名噪一时的青年投机家。

这次操纵金价的成功令摩根意识到信息的重要性。他打算好好利用内战大赚一笔，而先于他人掌握最新战报是关键一步。于是，他想方设法招募了原陆军部电报局的接线员史密斯来摩根银行工作，当时北军统帅格兰特将军的电报秘书正是史密斯的好友，利用这层关系，大量最新战报源源不断地提前到达摩根这里。

不久，摩根得到消息，称林肯总统因为英国方面为南方叛军提供船只愤怒不已，要求英国停止这一行为，否则不惜与英国断交。英国答应了林肯的要求，不过必须赔偿 100 万英镑来弥补损失，林肯总统已经下令皮鲍狄公司 24 小时内准备好价值 100 万英镑的黄金。摩根迅速在皮鲍狄公司大量购入黄金之际高价抛出手里的黄金，又大赚了一笔。

凭借南北战争的机会，摩根将大笔财富收入囊中。然而战争很快就会过去，又有什么新的赚钱方式呢？当时美国资本主义急剧发展，资本短缺十分严重，商业银行力不从心，更为灵活的投资银行应运而生，摩根再一次抓住这个商机，成立了摩根投资银行。投资银行的服务对象从中小型企业到大的垄断联盟银行等不一而足，展示了非常大的融资放贷能力。

19 世纪末 20 世纪初也是垄断资本主义腾飞的阶段，行业内大公司兼并小公司的现象比比皆是，而兼并重组需要的大量资金大多依靠投资银行发行企业债券获得，显然，投资银行成为了垄断行业的印钞机。

摩根首先利用自己的投资银行系统渗透铁路系统，造就了美国铁路公司的托拉斯联盟，并掌握着他们的资金命脉。其次，他又把目光瞄准钢铁业。当时美国钢铁业中卡内基的联邦钢铁稳坐第一把交椅，摩根创办的钢铁公司排名第二，第三则是洛克菲勒的公司。摩根一直觊觎卡内基的公司，但是苦于没有机会。

1899 年，机会来了，卡内基打算隐退并出售联邦公司，这令摩根十分振奋。虽然他不是卡内基的第一人选，但他相信凭借自己的诚意一定会打动卡内基。他耐心等待时机，终于以 4 亿美元的高价打动了钢铁大王。摩根的梦想达到了，他成为了美国新的钢铁大王。后来他又兼并了洛克菲勒最大的矿山，成为名副其实的兼并大王。

在兼并领域风生水起之际，法国向摩根提供了一个非常好的发财机会。经历了大革命之后，法国政府负债累累，当时的法国政府首脑梯也尔发电报给摩根，希望他的投资银行能帮助法国政府发行国债以渡过危机。约

5000万美元的国债规模可不是小数字，风险巨大。如何规避风险是摆在摩根面前的首要问题。他想要把实业中的托拉斯模式复制过来，邀请华尔街大的投资银行共同参与到这项工作中来，从而分散风险，结果取得了巨大的成功。摩根连同其他几名投资银行家成为了法国的债主。后来这也吸引了英国与摩根做生意。摩根认购了大约1.8亿美元的英国政府公债，帮助英国政府渡过财政危机，这对摩根来说是名利双收的双赢。此后，他又先后向墨西哥、阿根廷等放款，到了20世纪初，摩根俨然已经成为了世界的债主。

摩根建立了一个包括信托公司、银行、保险公司等在内的庞大的金融帝国。他凭借出众的商业头脑，触角延伸到美国的钢铁、铁路、电气、通讯、金融等诸多领域，不仅玩转了资本，玩转了实业，甚至也玩转了国家。据统计，他所创立的摩根系统的资产高达800亿美元。

纵然拥有天大的本领，摩根依旧是个无法逃离死亡命运的凡人。长期的劳累使他在晚年疲惫不堪。尤其进入1913年，他感到死神的脚步日益临近了。他虚弱至极，并且毫无食欲。医生建议他好好休息，于是1913年1月7日，摩根乘船前往开罗度假。出发前，他已经立好了遗嘱，要求一切从简，不要悼念，不要赞美诗，不要任何仪式，仅仅让他静静地安息即可。摩根的体力在旅行途中迅速衰减，这成为了他最后一次旅行。从开罗回航的途中，他奄奄一息。"啊，我要爬上山了！"这是华尔街金融大鳄的最后一句话。他终于获得了永久的休息。

卡尔·本茨:
使人们不断加速地奔跑

国　别：德国

生 卒 年：1844 年 11 月 25 日 — 1929 年 4 月 4 日

死亡原因：支气管炎

地位影响：卡尔·本茨是德国著名的机械发明家，戴姆勒－奔驰汽车公司的创始人之一。他发明了世界上第一辆汽车，使人类进入汽车时代，有"现代汽车工业先驱者""汽车之父"之称。

　　由于家境贫寒，卡尔·本茨很小就在机械厂当学徒，后来又到制秤厂、桥梁公司等打工贴补家用，这些经历培养了他对机械制造的浓厚兴趣。1860 年，卡尔·本茨进入卡尔斯鲁厄综合科技学校学习，并受到两位深信"资本发明"学说老师的影响，立志在机械发明领域做出一番成绩。他在这里系统学习了机械构造、机械原理、发动机制造、机械制造经济核算等课程，为今后的发展打下了良好基础。

　　先后在几家工厂打工积攒经验后，1872 年他决定凭自身技术创建一个以自己名字命名的本茨铁器铸造和机械加工工厂，用于专门生产建筑材料，但受到不景气的经济环境影响，工厂成立之后便面临倒闭的危险。负债累累的本茨在万般无奈之际，想起学校老师讲的"资本发明"理论，决定通过制造发动机来摆脱困境。他申请了生产奥托四冲程煤气发动机的营业执照，经过多次试验和失败，终于在 1879 年 12 月生产出了第一台单缸煤气发动机。本茨革新了机器构造，避免了容易爆炸的风险，但是这并没有使本茨公司的经营状况得以好转。本茨没有屈服，继续坚持在发动机领域进行探索。功夫不负有心人，七年之后，1886 年 1 月 29 日，他成功研制了安装在三轮车架上的单缸汽油发动机，并在此基础上发明了世界上第一辆用发动机驱动的三轮车。本茨的公司由此获得"汽车制造专利权"，这一天也被确认为汽车的诞生日。

早在1885年，卡尔·本茨于和德国人戴姆勒都各自研制出了以汽油内燃机为引擎的三轮汽车，但由于技术的问题，他的汽车总是抛锚，因而被别人冷嘲热讽为"散发着臭气的怪物"，自尊心强烈的本茨迟迟不敢在公共场合驾驶它。直到1888年，他的夫人勇敢地决定做一次丈夫的汽车试驾人，从家一路颠簸一百多公里到达本茨的母亲家，事实证明本茨的汽车经受住了考验，这让他激动不已，迅速申请参展慕尼黑博览会，并取得了非常大的轰动。当时的报纸如此描述："星期六下午，人们怀着惊奇的目光看到一辆三轮马车在街上行走，前边没有马，也没有辕杆，车上只有一个男人，马车在自己行走。大街上的人们都惊奇万分。"此次博览会后，本茨的公司收到了大量汽车订单。

此后，他的事业开始一路辉煌，1906年本茨和他的两个儿子在拉登堡成立了奔驰公司，很快奔驰汽车成为世界著名品牌。后来，本茨又经过五年的努力，成功研制了采用3升发动机、方向盘安装在汽车中部的"维克托得亚"牌汽车。该品牌性能非常先进，使奔驰公司声誉大增，也开辟了高端产品路线。但是由于价格过于昂贵，"维克托得亚"牌汽车在市场上遇冷。为了更好地迎合市场需求，1894年本茨开始批量生产一种价位便宜的机动车，该机动车的问世给奔驰公司带来了很高的利润。

1926年，奔驰汽车公司与戴姆勒汽车公司合并，成为戴姆勒－奔驰公司。此时本茨已经82岁高龄，而戴姆勒早已过世，戴姆勒－奔驰公司一直发展至今，并享誉世界。

在汽车的发明过程中，作为"汽车之父"的卡尔·本茨拥有非凡的毅力和勇气，他不惧现实艰苦的条件，坚持自己的理想，并具有创新性思维，在蒸汽发动机技术已经十分成熟的情况下，果断转变思路，生产内燃机。此外，他既是发明家、机械师，又是经营管理能手，能够根据市场需求及时调整产品结构，实现分层次生产和营销，令人十分钦佩。

就在奔驰汽车公司与戴姆勒汽车公司合并的三年后，本茨因病与世长

辞了。虽然他已经不再奔驰在汽车发明生产的车间里，他的产品却奔跑在
世界各地，为人们带来了极大的便利和快捷。

亨利·福特：
他的生意改变人类的 20 世纪

国　　别：美国

生 卒 年：1863 年 7 月 30 日—1947 年 4 月 8 日

死亡原因：不详

地位影响：亨利·福特是世界知名的福特品牌汽车的制造者与创始
人，他革新汽车技术，使汽车成为一种大众产品，并迅速在社会普及。
同时，他创新性地推广流水线大批量生产方式，提高了生产效率，并被
广泛应用于其他产业生产。福特在汽车工业的革新不仅改革了工业生产
方式，还深刻影响了现代社会和文化。汽车进入千家万户时代的来临，
促使人类文明翻开了新的一页。美国学者麦克·哈特在其所著的《影响
人类历史进程的 100 名人排行榜》一书中，将亨利·福特列入其中，使
他成为唯一上榜的企业家。

　　亨利·福特的父母是来自爱尔兰的移民，他们在美国密歇根州韦恩郡
的德宝镇拥有一块农场。福特从小便在机械领域展现出了过人天赋，据说
还在上小学的福特在上课时，把一枚机械表拆了把玩，老师非常生气，让
他复原，结果福特用了短短十分钟就把表恢复了原样。福特在 12 岁的时候
就建立了一个自己的机械坊，15 岁时更是亲手制造了一台内燃机。

　　1879 年，当时福特只有 16 岁，他决定离开家乡去底特律做机械师学

徒工，学成后很顺利地进入了西屋电气公司。1891年福特被爱迪生照明公司雇用，成为一名工程师，并在两年后凭借出色的能力晋升为主工程师，这保证了他有足够的时间和资金来进行对内燃机的研究。1896年他成功研制出了一款用内燃机驱动的四个轮子的汽车，他将它命名为"四轮车"。

这让福特备受鼓舞，他与几位发明家一同离开爱迪生照明公司，并一起成立了底特律汽车公司。但是由于一心钻研技术而忽视经营，这家公司很快便倒闭了，因为福特一心只想研究新车而忽视了卖车。不久他又受人资助成立了一家专门生产赛车的汽车公司，他让他的车与其他公司的车比赛来证明他的车的优良性。他甚至亲自驾车取得过胜利，但是由于利益纠纷，他的资助人迫使他离开了公司。

其后的1903年，福特又与人合伙建立了福特汽车公司。他新设计出了一种只用39.4秒就开出一英里的赛车，在当时一个著名的赛车运动员的推广下名声大噪。福特汽车公司从此稳定了下来。

1908年福特公司推出了福特T型车，这款车型极具革命性，甚至改变了美国人的生活方式。自1903年福特汽车公司成立后到1908年期间，亨利·福特和他的工程师们一直试图创造出一种最完美的车型，为此他们狂热地研制出了19款不同系列的汽车，并按字母顺序命名，它们有的装有四个气缸，有的使用链式传动装置，其中一些甚至从未向公众推出，但是这些汽车为T型车的问世奠定了技术基础。

1908年10月1日，福特推出T型车，很快就风靡了整个美国。T型车采用了大量的创新技术，如首次将发动机气缸体和曲轴箱做成单一铸件；首次使用有利检修的可拆卸气缸盖；首次大量使用由福特汽车公司自己生产的轻质耐用的钒钢合金；首次使用灵巧的"行星"齿轮变速器方便轻松自如换挡。不仅技术上更加人性化，T型车的价格也非常合理，由最初的850美元到最后随着技术改进降至的260美元，使汽车能够被普通工薪阶层的购买能力所承受。T型车的方便耐用，操作简单，价位适中，使它在全世界都受到热捧，甚至深受好莱坞影星的青睐。到1921年，T型车的产量已占世界汽车总产量的56.6%，亨利·福特生产"全球车"的目标实现了。

T型车改变了世界的同时，也将福特汽车公司不断创新、客户至上的理念灌输入千家万户。T型车为福特汽车公司带来了一个巨大的永久性汽车市场，并带动了全球汽车产业的发展。1913年年底，福特牌汽车占据美国一半的市场份额。到20世纪20年代，全世界一半以上的汽车都是福特牌的。

亨利·福特不仅是个技术达人，更是深谙经营管理的诀窍。为了提高汽车生产效率，他成立了全世界第一条汽车流水装配线。这种流水作业法是在标准化的基础上组织大批量自动化和机械化生产，创造了极高的生产效率，后来在全世界广泛推广，享有盛誉。他还注重维持和谐的劳资关系，创造了"8小时5美元制"，保证了工人的高工资、高福利，极大地调动了工人劳动积极性，也深刻改变了美国工人的工作方式。此外，他还注重多元化发展，不断向汽车产业上游和下游扩展生产链，到1927年，福特公司形成了一个既制造、装配、销售轿车（福特、水星、林肯、大陆牌）、卡车、拖拉机及有关的零件和附件，也生产研发民用和航天工业用（包括通信和气象卫星）电子产品和器具的大型制造集团。

1919年，亨利·福特通过购买公司其他股东股份的方式，独占了该公司。他还扩大生产规模，使公司成为20世纪世界最大的汽车公司。福特本人享有"汽车大王"的美誉真是当之无愧！

福特的独子在他中年时病逝，到20世纪40年代，他的身体状况越来越糟糕。1945年9月，他把公司交给他的孙子亨利·福特二世打理。1947年4月7日，83岁高龄的亨利·福特逝世于故乡德宝，这位名满世界的"汽车大王"终于得以安息。

约翰·凯恩斯：
不必为我悲伤

国　　别：英国

生 卒 年：1883 年 6 月 5 日——1946 年 4 月 21 日

死亡原因：心脏病

地位影响：约翰·梅纳德·凯恩斯是现代西方经济学家中的翘楚，他成功地引导了西方资本主义国家克服 20 世纪上半叶著名的经济危机，促使资本主义国家治理模式和经济政策的转型，对西方社会的经济发展产生了深远影响。他的理论被总结为"凯恩斯主义"，至今仍发挥着巨大作用，甚至有人将他所创立的宏观经济学与爱因斯坦相对论、弗洛伊德精神分析法并称为 20 世纪人类知识界的三大革命。

　　凯恩斯本人也是西方世界经济秩序重建的奠基人，他在 20 世纪 40 年代先后参与了国际货币基金组织、国际复兴开发银行（世界银行前身）和关贸总协定（世贸组织前身）等机构的组建工作，为世界经济的发展做出了不可磨灭的贡献。直到今天，在形形色色的经济学组织主办的经济学家排名票选中，凯恩斯依然名列前茅。

　　1883 年 6 月 5 日，凯恩斯生于英国剑桥，他的父母均是剑桥大学的毕业生，拥有很高的社会地位，因此凯恩斯自小便接受了优质的教育。他 14 岁就拿到奖学金升入著名的伊顿公学主修数学，毕业后进入剑桥大学国王学院，获得剑桥文学硕士学位。之后他在剑桥延期一年，拜著名经济学家马歇尔和庇古为师攻读经济学，其后又通过英国文官考试，踏入仕途，不久又回到剑桥大学担任经济学讲师。尽管职业生涯几经变化，唯一不变的是凯恩斯对经济的执着研究。无论在政府机关还是大学任教，他都笔耕不辍，试图阐述自己理解的经济学世界。他撰写的《印度通货与金融》《概率论》《和平的经济后果》等都产生了不小的轰动。

受传统经济学说影响，凯恩斯原本是一个纯粹的自由贸易论者，直至20世纪20年代仍没有改变自己的信仰，但是经过大量的实践论证，凯恩斯发现资本主义经济的危机已经浮出水面，他开始反思自己过去的传统自由贸易理论是否还适应新形势的发展。这一观念上的伟大转变表现于他的代表作《就业、利息和货币通论》（下文简称《通论》）。此书中，他改变过去的立场，转而重视贸易差额对国民收入的影响，并坚信贸易保护政策能够极大地提高国民福利，有利于提高投资水平和扩大就业，最终推进经济繁荣。

凯恩斯发现，传统贸易理论以包括劳动力在内的各项生产要素已经充分利用为前置条件，认为按照比较成本原理进行贸易，既能保证充分就业，又能获得分工红利。但这是与现实生活并不完全相符的理想情景，因为现实社会中存在着大量的非自愿失业人口。按照传统自由贸易理论，如果一国鼓励有比较优势的部门从事专业化生产，获得分工红利，却放弃或者轻视比较优势不明显抑或没有的部门，则必然导致失业更加严重的后果。他还针对传统贸易理论只重视分工红利和对外收支均衡自动调节提出批评，认为这种理论完全忽略了贸易差额对国民收入与就业的影响，而恰恰这种影响是十分显著的，因为贸易顺差能够增加国民收入，促进资金流入、利率降低、投资提升、就业增加，对一国经济发展大有裨益。由此，凯恩斯根据资本主义新的发展特征，断定传统贸易理论不适用现代资本主义的新阶段。也可以看出，凯恩斯实际赞成亚当·斯密重商主义学说中关于贸易顺差的论断，只不过他认为在当前新的经济发展条件下，重商主义需要批判继承，因为"实行重商主义所能取得的好处，只仅限一国，不会泽及全世界"。

此外，凯恩斯还由投资乘数原理出发，进一步阐述了贸易差额与国民经济兴衰的关系。他认为投资乘数的放大效应是无穷的，比如一个部门增加投资，不仅会增加该部门的收入，而且会通过连锁反应引导其他部门，使其他部门的收入也会随之增加，并促使其他有关部门追加新的投资从而获得新的收入，最终促使国民收入总量的增长大大高于最初的那笔投资。

再细分来看，一国的总投资包括国内投资和国外投资两种方式。"增加顺差，是政府可以增加国外投资之唯一直接办法；同时若贸易为顺差，则贵金属内流，故又是政府可以减低国内利率、增加国内投资动机之唯一间接办法。"凯恩斯在《通论》中如此写道。更进一步地，凯恩斯还指出贸易顺差本身对国民经济的作用就像投资那样，他认为出口表现的是国外市场对该国产品的需求，如同投资，能使国民收入增长；而进口则是对国外产品消费的增加，如同储蓄，会降低投资乘数的作用，减少国民收入。

因此，综合来看，凯恩斯是增加贸易顺差、扩大出口、限制进口的支持者与倡导者，同时他充分肯定了政府必须在经济行为中发挥作用，以实现资源的合理配置。除《通论》外，凯恩斯还在货币理论领域撰写了《论货币改革》和《货币论》两部著作，但是《通论》对西方资本主义的革命性影响是惊人的。面对 20 世纪 30 年代资本主义世界爆发的经济危机，美国率先实践了"凯恩斯主义"，并率先摆脱了危机的影响，一跃成为西方资本主义世界的霸主，这令凯恩斯本人及其学说获得了前所未有的关注。

"二战"中后期，凯恩斯在政府部门先后担任一些职务。1940 年出任财政部顾问，为战时各项财政金融问题的决策提供建议，并倡议英国政府编制国民收入统计，以使国家经济政策拟订拥有必要的工具。1944 年率英国政府代表团出席布雷顿森林会议，并就任国际货币基金组织和世界银行的英国理事，在 1946 年 3 月召开的这两个机构的第一次会议上，一举当选为世界银行第一任总裁。

凯恩斯以勤奋的研究和创新的思维颠覆了长期主导资本主义世界的经济理论，为西方社会的进一步繁荣发展做出了巨大贡献。因为积劳成疾，1946 年 4 月 21 日，刚从国际货币基金组织和世界银行筹备会议中返回英国的凯恩斯，在索塞克斯的家中逝世。为资本主义发展辛劳一生的凯恩斯终于可以永远地休息了，这位伟大的经济理论开创者也为后世所深深铭记！

华特·迪士尼：
让米奇替我陪在你们身边

国　　别：美国

生 卒 年：1901 年 12 月 5 日—1966 年 12 月 15 日

死亡原因：心肌梗塞

地位影响：华特·迪士尼是世界闻名的迪士尼公司的创始人，他才华卓著，一人身兼美国著名动画大师、企业家、导演、制片人、编剧、卡通设计者等多种角色。他塑造了著名的卡通形象米老鼠和唐老鸭，赢得了无数人的喜爱，成为世界人民的童年经典。作为世界顶级电影娱乐大亨，他制作了《白雪公主》《木偶奇遇记》等很多根据童话改编的知名电影。直到今天，迪士尼公司出品的电影仍具有极大的知名度和票房号召力。此外，华特·迪士尼还将童话搬入现实，开创了主题乐园这种形式，打造了迪士尼乐园。值得一提的是，华特·迪士尼一生共获得 56 个奥斯卡奖提名和 7 个艾美奖，这让他成为获得奥斯卡奖最高纪录的保持者。

为无数人编织过美好童年梦的华特·迪士尼，其实小时候并不是无忧无虑。由于家境贫寒，他经常要和哥哥们去工厂打工。17 岁时第一次世界大战爆发，他谎报年龄入伍，成为国际红十字会的一名志愿兵。服完兵役后，华特回到了堪萨斯，并通过三哥罗伊的介绍在一家名叫普雷斯曼鲁宾的广告公司做画家。1920 年，华特和一位名叫乌布·伊沃克斯的同事合伙成立了伊沃克斯—迪士尼商业美术公司，但是由于利润微薄，这家美术公司成立不到一个月就停业了。之后，华特被堪萨斯市广告公司雇用，并在这里学到了拍摄电影和动画的基本技术，为以后的发展铺就了道路。1923

年 7 月，华特·迪士尼前往洛杉矶，准备在好莱坞发展。

到洛杉矶后，华特·迪士尼和哥哥罗伊·迪士尼共同成立了迪士尼兄弟制片厂，并开始制作《爱丽丝在卡通国》系列动画。1925 年，为增加公司吸引力，华特·迪士尼把公司改名为华特·迪士尼制片厂。1927 年，迪士尼兄弟制作的《幸运兔子奥斯华》系列动画一经推出便引起了不错的反响。但是《幸运兔子奥斯华》遭遇了版权纠纷，这让华特·迪士尼意识到创造拥有自己独立版权的卡通形象的迫切性。功夫不负有心人，在一次外出的火车上，他突发灵感，创造了一个以老鼠为原型的卡通形象——莫迪默，后来在妻子的建议下将其更名为米奇。

1928 年 3 月，华特开始制作第一部以米奇为主角的系列动画《飞机迷》，随后又制作了第二部《飞奔的高卓人》，但是反响有限。考虑到当时有声电影刚刚兴起，华特决定在第三部米奇系列动画《威利汽船》中给人物配音，结果世界上第一部有声动画诞生了，并受到了热烈追捧。1931 年，华特又将彩色电影拍摄技术运用到动画制作中，制造了世界上第一部彩色动画《花与树》，随后，又推出了第一部彩色米奇动画《米奇音乐会》，使米奇的形象深深影响了一代又一代人的童年，成为不可磨灭的经典。

随着电影技术的更新与发展，华特紧跟形势，推出了一系列创新产品。1937 年 12 月 21 日，影史上第一部长篇动画电影《白雪公主与七个小矮人》在好莱坞卡塞剧院正式推出。1940 年 2 月 7 日，他又为影迷们奉献出了第二部长篇动画电影《木偶奇遇记》。同年 11 月 13 日世界上第一部使用立体音响的电影《幻想曲》也问世了。1946 年 11 月 12 日，华特还推出了第一部真人与动画结合的电影《南方之歌》。"二战"结束后，华特的动画制作进入黄金时期。在接下来的十多年里，先后有不计其数的佳作问世，如《小飞侠》《小姐与流浪汉》《睡美人》《101 忠狗》《森林王子》等。1950 年 7 月 19 日，迪士尼第一部真人电影《金银岛》拍摄成功。1964 年 8 月 29 日，真人与动画结合并由著名演员朱丽叶·安德鲁斯主演的电影《欢乐满人间》推出，成为电影史上迪士尼成就最高的电影。诸多在动画领域的创新为华特赢得了好几项奥斯卡荣誉，并培养了众多忠实的影迷。

除了电影制作，华特将目光瞄准了多元化经营。因为有数量庞大的粉丝群体，如何将这一资源高效利用成为摆在华特眼前的问题。他想出了两种对策：一是授权制造商生产与迪士尼动画形象相关的产品，如玩具、文具、服饰等；二是创建了世界上第一座迪士尼主题乐园，将电影搬进现实，让影迷实现童话梦。这两种方式起到了非常巨大的效果，为迪士尼公司创造了十分丰厚的利润，并成为迪士尼公司的支柱产业。

就在华特雄心勃勃地计划兴建他的第二座迪士尼主题乐园之际，1966年12月15日，在他刚过完65岁生日后10天，肺癌细胞扩散导致突发性心肌梗塞，一代娱乐大亨华特·迪士尼与世长辞。他被火化后的骨灰被安葬在格伦代尔森林墓地。由于华特的逝世事发突然，而且有关他死后的一切安排都没有向公众公开，所以他的遗体被速冻的谣言流传了多年。

影响了无数人童年的华特·迪士尼让很多人相信他是从童话中走出的人物，他没有真正死去，而是会像童话一样某天突然出现在世界面前。这种说法当然是无稽之谈，但是大家对华特·迪士尼的眷恋与喜爱由此可见一斑。幸好，至今迪士尼公司每年仍然会为我们呈献优秀的动画电影，米奇、唐老鸭等众多可爱的卡通形象仍然陪在我们身边。感谢华特·迪士尼让我们的童年充满想象与欢乐！

山姆·沃尔顿：
愿以所有财富交换健康的身体

国　　别：美国

生 卒 年：1918 年 3 月 29 日——1992 年 4 月 6 日

死亡原因：白血病

地位影响：山姆·沃尔顿创办了世界著名的沃尔玛公司，多次蝉联世界首富，曾获布什总统颁赠的自由奖章。他的经营理念极大地改变了世界零售连锁的格局，是一名优秀的商界领袖。

　　1918 年，山姆·沃尔顿出生在美国的一个小乡村。他的父亲颇具经商头脑，这大大影响了小山姆的成长。7 岁时，小山姆就开始打零工贴补家用，慢慢培养了强烈的商业意识。18 岁时，他被密苏里大学录取，攻读经济学学士，还担任过学校的学生会主席，培养了极强的领导能力。"二战"爆发后，他在陆军情报团服役，战争结束后返回家乡，开始创业。

　　起先，他靠着岳父借给的两万美元开了一家小型零售店，在开店期间，形成了薄利多销的经营理念，这也成为后来沃尔玛取胜的关键性因素。当时美国的零售业市场被凯玛特、吉布森等这样大规模的公司占领，这些公司有个共同的特点，就是注重大城镇，导致小城镇和乡村是一片市场空白。意识到了这一点，山姆认为小城镇是将来零售增长的突破点，因为随着经济的发展，美国的城镇化的趋势已经凸显，大量的人口向郊区和小城镇转移，而汽车的普及又大大增加了购物便利。只要质优价廉，消费者就会蜂拥而至。于是他于 1962 年创立了沃尔玛百货商店，把"低价销售、保证满意"作为经营宗旨，并在降低价格上下大力气。他研究降低库存和费用结构的方法，把目标利润定得大大低于其他商店，以低廉的价格吸引大量顾客。但是低价必须以高品质作保障，他致力于让员工为顾客提供优质的商品和满意的服务。大量客户从四面八方涌来，从而打开了局面。1969 年 10 月 31 日，沃尔玛百货有限公司成立了，世界上最大的连锁零售王国初具规模。

山姆认真进行市场调研，他采取了通过小城镇市场向全国推进的循序渐进策略，这一策略取得了巨大的成功。沃尔玛淘汰了众多竞争对手。沃尔玛采取了许多非常领先的经营模式，如，在物流管理上，配送中心的扩张要早于分店的扩张；营业地点的选择要兼顾人口、交通等因素；订购环节上，直接向制造商拿货，并增强议价能力；通过高效筛选和配送，实现零库存。这些都为沃尔玛赢得了极大的优势。

进入 20 世纪 80 年代，沃尔玛花高价建立了自己的卫星和电脑系统，使公司各个部门都能高效沟通，业务指令也能够顺畅执行。而条形码和无线扫描枪的使用，以及计算机跟踪存货等技术的应用使沃尔玛成为零售行业的创新先锋。此外，沃尔玛进行了商业模式创新，建立了山姆会员店，使会员可以以更加低廉的价格获得高质量的商品，这大大带动了沃尔玛的销售额，培养了大批忠实顾客。

如今，沃尔玛在美国拥有 1702 家传统连锁店、952 家超市和 479 家山姆会员店，在全球遍布了 1088 家连锁店，形成了一个巨大的零售连锁帝国。

这些成就的取得离不开山姆·沃尔顿的努力。山姆是沃尔玛旺盛成长的灵魂。他不但亲手缔造了沃尔玛帝国，而且一直亲力亲为，主导着它的经营理念、发展方向和模式创新。沃尔玛打上了强烈的山姆烙印，创造了美国零售业的最大奇迹。

领导着这样一个商业帝国，山姆一刻不停地工作。他经常早上四点开始工作，直到深夜才休息。他有时凌晨出现在配送中心，并保持着每周调研 20 家门店的频率。周末也把大部分时间耗在开会和市场调查上。这虽然保证了公司的健康经营，却极大损害了他的身体。1982 年，山姆患上了毛状细胞白血病，他一改以往精力旺盛的形象，变得十分容易疲劳和虚弱，家人和医生建议他减轻工作负荷，为自己预留更多的休息时间，但是山姆把这当成了耳旁风，他的工作量丝毫没有减少，不过给自己找到了打猎和网球这两种休闲方式。在某次打猎中，他着了凉，病情似乎加重了，他连左臂都抬不起来了，病痛的折磨终于让他意识到问题的严重性。于是他开始寻求治疗。

私人医生建议他去休斯敦安德森医院，那里的乔治·魁赛达是这方面的专家，正在开发一种干扰素来治疗这种疾病。于是，山姆飞往休斯顿，见了魁赛达医生。魁赛达表示他的病情非常不乐观，因为疾病其实已经潜伏了七年多，而这位粗心的病人竟然没有发现。他建议先进行脾切除手术，但是他不能保证成功率。山姆没有答应，然后魁赛达又建议他参与自己的一个干扰素治疗项目。因为处于研究阶段，这个项目比较冒险，可能出现大出血、感染或者潜在副作用，但是如果成功就能增强病人的免疫能力，甚至治愈。山姆有些犹豫不决，他担心治疗会影响自己繁忙的工作，于是要求医生给自己一段时间考虑考虑。回到家后，他轻描淡写地向全体员工发送邮件说明了自己的病情，并开始大量咨询白血病方面的专家，以决定是否接受魁赛达医生的治疗。

经过强烈的思想斗争，他终于接受了这一前沿性治疗。可喜的是，他的白血病得到了有效地控制，自此七年之后，都没有激烈地发作，山姆以为自己已经恢复了健康。但是1989年，他突然又感到不适，经过全面检查，发现他患上了多发性骨髓癌。这一次他没那么幸运了。魁赛达医生建议他进行放射疗法，并提醒他这会给身体带来剧烈的疼痛。山姆也开始重新审视自己的身体，他积极配合治疗，在家人的协助下研究了诸如自然疗法、维他命替代治疗等方法，并联系了一家抗癌症组织，及时交流信息，掌握癌症治疗的新动向。

但是山姆始终没有打败病魔，1992年4月6日，这个热情洋溢、精力充沛的商业奇才去世了。假如时间可以倒流，他会不会为自己留下更多的休息时间呢？

史蒂夫·乔布斯:
未陪伴家人是永久的遗憾

国　　别：美国

生 卒 年：1955 年 2 月 24 日——2011 年 10 月 5 日

死亡原因：胰腺癌

地位影响：史蒂夫·乔布斯是世界知名电子产品公司苹果的联合创始人，享誉世界的美国发明家和企业家。作为计算机业界与娱乐业界的标志性人物，他凭借高超的商业洞察力、艺术鉴赏力和创新实践力，先后领导和推出了麦金塔计算机、iMac、iPod、iPhone、iPad 等风靡全球的电子产品，引领了全球电子产品的时尚新潮流，并深刻改变了现代通信、娱乐、生活方式，使原本昂贵的电子科技产品日益简约化、平民化，受到世界各地发烧友的追捧。与此同时，乔布斯也是前皮克斯动画公司的董事长及行政总裁，制作出品了一批十分优秀的动画作品，成为动画影业发展的风向标。

　　商界领袖乔布斯的人生经历堪称一部传奇。1955 年 2 月 24 日，刚刚出生的他就被父母遗弃了，他被一对好心的夫妇收养，童年不算富裕但也衣食无忧。从小生活在美国的电子科技中心"硅谷"附近，这使乔布斯对电子学产生了浓厚的兴趣。当时他的邻居都是惠普公司职员，有人鼓励他参加惠普公司每周二专门为年轻工程师举办的聚会，这样的聚会让乔布斯第一次接触到了电脑，并开始对这种新兴电子产品有了朦胧的认识。初中时候，乔布斯遇到了学校电子俱乐部的会长斯蒂夫·沃兹尼亚克，双方一见如故，成为志同道合的好友。19 岁那年，刚刚读了一学期大学的乔布斯因为经济因素影响而辍学，转而成为一家电视游戏机公司的职员。他借住沃兹家的车库里，一边到附近的社区大学旁听书法课等课程，一边与沃兹琢磨着开发属于自己的电脑。20世纪60年代至70年代的电脑几乎全是商用，体积庞大、价格昂贵，与如今小巧便携的机器大相径庭。乔布斯和沃兹想在电脑开发方面寻找突破。

1976年，他们在旧金山一个计算机产品展销会上买到6502片芯片，并用此芯片组装了第一台电脑。而批量生产的资金，则是乔布斯变卖了自己的大众汽车筹集的。同年4月，乔布斯、沃兹及乔布斯的朋友龙·韦恩在车库成立了一家电脑公司，这就是著名的苹果公司前身。公司成立初期生意惨淡，一次偶然机遇他们得到了零售商保罗·特雷尔的50台订单，这是他们的第一桶金。之后，"苹果"公司又得到了电气工程师马尔库拉的资助，规模逐渐壮大起来。1980年12月12日，苹果公司成功公开上市，全部股票在不到一小时之内被抢购一空，可见当时苹果公司发展的惊人力量。乔布斯与他的合伙人也成了亿万富翁。公司上市之后，由于几次错误的经营决策，市场遭遇了滑铁卢，同时竞争对手IBM公司也推出了个人电脑业务，导致竞争加剧。此时乔布斯的经营理念已与公司其他高层明显不同，股东将公司业绩下滑的责任全部归咎到他头上，决定撤销他的董事长职务，这使得乔布斯在1985年9月17日愤然离开了苹果公司。

从苹果辞职之后，乔布斯将目光投向了动画娱乐业，他于1986年耗资1000万美元收购了一家电脑动画效果工作室，改制为皮克斯动画工作室。乔布斯凭借出色的个人能力，领导该公司成为了业内一流的3D电脑动画公司，并成功推出了全球首部全3D动画电影《玩具总动员》，引起了巨大反响，成为影响动画产业发展的经典之作。皮克斯公司在2006年被迪士尼收购，这也使得乔布斯成为迪士尼的最大个人股东。

正当乔布斯在3D动画领域引领风骚之时，苹果公司的经营却一再失利，最终市场份额也由鼎盛的16%跌到4%。公司股东希望乔布斯回归，对苹果有着深厚感情的乔布斯临危受命，重新归来并开始对公司进行全面改革。一方面，他运用个人智慧及时终结了与微软公司的专利纷争；另一方面，转变经营理念，开始在产品中注入新潮流因素，研发了外壳采用透明颜色设计的 iMac 笔记本电脑和 Mac OS X 操作系统，扭转了公司颓势。随后，乔布斯提出"数字中枢"的先进理念，先后开发出 iTunes 和 iPod 等个人电脑衍生产品，受到消费者的热烈追捧。而 iPhone 手机系列的问世，更是将苹果公司的业绩与声名推向顶峰。苹果公司成为时尚电子产品的代言人。根据数据显示，截至 2014 年底，苹果成为世界上市值最高的公司。而乔布斯的故事也成为一段传奇。

2011 年 8 月 24 日，由于身体原因，史蒂夫·乔布斯向苹果董事会提交辞呈，他的 CEO 职位由蒂姆·库克接任，他则保留了董事长一职。2011 年 10 月 5 日，在经历了与胰腺癌长期搏斗之后，这位传奇的商业领袖与世长辞，年仅 56 岁，令世人唏嘘不已。

史蒂夫·乔布斯是个工作狂，他长年保持着"不是在工作，就是在工作的路上"的专注状态，这令他忽视了自己的家庭。由于自己被亲生父母抛弃的不幸经历，史蒂夫·乔布斯非常渴望美满的家庭生活，但是繁重的工作使他与家人在一起的时间少之又少。他与妻子育有一儿两女，没有好好地陪伴他们成长成为这位商界传奇的遗憾。也许这就是伟大人物为了成就伟大而做出的必然牺牲。"陪伴妻儿身旁"这个普通的梦想，史蒂夫·乔布斯没有完全实现，但是他为我们推出了惊艳的产品和时尚的设计理念，他永远受人爱戴。

第四章 文学
现实之上的纯真与理想

　　文学是藏在每个人心底的精神宝藏，它牵引出我们内心最柔软的部分，让我们对这个世界保持现实之上的纯真与理想。我们都曾经或多或少地接触过莎士比亚、莫泊桑、托尔斯泰等文学巨匠的文字，编织过属于自己的文学梦想。但是文字背后的他们究竟拥有怎样的人生？我们也许可以在这里找到答案。

阿利盖利·但丁：
游走在地狱与天堂之间

国　　别：意大利

生 卒 年：1265 年—1321 年

死亡原因：疟疾

地位影响：但丁被誉为欧洲文艺复兴时代的开拓人物之一，以长诗《神曲》留名后世。恩格斯对但丁更是推崇之至，称其为"中世纪的最后一位诗人，又是新时代的最初一位诗人"。但丁的作品抨击欧洲中世纪的黑暗蒙昧，倡导和平、公正和自由，带有鲜明的资本主义萌芽，对后世的文学创作产生了深远影响。

终其一生，但丁都在与教皇势力做斗争。

中世纪的欧洲社会深受教皇势力压迫，民不聊生，但丁怀有崇高的基督信仰，却不甘看到自己的国家被教皇势力所支配，丧失独立和尊严。出身于没落的佛罗伦萨商人家庭，但丁在当时纷争激烈的教派斗争中渴望实现自己的政治理想。当时佛罗伦萨一部分富裕市民希望城市从教皇专制中独立出来，组成"白党"，另一部分则希望借助教皇势力翻身，成为"黑党"，两派激烈争斗。但丁热烈主张独立自由，因此成为白党的中坚力量，位列最高权力机关执行委员会。1301 年教皇特派法国国王的兄弟瓦鲁瓦的卡罗前往佛罗伦萨"调解和平"，实际上想借黑党之手镇压白党。白党组织以但丁为首的代表团去说服教皇收回成命，但没有结果。其间黑党在卡罗的授意下屠杀反对派，控制佛罗伦萨，并宣布放逐但丁，声称一旦他回城，就地处决，从此但丁再也没能回到家乡。

此后，但丁一直在努力反抗。1308 年，神圣罗马帝国皇帝新当选的亨利七世准备入侵佛罗伦萨，但丁仿佛看到了希望，他给亨利七世写信，指点需要进攻的地点，但是，1313 年亨利七世去世使得他的希望落空。此后，但丁在欧洲其他城市游历，把教皇势力赶出佛罗伦萨的夙愿始终未能达成。遭受挫败的但丁将理想寄托于诗歌创作上，《神曲》便是在这种背景下产生的。

从 1308 年至 1321 年，这部旷世之作耗费了他 13 年的时间。整首诗分为"地狱""炼狱"和"天堂"三卷，每卷 33 篇，加上序言共 100 篇。全诗由三行一组的押韵诗体写成，形式工整匀称，韵律平稳有力。这种形式上"三"的重复，暗合了西方基督教传统的"三位合一"的思想，体现了但丁对和平、仁爱以及真善美的追求与渴望。作为具有新思想萌芽的进步诗人，但丁满怀对祖国意大利的热爱，批判了丑恶和黑暗的中世纪社会，期望将祖国和人民从教会的压迫中解救出来。

《神曲》具有强烈的象征意义，讲述一个名叫"但丁"的主人公穿越地狱、炼狱最后到达天堂见到上帝的经历。其中主人公所见所闻都可以说是作者的真实经历，他按照自己的理想架构，对当时的社会名流和政治人物给出了"地狱""炼狱""天堂"的不同归宿，在与他们的对话中，表露自己的思想主张。一定程度上讲，《神曲》是但丁思想的集大成者。

既然在现实中无法实现理想，何不在思想的世界里自由驰骋于地狱和天堂之间呢？但丁做到了，他游走于天堂和地狱，借着自己的笔对中世纪的黑暗做出振聋发聩的呐喊，希望用真正意义上的真善美来改善这个世界。

被佛罗伦萨驱逐的但丁，在波朗塔的庇护下藏身拉文纳，并在 1330 年因疟疾死于调解威尼斯与拉文纳争端的归途中。他始终没有回到佛罗伦萨，但是他在地狱与天堂之间自由徜徉，并用自己思想的光辉照亮后世的前进方向，他没有遗憾。

威廉·莎士比亚：
安眠于树下的伟大文豪

国　　别：英国

生 卒 年：1564 年 4 月 23 日—1616 年 4 月 23 日

死亡原因：不详

地位影响：威廉·莎士比亚是世界知名的文学家、戏剧家和诗人，他生活在欧洲文艺复兴时期，创作了大量脍炙人口的文学作品，如《哈姆雷特》《罗密欧与朱丽叶》《李尔王》等，对后世文坛产生了深远影响，有"人类文学奥林匹斯山上的宙斯"之称。他与古希腊三大悲剧家埃斯库罗斯、索福克勒斯及欧里庇得斯齐名，并称为戏剧史上的四大悲剧家。

　　莎士比亚，1564 年 4 月 23 日出生于英国中部小镇的富裕市民家庭。他 7 岁时就被送往当地一家文法学校念书，六年的时间掌握了基本的写作技巧，也使他对文学产生了浓厚兴趣。后来因为家道中落，莎士比亚不得不离开学校，开始混迹于各行各业贴补家用，他当过肉店学徒、乡村教师等，这些丰富了他的人生经历，为他将来的创作生涯积累了丰富的底层生活经验。22 岁的时候，莎士比亚前往伦敦谋生，当时戏剧正在迅速流行，起先他在一家剧院做杂役，后来进入剧团，从演员做起，当过导演、编剧，并最终成为剧院的股东。

　　出于对戏剧的强烈兴趣，莎士比亚在剧院一年后就开始着手创作。他先是改编了一些剧本，受到欢迎之后谋求独立创作之路。两年之后，他成为当时伦敦一家顶级剧院——内务大臣供奉剧团的演员和剧作家。凭借良好的品行与出众的才华，他赢得了业内同人的普遍尊敬与爱戴，并受到骚桑普顿勋爵的扶持，借助与勋爵的良好关系，莎士比亚开始接触上流社会，参与他们举办的文化沙龙，大大扩展了他的生活视野，丰富了他的创作素材。从 1594 年起，内务大臣供奉剧团受到权贵的庇护，国王詹姆斯一世也予以关爱，所以该剧团除了经常性的巡回演出外，也常常在宫廷中表演，使得莎士比亚的作品深受权贵阶层的追捧，名噪一时。莎士比亚甚至还因此获得了世袭贵族封号，红极一时。

莎士比亚最早的剧作因袭了当时常见的风格，语言标准，文风华丽，使得演员往往不能恰到好处地释放情绪，因此曾被批评家认为矫揉造作。他接受批评，吸取教训，开始探索自己的独立风格，很快便找到了方向。在《理查三世》中，他以演员充满自我意识的独白为突破，在传统与自由两种风格中灵活切换，标志着创作风格的成熟。到中期《罗密欧和朱丽叶》《理查二世》和《仲夏夜之梦》的创作，形成了更加自然的文风，使戏剧释放出来一种更为灵活的张力和力量。莎士比亚在创作的早、中、后期都有不同侧重，例如，早期多喜剧，中期作品多为现实主义，而晚期作品则充满浪漫主义情怀。题材多变，加之莎士比亚的诗文注重与剧院演出效果相结合，有利于演员情感的渲染和观众的理解代入，因此受到极高评价。

莎士比亚还为后世的文学创作树立了标杆，很多文学家都深受其影响。与他同时代的剧作家本·琼生称赞莎士比亚作为时代的灵魂，属于千秋万代。19 世纪，随着浪漫主义、现实主义复兴，莎士比亚更是风靡欧洲。雨果高举莎士比亚大旗，称"莎士比亚这种天才的降临，使得艺术、科学、哲学或者整个社会焕然一新。他的光辉照耀着全人类，从时代的这一个尽头到那一个尽头"。歌德谈到诵读莎士比亚作品的感受，"我读到他的第一页就使我一生都属于他了。读完第一部，我就像一个生下来的盲人，一只奇异的手在瞬间使我的双眼看到了光明，感谢赐我智慧的神灵"，对于莎士比亚的作品，他给予了非常高的评价，"使莎士比亚伟大的心灵感兴趣的，是我们这世界内的事物，因为虽然像预言、疯癫、梦魇、预感、异兆、仙女和精灵、鬼魂、妖异和魔法师等这种魔术的因素，在适当的时候也穿插在他的诗篇中。可是这些虚幻形象并不是他著作中的主要成分，作为这些著作的伟大基础的是他生活的真实和精悍，因此，来自他手下的一切东西，都显得那么纯真和结实"。除此之外，巴尔扎克、普希金、屠格涅夫等都以莎士比亚的作品为标准要求自己，甚至共产主义的伟大导师马克思也对莎士比亚赞誉有加，据统计，他在文章中引用或谈到莎士比亚有 400 处之多，因此，莎士比亚被世人认为是马克思科学研究过程中的良师益友。

获得无上荣誉的莎士比亚 1612 年回到故乡，并在四年后的 4 月 23 日——也就是他生日的那一天——溘然长逝。关于他的死因，众说纷纭。有人认为莎士比亚死于癫痫和瘫痪；有人认为莎士比亚纵欲过度且患了动脉硬化症，死于严重的尼古丁和酒精中毒；甚至还有人提出莎士比亚患有白血病。最被普遍接受的说法是莎士比亚死于伤寒。因为当时莎士比亚的故乡流行伤寒，且他的亲人也因感染去世，所以死于伤寒比较合乎事实。

不过蹊跷的是，假若莎士比亚患上了风寒，与他一同感染风寒的朋友在豪尔医生的医治下痊愈了，而莎士比亚却未能逃出厄运，这又是为什么呢？四百多年过去了，也许我们永远无法得知这位大文豪逝世的真正原因，我们仅仅知道，在看遍了一世繁华之后，这位浪漫的文学巨匠最终得偿所愿，长眠在一棵大树之下，回到了大自然的怀抱里。

莫里哀:
以地毯商的身份入土为安

国　　别：法国

生 卒 年：1622 年 1 月 15 日——1673 年 2 月 17 日

死亡原因：结核病

地位影响：莫里哀原名让－巴蒂斯特·波克兰，莫里哀是他的艺名。他是法国 17 世纪古典主义文学的杰出代表，创造了古典主义喜剧和芭蕾舞喜剧，在欧洲戏剧史上拥有举足轻重的地位。代表作品《无病呻吟》《伪君子》《悭吝人》，享誉文坛。莫里哀不仅是一位杰出的剧作家，还是一个出色的喜剧演员。他的表演富有感染力，以滑稽的形式讽刺了当时法国社会的黑暗，具有极深远的社会意义。为了纪念这位伟大的剧作家，法国文化部 1996 年规定将每年的 4 月作为莫里哀戏剧月，在全国各地上演莫里哀的名作，以纪念这位伟大的作家。

　　莫里哀 1622 年出生于一个富有的地毯商家庭，他的父亲希望他能子承父业，或者成为一名律师，为此用心良苦地送他进贵族学校读书，甚至在他毕业后，还花钱为他买了一张奥尔良大学的法学硕士文凭。但是性格反叛的莫里哀酷爱戏剧，完全没有遵守父亲为他所做的安排。21 岁时，他离家出走，与几个志同道合的年轻人共同组织了"光耀剧团"，并在巴黎演出，遭遇惨败、背负债务的莫里哀被拘押起来，后由父亲作保而获释。剧团解散后莫里哀并没有气馁，他跟随另一个剧团离开巴黎，在法国西南地区流浪了近 12 年。这段经历让莫里哀得以近距离接触法国底层社会的生活，了解他们喜欢的戏剧表现形式，积累丰富的创作素材，并最终成为了一名出色戏剧家。其间，他创作的诗体喜剧《冒失鬼》和《爱情的埋怨》相继问

世并引起轰动，甚至闻名巴黎。

1658 年 10 月，莫里哀带领他的剧团来到巴黎，在卢浮宫为国王路易十四演出，得到国王的赞赏并将卢浮宫剧场赏赐给了他。莫里哀受到鼓舞，开始在巴黎定居并进行创作。

1659 年 11 月，他在巴黎创作的首个剧本《可笑的女才子》上演，因为矛头对准贵族阶层，揭露他们的虚伪丑态而遭到禁演，但是莫里哀并不屈服，继续在反封建反教权的道路上抗争，又先后推了《丈夫学堂》和《夫人学堂》。两部作品一经问世便引起轩然大波，莫里哀本人也受到了贵族教会势力的诋毁和冲击。1644 年开始，莫里哀的喜剧创作进入了全盛时期，《唐·璜》《恨世者》《悭吝人》《伪君子》等巨作相继问世，引起了极大的社会反响，标志着莫里哀与封建腐朽势力相斗争的高潮。

虽然出身于富裕的商人家庭，莫里哀却没有任何骄纵蛮横的习气，相反，他怀着对底层劳动人民强烈的同情心，以手中的笔为武器，刻画揭露了权贵势力的丑恶嘴脸。在他的笔下，有滑稽可笑的贵族，无病呻吟的地主，骗吃骗喝的僧侣，虚伪恶俗的文人，利欲熏心、一毛不拔的高利贷者，还有靠剥削起家而附庸风雅的资产者。莫里哀将这些人物脸谱化地呈现在世人面前，将剥削阶级的丑恶嘴脸从各个层面淋漓尽致地揪出来。与之形成鲜明对比的是，劳动人民的正直、善良等美好品质得到了大力宣扬，使他的作品深受人民喜爱。

莫里哀以喜剧这种形式对社会丑恶进行讽刺，作为他的独家武器，他十分注重创新，为喜剧注入了诗歌、芭蕾、音乐等多种形式，使作品更加贴近现实和观众。他特别注重喜剧的社会效果，以小见大，从而彰显喜剧的社会价值。莫里哀的喜剧理念对整个戏剧界产生了非常深刻的影响，如今他的许多作品仍然活跃在世界各国舞台，常演常新，经久不衰。

虽然在世界戏剧界拥有首屈一指的地位，但是由于得罪了权贵，晚年的莫里哀生活十分凄凉。当时他已患有结核病，这种致死率极高的传染病折磨得他十分虚弱。好友劝他不要再登台演出，被他断然拒绝，因为对于莫里哀来说，舞台就是生命。

1672 年 8 月，为了迎接远征荷兰而归的国王路易十四，莫里哀精心创作了一出"将音乐和舞蹈糅合在一起的喜剧"——《富有想象力的病人》，但是没有受到国王接见。

莫里哀决定将该剧搬到剧场进行公开演出，并于 1673 年 2 月 20 日正式上演。2 月 17 日，排练中的莫里哀感受到了巨大的痛苦，他向他的夫人抱怨自己正忍受的折磨："当我的生命既有痛苦又有欢乐时，我就认为自己很幸福。但今天，我只有承受痛苦，根本无法享受宁静和舒适，我想，我只有放弃抗争，不再和不让我得到片刻松弛的痛苦与不快乐做对了。一个人临死前要忍受多大的痛苦啊！我强烈地感到，我真的快要不行了。"

为此，他的家人和朋友再一次恳求他停止参加演出，但考虑到上演日期临近，他必须坚持，否则得向观众退票。

莫里哀强撑了整个演出，在即将结束的时候，他突然感到一阵昏厥，为了不露出马脚，他戴上一个面具加以掩饰。等大幕终于落下之后，莫里哀再也坚持不住了，吐了许多血。人们用椅子将他送回了家。此时的莫里哀已经无法进食，他似乎睡着了。不久之后，他又开始吐血，家人连忙去为他请神父，但是当时教会十分看不起喜剧演员，所以他们费了很大周章才得到了一位神父的勉强答应。当神父赶到莫里哀家中时，他已经停止了呼吸。

由于与教会关系紧张，莫里哀又是喜剧演员这种卑贱身份，神父拒绝将莫里哀下葬"圣地"。最终在国王路易十四的施压下，教会最终同意让莫里哀葬入"圣地"，不过是以他的家人答应不举办盛大仪式，同时在墓碑上篆刻他为地毯商身份为条件的。

喜剧大师就这样以地毯商的身份入土为安了，不知长眠地下的他做何感想？不管怎样，人们心中始终铭记，他是一位伟大的戏剧家，一位出色的喜剧演员。

歌德：
写下最后一个字母"W"

国　　别：德国

生 卒 年：1749 年 8 月 28 日——1832 年 3 月 22 日

死亡原因：肺病、心力衰竭

地位影响：约翰·沃尔夫冈·冯·歌德，是蜚声世界文坛的德国著名作家、思想家和科学家。他是德国古典主义的杰出代表，一生创作了大量的诗歌、戏剧和散文作品，在世界文学领域独树一帜。他的代表作品有《葛兹·冯·伯利欣根》《浮士德》《少年维特之烦恼》《中德四季晨昏杂咏》等，其中《浮士德》与《荷马史诗》、但丁的《神曲》和莎士比亚的《哈姆雷特》并称为欧洲文学的四大古典名著，可见其崇高的文学地位和深远的社会影响。歌德对文学的另一个贡献就是包容的态度。他通晓多国语言，熟悉欧洲各国各历史年代的文学形式，并在世界范围内积极搜集主流之外的文学作品，加以有甄别的继承发扬，他将之称为一种"跨文化交流"，并志在实现世界文化的和谐统一。这种思想在现在看来都极具先进性，值得后世学习。

歌德的文学天赋很大程度上归功于幼年时期母亲对他的培养。1749 年 8 月 28 日，他出生于法兰克福一个富裕的市民家庭。与严肃的父亲不同，歌德的母亲温柔慈爱，善于使用得当的教育方式来塑造儿子的性格与志趣。她有很强的语言表达能力，喜欢用新奇丰富的言辞为歌德讲述各式各样有趣的故事，这让年幼的歌德十分着迷，并深深地埋下了文学的种子。

1765 年至 1768 年，歌德在莱比锡学习法学。受作家盖勒特的诗艺讲座影响，歌德参加了他的写作风格练习。其间他还谈了一场甜蜜的恋爱，并以华丽的洛可可风格诗句歌颂了这段爱情，收录在诗集《安内特》里。美好的爱情点燃了歌德的梦想，他想要用世界上最美妙的文字来记录最真挚的情感，从此写作成为了他一生的事业。

歌德文学作品风格多变，形式多样，既有抒情诗、无韵体自由诗、长篇叙事诗，又有长篇小说、短篇小说、书信体小说、散文。其中令他声名鹊起的是《少年维特之烦恼》，这部小说以青年的视角描绘了一段身份地位悬殊的爱情，并道出了年轻一代反封建的心声，引起了世界级共鸣。而一部史诗巨制《浮士德》令他名声大噪。他根据德国 16 世纪浮士德博士的传说，以浮士德和魔鬼靡菲斯特为主线，蕴含着善恶成败转化的辩证法思想，并体现了欧洲新兴资产阶级不屈不挠的奋斗精神。

歌德早年的作品倾向于浪漫主义，随着阅历的增加，他意识到浪漫主义的"病态"，反而转向古典现实主义。他倾向于用自己熟悉的生活经验来描绘内心真实感受，将客观现实反映给自己内心的东西原原本本地表现出来，以谋求与读者的共鸣。事实上，歌德写作生涯的辉煌时期正是在这一创作理念转变的引导下到来的。

晚年的歌德对遥远的中国萌生了兴趣。他先后阅读了十多种有关中国的书籍，其中大部分是中国游记和中国哲学方面的著作。他还阅读了一些中国小说和诗歌的英法文译本，并且一直想把《好逑传》写成一部长诗，《赵氏孤儿》写成一部戏剧。在他撰写的 14 首题名为《中德四季晨昏吟咏》的抒情诗中，对东方古国的憧憬之情溢于言表。也正是在接触中国文学作品的过程中，歌德感受到了人类共同的东西，他有关"世界文学"的概念也逐步形成，这在当时极具远见与洞察力。而他对各国文化的包容与创新，也值得称颂。

爱好广泛的歌德不仅是位文学巨匠，他还擅长绘画，进行过植物学、矿物学研究。而他正式的职业则是魏玛政府的一名公职人员。也许，伟人都是精力充沛的吧！

大约从 40 岁起，歌德开始承受严重的椎间盘损伤和多根胸椎变形之苦。随着年龄增长，他的身体状况越来越糟。

1830 年，歌德的私人医生卡尔·沃盖尔注意到他开始爱打盹，尤其是饭后，他必须眯上两三分钟才能恢复精力。打从这个时候起，歌德把写作时间安排在了早上。但是这并不妨碍他总是拥有旺盛的精力，据说 64 岁的他还能一口气骑马 6 小时。同时他非常重视锻炼记忆力，直到生命的最后阶段，依然保持着记录重要事件的习惯。1830 年 10 月，他唯一的儿子去世，听到噩耗的他只是说了句"我知道我生了个凡夫俗子"，但还是对他造成了非常重大的打击，连续好几天都严重咳血。1831 年《浮士德》第二部手稿在他的努力支撑下终于得以完成，这对虚弱的他是个很大的鼓舞。1832 年 3 月 16 日，歌德向自己的私人医生沃盖尔抱怨休息不好、盗汗，还吃不下东西。

几天之后，他有所恢复，沃盖尔记载下了这一幕："我看他坐在床边，心情很好，不过仍很虚弱。他刚看完一本法国杂志，在打听所发生的事情，他还要了一杯早餐后喝的马德拉葡萄酒。"

歌德兴奋地以为自己又可以重新开始工作了，但是半夜里他又被胸闷闹醒了。第二天早上 8 点 30 分左右，沃盖尔医生给出的诊断结果是"发烧、肺充血、呼吸不畅、心力衰竭"。他描述了当时的情况："歌德站着，显得非常焦虑，他不停地在床与扶手椅之间走动，牙齿冷得咯咯直响；他的皮肤呈灰白色，深陷的眼眶发青，眼神浑浊、迷茫，透出对死亡的极度恐惧；冰冷的身体在冒汗，几乎测不出他的脉搏；他口渴若煎，肚子里胀满了气。"3 月 22 日这天，歌德自言自语道："春天到了，身体会恢复得更好些的。"

中午时分，他坐在扶手椅里，呼吸越来越弱。为打发无聊的时间，他在被子上画字母，据说他写下的最后一个字母是"W"，然后垂下了手臂。这位文坛多面手、德国历史上最具影响力的作家终于闭上了双眼。

司汤达:
别在墓碑上添加平庸不堪的赞美

国　　别: 法国

生 卒 年: 1783 年 1 月 23 日—1842 年 3 月 23 日

死亡原因: 脑溢血

地位影响: 原名马里－亨利·贝尔的司汤达是法国 19 世纪文坛杰出的批判现实主义作家,是最重要和最早的现实主义的实践者之一。他三十几岁才开始发表作品,短短 20 年间创作了大量脍炙人口的佳作,包括长篇小说、短篇故事集、散文、随笔等多种文学形式。司汤达以善于精准描绘人物心理见长,语言凝练,逻辑严谨,《阿尔芒斯》《红与黑》等长篇小说是他的代表作。司汤达对后世文学的发展不仅体现在创作上,更是体现在他独特的文学理念上。学界总结他的思想与作品具有承上启下的转承意义,对反对法国古典主义文学做了表率作用,并且具有十分重要的时代参考价值。

　　司汤达 34 岁才步入文坛,在此之前,他是法国大革命中的积极分子,加入了拿破仑领导的军队,并参加了著名的马伦哥战役。司汤达的足迹随着法兰西第一帝国的扩张而走遍了欧洲大陆,他的个人命运也随着帝国的命运而辗转起伏。1814 年,拿破仑兵败被流放,波旁王朝复辟,资产阶级革命分子遭到镇压,司汤达为了避免遭受屈辱,便离开法国,到意大利米兰定居。

　　客居他乡使司汤达倍感苦闷,也唤起了他深埋心里的对写作的兴趣。1817 年,他发表了处女作《意大利绘画史》,之后首次使用司汤达这一笔名发表了游记《罗马、那不勒斯和佛罗伦萨》。1821 年,由于被意大利当局认为与革命党有染，司汤达被驱逐出境，回到了巴黎。从此，司汤达在文学创作之路上一发不可收拾。在陆续发表了许多文艺评论，并整理合集《拉欣和莎士比亚》之后，他开始尝试长篇小说的创作。1827 年《阿尔芒斯》问世，1830 年他最具代表性的作品《红与黑》横空出世，引起强烈反响。

这部小说完美地体现了司汤达的写作功力，并以卓越的心理描写为人们津津乐道。司汤达深受莎士比亚影响，在写作上坚持描绘出激荡人类心灵的真实情感。他热衷于探究人们隐秘世界的秘密，并以"人类灵魂的观察者"自居。而《红与黑》通过逼真表现封建腐朽势力操纵下的爱情悲剧，开创了批判现实主义之先河。

继《红与黑》之后，1832 年到 1842 年，司汤达又写作了长篇小说《吕西安·娄万》《巴马修道院》、长篇自传《亨利·勃吕拉传》，以及数十篇短篇小说。司汤达的小说大多体现了为命运操纵所酿造的爱情悲剧这一主题。他认为爱情是人类最美好的一种情感，能够激发人向善的力量。然而时代与爱情相遇，并使爱情遭受摧残，使他的作品散发着一种绝望之美，深深打动了历代读者的心。

现实也不比司汤达笔下描绘的世界好到哪儿去。这位多产作家的晚年经济十分拮据，并患有偏头痛、眩晕症、肾结石等多种疾病，他甚至在 1840 年因昏倒在燃烧的壁炉边而差点儿丧命。

1841 年 3 月 15 日，时任法国驻意大利领事的司汤达，在意大利奇维塔韦基亚被恐怖分子袭击，使他的脸部出现了轻微麻痹的现象，他给自己的一位好友写信道："我正在和死神进行搏斗。"不久他的病情开始恶化，出现短暂性失忆，严重时甚至连简单的单词都拼写不出，这令视写作为生命的司汤达痛苦不已。他疯狂地接受各式各样医生的治疗，有的要求他每天至少喝八杯水，有的给他进行放血治疗，有的建议他用芥菜泡水来浸润肺部，但都收效甚微。司汤达在日记中写道："我已经上百次地想过自杀了。我愿意以自杀来了结我的生命。我希望能够就这样昏睡过去，永不苏醒，我受够了所有加在我身上的痛苦。我想，只要不是故意的，即使死在马路上也没有什么了不起。"

就在绝望之际，一位名字叫阿莱兹的神父医生给他带来了希望，这让他感觉好了很多，于是他请假回到巴黎。许多看望他的朋友发现他衰老得非常厉害，言论有时也十分奇怪，不免对他十分担心。

一天晚上7点左右，司汤达在嘉布遗会新街闲逛，在快逛到外交部大门口时，突然昏倒在地。好心的路人把他抬进了附近的一家杂货店，并联系了他的朋友将他送回下榻的旅馆。但是在回去的路上，司汤达已经停止了呼吸，他就这样毫无征兆地离开了。

司汤达生前曾经写过数十份遗嘱。他希望死后葬在罗马附近的公墓里，他甚至列出了一串备选的公墓名单，并附有两个条件，一是运费不超过30法郎，二是必须拥有很好的视觉效果。他甚至在生前多次表示要在墓碑上刻下"米兰人，生活，写作，恋爱"来作墓志铭。他曾经在自传中这样写道："在我的一生中，实在没有兴趣去喜欢西马罗莎、莫扎特和莎士比亚。1820年在米兰，我就考虑要将这一点刻到我的墓碑上去。那段时间中，我一直在考虑自己的碑文。我想，我这个人也许只有进了棺材，才能够真正地平静下来……请不要在我的墓碑上添加任何肮脏的描写和平庸不堪的赞美……我想不会有任何其他的纪念性建筑了，我厌恶这些东西，我从1821年起就已经十分讨厌这些东西了。"

作为他的后事料理人，他的堂兄兼好友罗曼·科隆尽力满足了他的生前愿望，为他选择了蒙马特尔高地公墓，并为了满足他"视觉效果要好"的要求，专门建造了一座拱桥。而对于墓志铭，罗曼·科隆为他篆刻的是"写作，生活，恋爱"这几个字。多年之后，司汤达的忠实读者将他的坟墓修饰一新，以匹配他文学大师的身份，想必这个可爱的老头儿会含笑九泉了吧。

维克多·雨果：
我要求为所有的灵魂祈祷

国　　别：法国

生 卒 年：1802 年 2 月 26 日—1885 年 5 月 22 日

死亡原因：心绞痛

地位影响：维克多·雨果有"法兰西的莎士比亚"之称。他生活在 19 世纪的法国，是法国文学史上卓越的资产阶级民主作家，其作品充满人道主义关怀，在法国及世界有着广泛的影响力。他的文学创作历程长达 60 年，一生写过多部诗歌、小说、剧本、散文、文艺评论和政论文章，其代表作包括长篇小说《巴黎圣母院》《九三年》和《悲惨世界》，短篇小说《"诺曼底"号遇难记》，等等。雨果对整个 19 世纪的法国文学产生了巨大影响，法国著名哲学家萨特这样评价他，雨果是法国"极少数的真正受到民众欢迎的作家之一，可能是唯一的一位"。

中学时代的雨果便爱好文学，并开始写诗。他的第一部长篇小说《汉·伊斯兰特》博得了小说家诺蒂埃的赞赏，这促使雨果开始形成浪漫主义风格并逐渐成长为浪漫派的领军人物。其代表作有《颂歌集》《新颂歌集》和《颂诗与长歌》，并发表了《冰岛魔王》与《布格·雅尔加》两部中篇小说。

随着政治态度发生改变，雨果与浪漫派作家代表缪塞、大仲马等人组成"第二文社"，开始旗帜鲜明地反对伪古典主义。1827 年，雨果为自己的剧本《克伦威尔》写了长篇序言，被誉为著名的浪漫派文艺宣言，在法国文学批评史上占有重要地位。1830 年，法国"七月革命"爆发之后，封建王朝随之被推翻，雨果热情颂扬革命，并在政治上逐渐走上左翼道路。

长篇小说《巴黎圣母院》的问世，标志着雨果的浪漫主义达到了巅峰。

小说通过浓郁笔墨、紧张的情节铺垫和厚重的传奇色彩，描述了一对恋人的爱情悲剧，深刻反映了专制社会的黑暗与人性的丑恶，引起了极大的社会轰动，成为雨果十分优秀的代表之作。其后数十年，由于法国国内政治的动荡，雨果被迫流亡国外。其间他创作了讽刺当权者的《小拿破仑》和《惩罚集》，依旧坚持不屈不挠的斗争。

1862 年，雨果的又一篇长篇巨制《悲惨世界》横空出世，该书描写了下层人民的痛苦生活，并揭露了资本主义社会的尖锐矛盾和贫富悬殊导致的人们的悲惨命运。在这样一个世界里，贫穷使男子潦倒，饥饿使妇女堕落，黑暗使儿童羸弱，无情地鞭挞了资本主义制度的虚伪性。这部小说受到全世界人民的欢迎，并多次被改编为戏剧、电影在世界各地上演，影响空前。此后，雨果迎来了晚年创作的高峰，《九三年》《世纪传说》等相继问世，可谓硕果累累。

雨果是一位杰出的语言大师和文学家，他善于塑造夸张的人物和非凡的情节，在他的笔下，人物都拥有极其鲜明的个性，要么极度正直，要么极度邪恶。他惯用渲染离奇紧张的情节，以起承转合展现人物的强烈情感和自身命运。在他看来，只有通过强烈鲜明的对比，呈现反差极大的矛盾与对立，才能更好地把握作品创作的主旨与初衷。他还善于宏大叙事，描述历史事件或场景中习惯加入自己强烈的主观感受，使读者直观真切感受到自己的情感，从而引起共鸣。此外，他的作品并非浪漫主义的单一风格，而是混合了消极浪漫主义与现实主义，使作品层次更丰富，表达更饱满。

雨果一生的大部分时间都在创作，产出作品数量之巨令人惊叹。他同情人民疾苦，希望进行社会改良，实现理想生活。人道主义、反对暴力和以爱制恶是贯彻他一生活动的主导思想和创作主题。他的作品歌颂人民群众的斗争精神，闪烁着爱国主义激情，对法国和世界文坛均产生了巨大的影响，是世界文坛的一份瑰宝。罗曼·罗兰称赞道："在文学界和艺术界的所有伟人中，雨果是唯一活在法兰西人民心中的伟人"。

即使是这样一位伟大斗士，在面对死亡之时，也不得不向上帝屈服。雨果自称看见过天使，他惧怕星期五和 13 号，喜欢但不崇拜上帝。他曾在1881 年的遗嘱里写道："我希望用穷人的框车将我运到墓地去（尽管他是一个富翁）。我将闭上我在尘世的眼睛，但不会闭上精神的眼睛，而且比任何时候都要睁得更大。不要在任何教堂为我举行葬礼。我要求为所有的灵魂祈祷。"但是两年之后，他又在这份遗嘱中补充道："我相信上帝。"

1885 年心绞痛折磨得他更加痛苦了，使他感慨希望死亡赶快降临。5月 14 日，几位朋友来他家里做客吃晚餐，因为一直以来雨果都宣称自己拥有健康的体魄，而且自己对身体保健漫不经心，因此这次招待朋友的时候，在花园里，为了避寒所有人头上都戴着帽子，唯有倔强的雨果把帽子拿在手上，光着头足足有十分钟。当天晚饭后，他又招待大家在客厅里喝咖啡，大约 11 点左右才上床去睡。半夜时分，他呼吸局促，一宿无眠。接下来几天，他都感到十分虚弱。一位神父前来让其收回他以前对教会的不当言辞，被雨果严厉拒绝。5 月 22 日，这位伟大战士死于呼吸困难。当时的《十字架》报报道："维克多·雨果是本世纪最伟大的诗人，他已疯癫了 30 多年了，上帝宽恕他的疯狂。"也许，这就是斗士的最后尊严。

爱伦·坡：
恐怖的不是鬼魅，而是人性

国　　别：美国

生 卒 年：1809 年 1 月 19 日—1849 年 10 月 7 日

死亡原因：脑溢血

地位影响：爱伦·坡是 19 世纪美国恐怖推理小说的开山鼻祖，也是美国短篇故事的最早先驱，他的作品内容多样、语言优美、风格别致，在世界文坛别具一格。他与安布鲁斯·布尔斯、H.P. 洛夫克拉夫特并称为美国三大恐怖小说家。

　　两岁的时候，爱伦·坡就失去了父母，他被一户富裕的烟草商家庭收养，因此青少年时期度过了无忧无虑的时光。年幼的爱伦·坡因为养父母工作的原因在海外生活过一段时间，因此，眼界比同龄人要开阔得多。他喜爱文学和戏剧，性格自由散漫、放荡不羁，青年时期曾在西点军校受训，后来在杂志社担任主编，以犀利的文笔和辛辣的文风著称。

　　个性异于常人的爱伦·坡在写作领域也是独树一帜。他选择了恐怖小说这种题材，并在其中混合了大量浪漫主义的特色。几乎爱伦·坡的所有恐怖小说作品，其故事主题大都围绕着揭示人性中的阴暗面而展开，为了真实呈现非现实状态下人的精神状态和心理特征，他以恐怖小说这样一种特殊的文学形式为载体，努力以一种非现实、非理性的表达方式来将现代人的精神困顿揭露出来。他的小说想象奇特，故事情节恐怖怪异，并善于使用夸张、隐喻、象征和比拟等各种修辞手法来全方位地展现人性的危机，牢牢吸引读者眼球的同时，又能给他们造成强烈的心灵震撼，引发大家的深思。

　　除了题材别具一格，爱伦·坡的恐怖小说的独特之处还体现在他不同于前人的创作风格上。与爱默生、惠特曼等主流作家充满正能量的格调不同，爱伦·坡的作品可谓负能量爆棚。他的作品中充斥着大量的丑恶与死亡，他喜欢用最冷峻的笔触将人性中最黑暗的东西血淋淋地挖出来给你看，让你深深地理解什么是真正的恐怖。深渊、城堡、暗室、暴风雨或月光是爱伦·坡小说中的常用意象，他笔下的一切都是灰色的，带着一种哥特式的颓废、凄冷之美。他笔下的人物也是孤独、怪异甚至病态的，他们代表着人性的一种极端，他们本身就是魔鬼的代言人。这样的人物、意象，加上怪诞气氛的渲染、夸张情节的展现，很容易就能突破读者的心理防线，从而达到作品预期的效果。可见，爱伦·坡是一位优秀的心理大师。

　　此外，爱伦·坡对法国象征主义大师德莱尔、马拉美等影响深远。他的哥特风格小说糅合了传统小说具有的悬念、言情、凶杀、恐怖等所有通俗元素，还树立了一种新颖的创作理念，着重关怀美国早期本土文化以及被物欲驱使的非理性情感，从而使得他的创作在某种程度上打破了严肃小说和通俗小说之间的界限，引起了读者的强烈共鸣。后世的许多作家以及剧作家，如伊迪丝·沃顿、威廉·福克纳、尤多拉·韦尔蒂、弗兰纳里·奥康纳、哈特·克兰、斯蒂芬·金等都奉爱伦·坡为榜样，在创作中借用他的表现方式和风格，使他的创作理念与成果得以继承与发扬。

爱伦·坡这样一个文学先锋人物，却没有得到命运太多的眷顾。他没有别的技能，完全靠写作谋生，这意味着他的饭碗经常朝不保夕。穷困潦倒再加上精神压抑，爱伦·坡三十出头就已经疾病缠身。38岁那年妻子的去世是压倒他精神的最后一根稻草。爱伦·坡彻底颓废了。他一直靠幻觉支撑，多次自杀未遂后，开始疯狂酗酒，但是他的身体对酒精不敏感，导致他陷入痛苦的死循环。后来他遇到年轻时候的旧爱，打算重头来过，于是下定决心戒酒。为此，他加入了一家名为"禁酒之子"的戒酒俱乐部，并立下滴酒不沾的誓言。为了考验自己的意志力，他甚至将自己加入戒酒俱乐部的消息刊登在报纸上，请公众予以监督。

1849年10月3日，爱伦·坡当时正在赶往参加地方议会选举的路上，在到达高地街的时候，他突然昏倒了。一位路过的印刷厂老板认出了他，并把他送到了斯诺德格拉斯医生那里，当时爱伦·坡已经没有任何知觉了。从这天下午5点开始一直到第二天早上3点，他一直处在这样一种状态之中。此后他开始浑身发抖，再后来，又陷入一种很诡异的癔症状态，不停地嘟囔着十分晦涩难懂的话语，并和影子以及墙上并不存在的东西对话。整个过程，爱伦·坡的身体一直在不停地出汗。陪护他的莫朗这样回忆当时爱伦·坡的情况："他总是用莫名其妙的方式回答我的问题。他说，他的妻子住在里士满，当他离开那儿以后，就把她给忘了。我试图安慰他，让他振作起来，这样他又可以出院和朋友们见面了。听到这儿，他似乎恢复了一些，但是突然又很奇怪地说了句'让他们把我的脑袋开出花儿吧'，随后他安静了下来，我以为他睡着了，就暂时离开了。"不久，爱伦·坡又陷入了癔症状态并发作得十分剧烈。"他不停地大喊大叫，持续了很久"莫朗回忆道。突然之间，爱伦·坡又安静下来，仿佛陷入了沉思，然后过了一会儿，他轻轻地晃了晃头，对莫朗说："先生，请帮助拯救我的灵魂。"说完，他就咽了气。

至于爱伦·坡为什么当时会昏倒街头，大概是只有他自己才会知道的神秘原因吧。一生致力于撰写恐怖推理小说的爱伦·坡，他的人生也是一部充满悬疑的作品。

夏尔·波德莱尔：
沉默地离去，是诗人的挽尊

国　　别：法国

生 卒 年：1821 年 4 月 9 日－1867 年 8 月 31 日

死亡原因：梅毒

地位影响：身为象征派诗歌的先驱，夏尔·皮埃尔·波德莱尔是法国 19 世纪最著名的现代派诗人，他在欧美诗坛拥有重要的地位，代表作《恶之花》《巴黎的忧郁》《美学珍玩》《可怜的比利时！》等至今为人们所传颂。

夏尔·波德莱尔幼年丧父，后母亲改嫁。他的继父是名军官，脾气暴躁，对他动辄采取专制高压手段，这导致了波德莱尔反叛的性格，并对资产阶级的价值理念产生严重怀疑。他渴求挣脱腐朽思想的枷锁，以获得精神的自由与平衡。他对文学有着浓厚的兴趣，涉猎了大量的文学作品，并结交了许多青年画家和作家，深感浪漫主义文学是获得自由身的最有力武器。1845 年，波德莱尔发表了画评《1845 年的沙龙》，新颖的视角令整个评论界为之一振。1852 年，他先后发表了二十多首诗、十余篇评论和大量译著，标志着创作进入高潮期。而 1857 年 6 月，诗集《恶之花》的出版，奠定了他在法国文学史上举足轻重的地位。

波德莱尔有着极强的叛逆精神，他开辟了西方现代主义文学的新路径。他善于选用大胆的题材，通过声光色的多彩渲染来揭示城市的丑陋与人性的阴暗，这种强烈的反差达到直指人心的效果，令人惊叹。波德莱尔反对华丽辞藻的堆砌与肤浅表象的描绘，他力图在作品中深度挖掘本质的东西，将事物的本来面目呈现在读者面前。他认为丑恶经过艺术的表现化而为美，带有韵律和节奏的痛苦是精神充满了一种平静的快乐，这些都是艺术的奇特之魅力。这些特质在《恶之花》中尤为明显地表现出来，无论从内容上还是形式上，这部杰作都开创了一个崭新的诗歌王国，引领诗歌创作进入了一个全新的境地。它引入了城市生活，深入了人性最深层的内核，加深了诗歌的表现力。与此同时，在艺术上，《恶之花》既继承了古典诗歌的严谨的格律与优美的音韵，又开创了象征主义这种新的表现手法，是波德莱尔精神理念的完美表达。

波德莱尔还十分重视字句的运用，每一个优美诗篇的问世往往都是他仔细斟酌的结果。他善于用简单的词语描绘幽远的意境，并且寓意深远，极其富有表现力和感染力。他既可以把诗写得极其简洁明快，又可以制造质感和立体感，同时不失细腻，实在是个诗坛奇才。波德莱尔的诗歌创作理念直接影响了 19 世纪法国最有声望的象征主义诗人魏尔伦、马拉美、兰波等。法国象征主义诗人兰波尊他为"最初的洞察者，诗人中的王者，真正的神"。可见他的强大影响力。

诗人敏感又任性，往往容易放浪形骸，波德莱尔也不例外。长期的纵欲过度导致他身体每况愈下，并患上了严重的梅毒。1865 年底，他在日记中写道："我的头脑模模糊糊的，像雾一般，注意力集中不起来。这与长期发病有关，也与服用鸦片、地黄、颠茄和奎宁有关。"而在 1866 年 1 月，这种情况似乎加重了，他在《感觉秩序》一文写道："脑子里模模糊糊的，呼吸不畅，头痛欲裂，反应迟钝，坐立不安。"

3 月 15 日前后，在去参观圣·路·德纳姆教堂的路上，波德莱尔摔倒在石板上。这是不好的前兆，果然，几天之后，他的整个身体的右半边都瘫痪了，接着他被送到圣·让·圣伊莉莎白私人诊所。

4月中旬他的母亲来陪伴他时，他已经三天没法说话了。但是母亲的到来没有缓解他的暴躁和喜怒无常，为了更加安静地休养，他的母亲带他离开了诊所，暂住在一家旅馆。这使他暂时平静了一些，虽然脾气依旧易怒，但已经改观很多，他甚至可以起身散散步了。就这样在旅馆静养了两个多月，他的母亲十分欣慰儿子的病情有所缓解，打算带他去巴黎接受更好的治疗。自尊心极强的波德莱尔起初因为害怕在朋友面前展现自己的窘态而拒绝，但是鉴于治病要紧，他不得不选择去杜瓦尔医生的水疗法诊所接受治疗。

正如他所料，他每天都要接待许多来看望他的朋友，其中一位朋友看到波德莱尔生病的样子，私底下说："我宁可死上一百次也比落到这个境地强。"水疗法诊所的治疗似乎没有起到太大的作用，这年年底，他几乎完全失语了，好不容易才能拼凑出一些只言片语。这种情况下，很难想象他曾是一名出色的诗人。朋友纳达尔这样描绘失语后的波德莱尔："我在杜瓦尔康复中心最后一次看到他，我们谈到灵魂不灭的问题，我说'我们'，是因为他的眼睛清楚地表明，如果他能说话，他要说：'瞧，你怎么会信上帝？'""波德莱尔将靠在床栏边上的我们推开，指着天空让我看。""'该死！噢，该死！'他在空中挥舞着拳头，指责我，反对我。"曾经谈笑风生的朋友之间最后只能用肢体动作来表达，不禁为波德莱尔感到唏嘘。

波德莱尔直到去世也没有离开过床，他的母亲陪伴在他身边。他身上的伤口几乎全部坏死，他睡着睡着就永远地与这个世界诀别了。也许这样默默地离开，才是挽回诗人最后一丝自尊的最好方式。

陀思妥耶夫斯基：
我一直期盼朝朝暮暮所幻想的幸福

国　　别：俄国

生 卒 年：1821 年 11 月 11 日—1881 年 2 月 9 日

死亡原因：癫痫、肺动脉破裂

地位影响：费奥多尔·米哈伊洛维奇·陀思妥耶夫斯基是 19 世纪
与列夫·托尔斯泰、屠格涅夫等人齐名的俄国文坛巨星，和托尔斯泰、
屠格涅夫并称为俄罗斯文学"三巨头"。曾经有人评价说，托尔斯泰代表
了俄罗斯文学的广度，陀思妥耶夫斯基则代表了俄罗斯文学的深度。他
对 20 世纪很多作家，包括福克纳、加缪、卡夫卡等都具有深远影响，代
表作品《罪与罚》。

陀思妥耶夫斯基的父亲是一名军医，因此他很小的时候便与医院、精
神病院、孤儿院等这些地方接触，喜欢听那里病人和孤儿的故事，这些故
事使他幼小的心灵感受了强烈的震撼。1834 年他进入莫斯科契尔马克寄宿
中学学习，毕业后升入彼得堡军事工程学校，在该学校学习期间，他广泛
涉猎了莎士比亚和维克多·雨果等人的文学作品，培养了浓厚的文学兴趣
和不错的艺术修养，因此毕业后在该校工程部制图局工作一年，便自动离
职，专门从事文学创作。

早在彼得堡军事工程学校读书期间，陀思妥耶夫斯基便创作了两部浪
漫主义剧作，还将巴尔扎克的小说《欧也妮·葛朗台》译成俄文，可惜反
响平平。1844 年，他结识了俄国作家涅克拉索夫，并在他的鼓励下写成了
第一部书信体短篇小说《穷人》，该部作品连载于《彼得堡文集》上并收获
了高度的评价，这极大地鼓舞了陀思妥耶夫斯基的创作之心。

1847 年，陀思妥耶夫斯基开始对空想社会主义发生兴趣，并参加了彼得堡拉舍夫斯基小组的革命活动。1849 年 4 月 23 日他因受到反对沙皇的革命活动牵连而被捕，并被判死刑，却幸运地在行刑之前最后一刻被改判为流放西伯利亚。在西伯利亚的十年使他的思想发生了巨变，他开始反思自己所信仰的宗教，并增加了对人生意义的探讨。

1860 年，陀思妥耶夫斯基返回圣彼得堡，次年第一部长篇《被侮辱与被损害的》发表。这部作品可以被看作他转型之前的过渡作品，既承载了之前作品中对社会苦难民众的描写，又带有后期的人性与哲学探讨。1864 年他的妻子和兄长相继逝世，他还需要承担养家责任，为了增加收入来源，他希望借由赌博碰碰运气，结果却欠下更多债务，这令他愈加消沉。

为了躲避债主讨债，他被迫到欧洲避难。1866 年他的代表作《罪与罚》出版，为他赢得了世界性的声誉，这令他重新振作了起来。此后，他又相继出版了《赌徒》《白痴》和《群魔》等一系列颇受欢迎的作品。而最后一部作品《卡拉马佐夫兄弟》，因为其神性的哲学思考，被评论家认为是人类文明史上最为伟大的小说，陀思妥耶夫斯基也因此被赞在人类精神领域中树立了一座高峰。他的文学影响早已跨出俄国国界，被众多现实主义流派的作家所景仰。

陀思妥耶夫斯基从小便患有癫痫，顽疾的折磨时常伴随着他，晚年更是如此。他曾经在一次发病中这样描绘痛苦的过程："9 点 15 分，癫痫发作，零零星星的思想、回顾过去的岁月、梦幻般的状态、宁静沉思、负罪感，我必须脱胎换骨。"

1881 年 1 月 25 日晚上，陀思妥耶夫斯基在书房里工作，不巧他十分珍视的一支蘸水笔的套子掉了下来滚落到搁板下，他弯下腰吃力地抬起家具，起身时却发现自己嘴里全是血，但是很快就止住了。第二天，他感到好些了，但是他的姐姐前来跟他商讨一位远亲的遗产之事，这令他十分生气，又引起了癫痫发作。他再次开始出血并失去了知觉，清醒过来后，他要家人去为他安排后事。之后，他又坚持了几天，但是仍旧不时地出血，且越发严重，他的医生向同事征求意见，因为他不敢替作家做检查，怕轻微的移动再次引发出血。他迫切地希望血能止住，这样陀思妥耶夫斯基就能从中脱险了。

听闻陀思妥耶夫斯基病危的消息，他的朋友纷纷过来看望，虽然不能亲自会见，他依旧通过家人向他们表示了感谢。2 月 8 号晚上，他感觉好了一些，吃了家人给他准备的鱼子酱黄油面包，并喝了一杯牛奶。不过，第二天一早，陀思妥耶夫斯基突然对家人说自己一直没睡着，可能今天就死了，他想读福音书，这是他当初被流放西伯利亚时唯一带在身边的书。他翻开其中一页，眼光落在这句上："耶稣回答：'现在让他去吧'，因为我们行使正义是合乎道理的。"

陀思妥耶夫斯基认为"让他去吧"暗示着他即将离去。不久过于疲惫的他握着家人的手睡着了，然后这位伟大的现实主义作家再也没有醒来。"我还没尝过幸福的滋味，至少不曾有过我朝朝暮暮所幻想的那种幸福，我一直在盼着他。"这是这位伟大文豪最终留下的遗言。

儒勒·凡尔纳：

"科幻之父"不会离去

国　　别：法国

生 卒 年：1828 年 2 月 8 日—1905 年 3 月 24 日

死亡原因：糖尿病并发症

地位影响：儒勒·凡尔纳是法国 19 世纪著名的科幻小说家、剧作家和诗人，他是科幻文学流派的重要代表人物，与赫伯特·乔治·威尔斯齐名，都被尊为"科幻小说之父"。凡尔纳一生有大量优秀的文学作品问世，全部被囊括在名为《在已知和未知的世界中奇妙的遨游》之中，其中《格兰特船长的儿女》《海底两万里》《神秘岛》三部曲以及《气球上的五星期》《地心游记》为其代表作。据联合国教科文组织的资料显示，凡尔纳是世界上被翻译作品最多的第二大名家，在全世界范围内，其作品的译本已累计达 4751 种。为了纪念他的百年忌辰，法国政府将 2005 年定为凡尔纳年。

　　凡尔纳出生于法国一个中产阶级家庭，家境富裕使他自小便接受了良好的教育。他的父亲想让他做一名律师，于是凡尔纳早年顺从父亲的意愿到巴黎学习法律，但是在巴黎求学期间他经常出入当地的文学沙龙，发现文学比法律更有吸引力，于是在毕业之后便开始了创作之路。凡尔纳一生著作颇丰，早年为剧院撰写剧本，后来为杂志创作连载小说，大受读者欢迎。其后他与出版商埃泽尔父子展开合作，四十余年间是他创作的全盛时期，在文学创作事业上取得了巨大成功，他的作品也被翻译成为多国语言，深受各国读者的喜爱，至今仍有改编自其作品的电影不断问世，经久不衰。

　　19 世纪是法国文坛百花齐放的时期，浪漫主义、现实主义、自然主义等各个流派百家争鸣，使法国文坛散发着耀眼夺目的光彩。而选择科学幻想小说这种题材使得凡尔纳独树一帜。应该指出，凡尔纳并不是科幻文学的始作俑者，但是从凡尔纳开始，科幻文学开始真正发扬光大，引起世人瞩目。他的作品无论从想象的规模上，还是科学描绘的语言上，都青出于蓝而胜于蓝。凡尔纳作品的魅力在于，自当时科学技术所许可的限度内，描绘出了种种符合科学发展规律与必然趋势的奇思妙想。而且神奇的是，这些构想在20世纪几乎全都成为现实，可以想见，凡尔纳的作品是多么遵守科学规律。这来源于他对科学严肃认真的态度，他尽全力将自己的想象建立在科学的基础上，在创作之前必定严格论证其中蕴含的科学道理，并进行大量的相关学习。由此可以看出，他的科学幻想就是科学的语言。凡尔纳的作品就是一部部充满趣味的科普宣传册。

但是，凡尔纳的作品又极具文学价值。从文学的角度看，他的风格由于奇异的想象而可被视作带有浪漫主义的文学性质。他在科学畅想的框架里总是能够编织出复杂、曲折、有趣而又充满奇幻的故事，情节的惊险、奇特的巧合，加上非凡的大自然壮景，渲染出了浓郁的浪漫主义色彩，这些再通过凡尔纳优美的文笔流出，成就了一个个文学佳作，更是赢得了众多青少年读者的喜爱。

由于人们往往只关注凡尔纳作品的一个方面，导致对他贴上了过于武断的标签。比如，有学者认为凡尔纳是一名儿童文学家，因为他的文字通俗易懂，想象天马行空，在青少年读者中影响非凡。也有人将凡尔纳视作科幻小说之父，但是凡尔纳更希望人们称他为作家或者艺术家。他声称自己从未对科学有过特殊的兴趣，只是写作的需要罢了。事实上，科幻只是凡尔纳作品的一个方面，或者说是他独特的表达方式，也许我们需要对他进行更多的探索，以全面地理解他的世界。

尽管可以在想象的世界里天马行空，现实生活中凡尔纳只不过是有血有肉的凡夫俗子。他长期忍受着糖尿病及其并发症的折磨，甚至数度病危。这导致凡尔纳几乎绝望，他曾经对他的夫人说过："下一次，你在为我请医生前还是先请神父吧，有神父就够了。"在凡尔纳去世的前几天，神父一直陪伴在他身边，这让他感到心安，仿佛获得了重生。当然这仅仅是心理作用。

　　著名科幻作家病危的消息令媒体十分关注，哈瓦斯通讯社不断向公众发布凡尔纳的病情，记者们也在不断地打探，这让他与家人困扰不已。很快，凡尔纳的右半边身体失去了知觉，他深知自己时日不多了，于是在1905年3月23日这天与家人一一告别。他拥抱了妻子和儿子，却已经认不出他的合作伙伴兼挚友出版商埃尔泽勒先生了。很快他的另一半身体也失去了知觉。他的姐姐描绘道："他的头脑已被麻木所占据。当我不得不暂时离开他的房间时，我的兄弟已经没有了往日的风采，他那无与伦比的智慧已经荡然无存。儒勒·凡尔纳只剩下一个躯壳，灵魂已经远离他而去了。"

　　3月24日凌晨两点左右，凡尔纳陷入昏迷，6个小时以后，他离开了人世。人们相信这位科幻大师并没有死亡，而是去了另一个世界，并在那里继续天马行空、无拘无束地驰骋。

列夫·托尔斯泰：
我要生命和信仰不再背向而立

　　国　　别：俄国

　　生　卒　年：1828年9月9日—1910年11月20日

　　死亡原因：肺炎

　　地位影响：列夫·托尔斯泰是享誉世界文坛的文学家、思想家和哲学家，他是19世纪中期俄国批判现实主义的领军人物，创作了俄罗斯文学史上的巨著《战争与和平》《安娜·卡列尼娜》《复活》。他一生的作品多达45卷，是一位高产作家。他的文学传统通过高尔基等一批苏联作家批判继承而得以发扬光大，对世界文学影响巨大。此外，他在社会活动中提出"勿为恶"的"托尔斯泰主义"，影响了后来的很多政治运动。

出身贵族的托尔斯泰，自小不专心于学业，却对社交、哲学以及宗教有着浓厚的兴趣。他利用业余时间进行创作，发表过《童年》《少年》《青年》《塞瓦斯托波尔故事集》等早期作品。他喜欢社交活动，结识了屠格涅夫、涅克拉索夫、冈察洛夫、费特、奥斯特洛夫斯基、德鲁日宁、安年科夫、鲍特金等作家和批评家，经常与他们交流思想，同时他还经常在法国、瑞士、意大利和德国游历，极大地开阔了自己的眼界。

1862 年托尔斯泰结婚之后开始过起了稳定的生活，在妻子的支持下，他得以全身心地投入文学创作，并相继有《战争与和平》《安娜·卡列尼娜》等传世之作问世。随着写作的继续深入，托尔斯泰开始怀疑自己的信仰，并爆发了信仰危机。他开始探索精神领域的最终归宿。他遍访神父、修道士和隐修士，并主动结识农民，了解他们的思想情感。托尔斯泰同情农民和下层阶级，厌弃自己和周围的贵族生活，并将写作的重心转移到政论上去，方便直接宣扬自己的社会、哲学、宗教观点，并对地主资产阶级社会的各种罪恶无情揭露。但是他反对以暴力革命的方式解决问题，号召宣扬基督教的博爱精神和自我修身，从宗教伦理中寻求根除社会矛盾的良方。他还从事广泛的社会活动，访问贫民窟、请求沙皇赦免革命者、赈济灾民以及资助革命者逃亡等都表明托尔斯泰已经从地主贵族阶层的思想桎梏中脱离出来，开始从人道主义视角直面当时社会存在的种种问题，并以悲天悯人的情怀对需要帮助的人提供帮助。

托尔斯泰意识到农民、平民阶层已经觉醒，却常常因为自己和他们的思想情绪有距离而悲观失望，同时对自己不符合理想信念的地主庄园生活方式非常不安。在世界观激变后，他曾经于 1882 年和 1884 年打算离家出走，脱离自己大地主的家庭，以求得心灵的宁静，并换得对自身信仰的虔诚。这种意图在他后期的作品中有颇多反映。这也使他和妻子之间爆发了不可调和的矛盾。在他生前的最后几年，他们之间的矛盾令托尔斯泰十分痛苦。

就在托尔斯泰离家之前，妻子曾跪下恳求他为她再读一遍早年时代纪念两人情感的诗歌和散文，以找回当初的甜蜜，但是托尔斯泰已经死了心。在一封写给妻子的信中，托尔斯泰坦承自己的离家出走的原因："很久以来，我一直忍受着生命与信仰不尽一致所带给我的痛苦和煎熬……如今，我终于在做我长期以来一直想做的事情了——我要去了。至于我这么想的主要原因是：就像印度教所提倡的那样，人一旦进入到 60 岁，就应该到森林中去；和所有信仰宗教的老年人一样，总想将自己生命的最后几年奉献给上帝，而不是让玩笑、游戏、逸言、草地网球将自己消磨殆尽。我也一样如此。所以，当我步入 60 岁后，我就希望能够全身心地获得安宁和清静。如果做不到这一点，我的生命、信仰和我的良心之间，就会出现明显的不一致。"

1910 年 7 月，列夫·托尔斯泰秘密地拟好了他的遗嘱。他要求他的家人放弃继承自己版权的权利，这样他的作品就可以没有阻碍地进入公共领域了。他还明确表示自己绝对无法接受他的家人因为他的思想而致富。

10 月 28 日深夜，他写下了一封告别信，叫来了自己的医生处理了一些事情，就躲进了火车站。他想前往 1067 公里以外的新切尔卡斯克，不过在火车上，他突然生起了病，并很快就发起了高烧。这迫使他在阿斯塔波沃车站就下车。车站站长认出了托尔斯泰，并给他安排了一个房间休息。

恰巧在就在阿斯塔波沃车站，有一位《俄罗斯言论报》的记者在站台上认出了这位作家，经过一番打探之后，他很快向报社发回了一份电报，称："列夫·托尔斯泰在阿斯塔波沃车站站长家，高烧 40℃。他要求自己的孩子照管好他们的母亲。他现在非常虚弱，心脏根本无法承受和她见面所带来的震动。"

而就在此时，发现丈夫失踪的妻子十分灰心，多次试图自杀了事，不过都被家人成功阻止。得到托尔斯泰在阿斯塔波沃车站的消息后，全家人前往那里见他。为了避免看到他的妻子，托尔斯泰让人把他房间的窗户全部遮盖起来。此时他的身体越来越虚弱，11 月 6 日，他同意与儿子塞尔日见面，并一再地对他说："我爱真理……我更爱真理。"塞尔日将父亲病危的消息告诉了母亲，她十分惊恐地赶到了托尔斯泰的住所，俯下身，恳求他的原谅。这时他深深叹了口气，慢慢地咽了气。一代文学巨匠就此陨落。

爱弥尔·左拉：
我是为了活出精彩而来

国　　别：法国

生 卒 年：1840 年 4 月 2 日—1902 年 9 月 28 日

死亡原因：煤气中毒

地位影响：爱弥尔·左拉是法国著名小说家，开创了自然主义文学流派，是 19 世纪后半叶法国批判现实主义大师，代表作品《卢贡－马卡尔家族》《小酒店》《娜娜》《萌芽》，世界闻名，是 19 世纪批判现实主义文学的重要遗产。

左拉的父亲是一位工程师，但是左拉七岁时他便去世了，这使得左拉的童年在贫困和躲债中度过，好在文学是他的精神安慰与寄托。还在上中学时，左拉就已经试图构思一部有关十字军东征的小说，中学毕业后，他一边挣扎在底层谋求生计，一边兢兢业业地写作。他租住在一间条件简陋的阁楼里，饿了就用面包蘸蒜泥充饥。艰苦的生活并没有迫使他放弃自己成为一名作家的梦想，相反给予了他深厚的生活积淀，为他日后的创作提供了丰富的生活素材。在不懈的努力之下，包括三首长诗的诗集《恋爱的喜剧》问世了。

1862 年 2 月，左拉进入著名的阿歇特出版社帮工，这样就可以解决他的生存问题，又能利用出版社的便利拉近与文学界的距离。凭借勤奋踏实的努力，他很快由捆工升职为广告部主任。这个职位对他影响很大，一是可以与包括拉马丁、圣勃夫、阿布、基佐、米什莱、利特雷、泰纳在内的许多作家取得联系，扩展自己的作家圈子；二是在推销作品的过程中，左拉发现了广告宣传在文学创作中的独特意义。

1864 年，左拉的第一部中篇小说《给妮侬的故事》出版了，次年又出版了第一部长篇小说《克洛德的忏悔》，但是这部小说被官方批评界认为"有伤风化"，导致他的办公室遭到搜查，也连累了阿歇特出版社。于是，左拉于 1866 年 1 月辞职离开出版社，开始全身心地投入文学创作。《一个女人的遗愿》《马赛的秘密》《泰蕾丝·拉甘》和《玛德莱娜·费拉》等作品相继问世，并为他带来了盛誉。

但是左拉并不满足于这些成绩，他一心想创作出如巴尔扎克《人间喜剧》那般的伟大作品。当时二十几岁的左拉创作热情高涨，但是总是在构思方面感到力不从心，他试图寻找突破。正当殚精竭虑之际，克洛德·贝尔纳的《实验医学导论》带给了他灵感，他突然发现了自然科学给予自己的启示，开始以科学的哲学观点去阐释人生，并从纯粹物质的角度去描绘人的行为与表现。左拉认为作家将现实移植到自己的作品中必须以理性和真实为基础，作家的职责就是寻找真实并叙述逼真的事实，而不是一系列史料的罗列。将科学的精确性引入小说创作之中是左拉的一次大胆尝试，也决定了他文学创作的最终发展方向。他在达尔文的进化论、孔德的实证主义哲学、泰纳的文艺理论、吕卡斯医生的《自然遗传导论》和贝尔纳的实验医学的基础上，逐渐探索形成了自己的自然主义文学创作风格，而他著名的《卢贡－马卡尔家族》就是这种理念的集大成者。左拉对于自然主义文学的理想境界做了如下分析："构成实验小说的几个方面是，掌握人体现象的机理，依照生理学向我们说明的那样，展示在遗传和周围环境的影响下人的精神行为和肉体行为的关系；然后表现生活在他所创造的社会环境中的人，他每天都在改变这种环境，他自身在其中也不断发生变化。这样，我们依靠生理学，从生理学家手里把孤立的人拿过来，继续解决这个问题，科学地解决人在社会中如何行动的问题。"这就是他找到了文学创作内核。继《卢贡－马卡尔家族》之后，他又撰写了《三名城》三部曲——《卢尔德》《罗马》《巴黎》，是自然主义文学的杰出代表。

左拉还是一位正义感十足的斗士。1898 年，为了抗议当局对一名犹太裔军官叛国的诬告，左拉发表了著名的《致共和国总统费利克斯·富尔的信》，这篇文章为左拉赢得了极大的声誉，但也令他遭到了政府的逮捕，他被迫流亡海外。在流亡期间，左拉创作了以《繁殖》《劳动》《真理》《正义》组成的《四福音书》，将思想深度推向更高的境界，也标志着他思想的最终成熟。

1902 年，左拉 54 岁的那年，一场意外来临了。那是 9 月的一个星期天清晨，一位修理工来到左拉家为他修理洗手间脱落的管道。洗手间在左拉的卧室内，仆人们发现左拉夫妇还没有起床，于是多次呼叫，但是他们像睡死过去一样没有反应。无奈之下一干人强行破门而入，发现左拉夫人瘫倒在床上，处于半昏迷状态；而左拉则横卧在地上，口吐着白沫。大家迅速打开门窗，叫来医生，并立即对他们进行人工呼吸。抢救之下左拉夫人幸免于难，但左拉永远地走了。

血液检验结果证明左拉死于一氧化碳中毒。官方给出了他的死亡调查结果，原来前一天的星期六，在左拉家里修理房顶的一个工人发现烟囱里冒出的烟呛着了他，于是便用一块木头暂时封闭了烟囱的烟道。

也有人对左拉的死因提出质疑，因为他受德雷菲斯事件牵连遭到官方忌惮，拥有非常严重的心理负担。一氧化碳中毒也许是他蓄意自杀，也许是被人故意谋杀。当然，这些都是猜测。我们永远也无法将时光倒回作家死亡前的那一刻。也许是人们觉得，这样一位伟大的作家被一块木头谋杀，未免太荒诞了吧。

保罗·魏尔伦：

像孩子一样，保持永久的纯真

国　　别：法国

生 卒 年：1844 年 3 月 30 日—1896 年 1 月 8 日

死亡原因：风湿病、癔症

地位影响：保罗·魏尔伦是法国诗坛象征主义派别的早期领袖，与马拉美、兰波并称象征派诗人的"三驾马车"，在法国诗歌史上占据重要地位。他有诸如《农神体诗》《美好之歌》《智慧》《过去》《平行》等一系列诗歌传世，在世界诗坛独树一帜。魏尔伦的诗通俗易懂、朗朗上口，又不失优雅精美，深受读者的喜爱。

　　魏尔伦很早便开始写诗，1866 年他的第一部诗集《忧郁诗篇》出版，使他声名鹊起。1874 年，在与同为象征派主将阿尔蒂尔·兰波的关系闹僵之后，他的诗风更加忧郁。此时他创作了《无言的浪漫曲》，他用音乐的凄美来掩盖内心当中那强烈的无助和痛苦，巨大的反差更加凸显了他内心的挣扎。音乐因素的注入使他的诗歌达到了情、景、音的完美融合。勒贡特·德·李尔这位法国著名诗人的去世，将魏尔伦推上"诗人之王"的宝座，而他也不负众望，和兰波、马拉美一道将法国的诗歌艺术推向了新的高峰。

　　魏尔伦的诗歌反叛又不失传统、哀伤又不悲痛，这令他在法国诗坛自成一体，风格独特。他的作品往往给人以极大的思索空间，让读者在品味字里行间流露的情绪的同时也能引发内心由衷的共鸣。读者在魏尔伦筑就的诗意空间中就像捉迷藏一样努力去捕捉诗人的情绪内核，自有一番别致的乐趣。魏尔伦诗歌的灵性美使他享誉法国诗坛。

　　也许诗人都是任性的。保罗·魏尔伦其人正如他独特的诗歌作品一样散发着自由散漫的气质。

1871 年 8 月魏尔伦结识了诗人阿蒂尔·兰波，他抛弃了妻子和孩子，和兰波私奔去了伦敦，直到今天看来这也是惊世骇俗之举。1873 年 7 月他在酒醉后用枪击伤了兰波，并因此被捕入狱。出狱后，他已经妻离子散，兰波也离开了他。此后他酗酒、嫖妓，开始过上一种穷困潦倒的生活。

魏尔伦生命中的最后十年辗转于医院和巴黎贫民区的出租房。当时，他患有风湿痛，腿部时常化脓，心脏也有十分明显的杂音。1894 年 9 月底，在朋友的资助下，他搬进了一家条件较好的公寓卧床休养。这段时间他身体恢复得不错，写作也步入正轨，发表了一些作品，并有了一些积蓄，但他花起钱来十分大手大脚。

此时，以往那个邋里邋遢、不修边幅的魏尔伦消失了，但是聪明睿智、才思敏捷的魏尔伦也没有回来。更形象地说，魏尔伦又变成了一个孩子。在看到一幅镀金的鸟笼画后，他甚至突发奇想将房间里所有的东西都涂成了金色。

1895 年，他的风湿痛又犯了，双腿也开始肿胀。虽然圣诞佳节即将来临，他却因为一场高烧不得不再次躺到了床上。医生要求他必须遵守严格的作息，停止酗酒，准时睡觉，并只能喝些掺了维希矿泉水的牛奶。

1896 年 1 月 5 日早上，魏尔伦发起了癔症并伴有持续高烧，直到傍晚以后才稍稍退热。为了安抚他的情绪，朋友拿来一首他即将发表的诗作让他吟诵，但是他浑身颤抖不止，根本无法投入。1 月 7 日星期二，他终于能够下床了，这让他非常开心，并邀请了几个朋友共进晚餐，还喝了一些掺过维希矿泉水的白酒。在餐桌上，魏尔伦高兴地说，有一位远在美国的崇拜者给他寄来了一把很大的、类似于"军刀"的裁纸刀和几瓶朗姆酒，但是那把刀在寄到时就已经被折断了。他还开玩笑说希望有人给他寄一辆自行车，这样即使他不能骑，也能把它卖了换钱。可以想象当时的魏尔伦精神不错。晚餐结束以后，魏尔伦已经感到十分疲惫，他马上就去睡觉了。但是这天夜里，他突然从床上摔了下来，第二天早上才被发现。当时的他已经极为虚弱，但他仍不忘与朋友们调侃不要让他马上穿好殓鞋。其他医生们对他的康复都已经不抱任何希望了，一位和魏尔伦交情很深的医生试图用芥子泥疗法对他进行治疗。但是不久，魏尔伦就陷入了昏迷并很快就去世了。

为了迎合他的纯真，魏尔伦的朋友用戴面具的方式为他送行。法国诗坛颇具影响的人物都来为他送葬，并代表法国人民向他表达敬意："我们向一位真正诗人的墓碑敬礼，我们向一位充满童真的孩子的灵柩致意……魏尔伦是一个孩子，他永远都是一个孩子。他想长大，他想成为一位智者，但这让他饱尝了如此众多的痛苦，所以，他不敢长大，所以，他不愿长大，就像因为害怕被刺伤双手而不敢采摘玫瑰那样，充满了苦涩。"

也许，只有像魏尔伦这样有才华的人才能如此任性，永远只做一个孩童，拒绝长大。

洛特雷阿蒙：
如谜一般的人生

国　别：法国

生 卒 年：1846 年—1870 年

死亡原因：不详

地位影响：洛特雷阿蒙，原名伊齐多尔·吕西安·迪卡斯，是一位19 世纪法国诗人。他生前默默无闻，死后被超现实主义作家奉为先驱，被称赞为一名早夭的天才、"明日文学大师"的文字开掘者。代表作品包括《马尔多罗之歌》、断篇《诗一》《诗二》等。

洛特雷阿蒙并不是一个广为人知的名字。他出生于乌拉圭首都蒙得维的亚，父母均是法国移民。童年的洛特雷阿蒙是在乌拉圭的战乱中度过的，过早地目睹战争和死亡会在一个幼小的心灵中埋下怎样的种子呢？我们的主人公洛特雷阿蒙选择成为了一名诗人，并在诗歌中将这颗种子生根发芽，开出了璀璨的花。

洛特雷阿蒙在法国巴黎接受的教育，在校成绩优异。据他当时的好友回忆说："他是一个神经质的人，患有严重的偏头痛。"毕业后他曾短暂返回过乌拉圭，几个月后又重新回到巴黎，并开始在巴黎的一家旅馆内进行文学创作。洛特雷阿蒙很少出门，这在他写给出版商的信中可以看出："我一天之内的任何时候都待在我自己的房间里。"他的旅馆房东回忆，他常常在深夜一边弹钢琴一边写作，这给其他旅客造成了很大困扰。如此看来，洛特雷阿蒙是一个孤僻怪异又神经兮兮的人。

受童年经历及自身性格影响，洛特雷阿蒙的诗歌也是一株独树一帜的奇葩。他在长篇散文诗《马尔多罗之歌》里，使用了185种动物的名称及其变形，加上血淋淋的文字描述，使他的作品展现了一种对传统诗歌的破坏性尝试。让我们感受一下他笔下的破坏力："愿大胆、一时变得和这本读物一样凶猛的读者不迷失方向，找到偏僻的险路，穿过荒凉的沼泽——这些阴森的、浸透毒汁的篇章；因为，如果他在阅读中疑神疑鬼，逻辑不严密，思想不集中，书中散发的致命烟雾就会遮蔽他的灵魂，仿佛水淹没糖。大家都读下文，这没必要，只有少数人能平安地品尝这只苦果。因此，胆小鬼，在更深地进入这片未勘探的原野前，脚跟向后转，别向前。仔细听我说：脚跟向后转，别向前，如同一个儿子的目光恭敬地避开母亲威严的面孔。""不，我知道我将彻底毁灭。再说，我也没什么宽恕可指望。谁打开了我墓室的门？我说过任何人都不准进来。不论你是谁，请离开吧；但是如果你以为在我鬣狗般的面孔上（尽管鬣狗比我美丽，比我迷人，我仍用这个比喻）发现了痛苦或恐惧的迹象，那就清醒过来吧。让他走近我。"他以反人类、反伦理、反道德的"恶"为主题，采用颠覆式的写作手法，改造了以往的一切文学模式，为后世留下了十分广阔的评论空间和解读视角。这大大启发了20世纪的超现实主义流派，该流派将他视作超现实主义的鼻祖。

洛特雷阿蒙仿佛一个患了深度语言癔症的病态狂人，用常人难以理解的思维和手法阐释着他所理解的这个世界。例如，"他美得像猛禽爪子的收缩，还像后颈部软组织伤口中隐隐约约的肌肉运动，更像那总是由被捉的动物重新张开、可以独自不停地夹住啮齿动物，甚至藏在麦秸里也能运转的永恒捕鼠器，尤其像一台缝纫机和一把雨伞在解剖台上相遇！"他默默无闻，作品数量不多，但极具复杂性、深邃性和极端性，为读者以及后世开拓了诗歌创作的新版图。有人对他的《马尔多罗之歌》高度评价：在1869年的法国文坛，还没有人意识到福楼拜的《情感教育》和洛特雷阿蒙的《马尔多罗之歌》的同时问世，是多么重大的事件。

如同洛特雷阿蒙短暂的如谜一般的人生，他的死亡也是一个谜。从留存下来的资料来看，我们只知道他死于一家店主名叫鲁勒·弗朗索瓦·杜邦的旅馆，杜邦和他的一个伙计发现了洛特雷阿蒙的死亡，并向警察局报的案。在他的死亡档案上，记录着他的姓名、死亡地点、职业和出生地以及"无其他资料"的备注。

这种近乎空白的记录，促使人们对这位神秘诗人的死因展开了种种猜测：性格原因导致的自杀，或者出于政治原因的毒害、谋杀，甚至有人认为他死于当时的流行病猩红热丘疹。只不过，对于这样一个充满神秘浪漫色彩的诗人，死亡归因于这样狰狞的疾病，是不是有些过于破坏美好的想象了呢？既然都是猜测，何不想象一些与洛特雷阿蒙气质相符的死因呢？

莫泊桑：
在疯狂和死亡之间做出选择

国　　别：法国

生 卒 年：1850 年 8 月 5 日—1893 年 7 月 6 日

死亡原因：梅毒、心脏病等

地位影响：莫泊桑是 19 世纪后期法国杰出的批判现实主义作家，有"短篇小说巨匠"之称，与契诃夫和欧·亨利齐名，并称为"世界三大短篇小说家"，对后世产生极大影响。法国另一位著名作家爱弥尔·左拉曾预言莫泊桑的作品将永垂不朽，并盛赞他的作品是口口相传的完美典范。莫泊桑一生完成了三百多篇短篇小说和六部长篇小说，是法国文学史上短篇小说创作数量最大、成就最高的作家。其代表作有《一生》《漂亮朋友》《菲菲小姐》《项链》《我的叔叔于勒》等，他全景描绘了法国 19 世纪后期的社会民风，为读者打开了一扇了解法国风土民情的窗口。

　　莫泊桑出生于法国的一个没落贵族家庭，他的母亲对他的文学创作影响巨大。莫泊桑的母亲书香门第出身，特别喜爱文学，并经常对文学作品发表独特见解。她非常注重对莫泊桑文学能力的培养，鼓励他到大自然和人群中去观察细节，主动与各种各样的人攀谈接触，增加生活阅历。她还鼓励儿子试着拿笔创作，所以小小年纪的莫泊桑就已经写得一手熟练的诗歌。莫泊桑成名之后，母亲也是他忠实的读者和批评者，向他提供了许多有益的创作建议。如果说母亲是他文学创作道路上的领路人，中学文学教师路易·布耶则为莫泊桑打下了坚实的创作基础。布耶是著名的巴那派诗人，在他的指导下，莫泊桑掌握了多种体裁的文学创作手法。其后，莫泊桑又得到了许多文学界朋友的帮助和指点，比如福楼拜、左拉、伊凡·谢尔盖耶维奇·屠格涅夫等。

1876 年，左拉、莫泊桑、阿莱克西等人组建了自然主义文学集团，被称为梅塘集团。他倡议每人以普法战争为背景撰写一篇小说结集出版，这就是《梅塘之夜》的由来。莫泊桑的成名作《羊脂球》是其中一篇，它是莫泊桑公开发表的第一篇小说，并因此一举成名。

1880 至 1890 年这十年间是莫泊桑创作的黄金时代。他曾经调侃自己像流星一样闯入了文坛，虽然他生命短暂，却散发了灿烂的光辉。莫泊桑自 1880 年开始深受偏头痛的折磨，右眼基本失明，心脏也出现问题，身体上的折磨加上放浪形骸的生活导致他沾染了浓厚的悲观主义情绪。1885 年以后，他开始转向长篇小说的创作。同时受当时法国文坛颓废主义气息的影响，他的作品中蕴含的批判主义力量减弱，取而代之的是对心理病态的描写和人性的探讨，这方面的代表作有《皮埃尔和若望》《我们的心》。

在文学中取得的成就并不能安慰他日益孤独的内心。随着年龄的增长，他原有的梅毒顽疾没有好转；更糟糕的是，他的神经分裂症逐渐恶化了。1891 年他的病情急转直下，有一次他问自己的医生："你难道不认为我正在一步步走向疯狂？"然后，他又自己回答道："在疯狂和死亡之间，还有什么可以犹豫的呢？我已经做出了选择。"这年年末，病情的扩散使他几近崩溃，他在给医生的一封信里如此描绘自己的痛苦："我肯定不行了，我已经奄奄一息。自从我的鼻腔接受盐水洗涤治疗以来，我的脑子已经开始软化，不中用了。现在，我的脑子中一直会产生一种像发酵过的盐那样的黏稠物，每天晚上都会从我的鼻子、嘴巴里面流出。这肯定是我快要死了的信号。我简直快要发疯了！我现在满脑子都是胡思乱想。永别了，朋友，你再也见不到我了。"同时，他又要求自己的律师开始着手自己的后事。强烈的求生本能在邪恶的病魔面前也不得不投降，有一天，莫泊桑在他自己的房中朝花园开枪，这一幕被他的仆人看到了，慌忙拆走了枪里的子弹。不久，莫泊桑癫症发作，正要准备开枪自杀，却发现没有子弹，十分愤怒，顺手抄起了一把裁剪刀割破了自己的喉咙，好在被人及时发现送医才避免了悲剧。

眼看着他病情日益恶化，在征得家人的同意下，莫泊桑被医生送入精神病院，但是这似乎也没有起到太大的效果。莫泊桑开始陷入癫狂状态，时常自言自语。有时他认为自己已经死了，是被葡萄酒杀死的，或者是被梅毒杀死的；有时他又发疯，认为魔鬼夺走了他的手稿。他甚至会做出一些诡异的行为，比如将木块埋在树底下，认为很快便长出很多小莫泊桑。他也经常与自己想象出来的人物进行激烈争吵，他认为自己在主导一场伟大的辩论。几个月后，他甚至都认不清自己的亲朋好友了。

1893 年 3 月，莫泊桑开始出现抽搐现象，并且持续数几小时。这种情况说明他还患上了癫痫病。

在此后的一个月内，他又陆陆续续地出现了好几种并发症，此时的他已经没有任何食欲。6 月 14 日，又一阵抽搐发生过后，莫泊桑进入了昏迷状态，从此再也没有醒来。

三百余篇短篇小说的巨大创作量在 19 世纪文学中是绝无仅有的，正是对文学疯狂的热爱促使了莫泊桑这一奇迹的产生。疯狂而生，疯狂而死，也许是这位短命作家难逃的宿命。

阿蒂尔·兰波:

就让我来去自如

国　别: 法国

生卒年: 1854 年 10 月 20 日——1891 年 11 月 10 日

死亡原因: 滑膜炎

地位影响: 阿蒂尔·兰波是 19 世纪法国著名诗人,早期象征主义诗歌的代表人物,超现实主义诗歌的鼻祖。他对现代文学、音乐和艺术产生了深远的影响,"二战"后美国"垮掉的一代"的诗风也深受兰波影响,就连恐怖小说作家托马斯·里戈蒂也曾在公开场合表示自己是兰波的忠实粉丝。兰波是世界诗坛历史上不可回避的名字。他的个人经历也曾经被改编成电影,轰动一时。

兰波出生于法国一个中产阶级家庭,少年时代的他天资聪颖,才华横溢,以拉丁文写作各种诗歌并赢得了很多奖项。不过兰波身上有极强的反叛精神,经常离家出走,甚至曾经参加过革命组织。1871 年开始,兰波的政治信仰发生转变,他成为了一个无政府主义者,并开始放浪形骸地生活,通过酗酒、蓄长发、衣衫褴褛招摇过市的方式来嘲笑一本正经的中产阶级生活方式。1871 年 9 月底,兰波和当时法国著名的象征主义诗人保罗·魏尔伦结识并迅速陷入爱河,成为巴黎诗坛著名的同性情侣。他们开始惊世骇俗地同居,生活放任无度,酗酒和吸食大麻成为家常便饭。但是在这一时期,兰波创作了大量具有震撼力的诗作,是他丰产的黄金时期。1872 年,他和魏尔伦为爱私奔,引起舆论哗然。1873 年 7 月,两人在布鲁塞尔火车站发生了激烈争吵,魏尔伦一怒之下用枪打伤了兰波的手腕。被惹怒的兰波叫来警察,魏尔伦被逮捕,兰波孤身一人回到故乡并在极度伤心中完成了一生最杰出的诗作《地狱一季》，这部作品被视为象征主义文学的精品。

1875 年以后，兰波已经放弃了原先放浪形骸的生活，也停止了写作生涯，而是开始谋求稳定的工作和生活。1888 年起，兰波摇身一变，成为埃塞俄比亚一家以经销咖啡、象牙和乳香为主的贸易公司的管理者。

1891 年 2 月，他的右腿出现了异常肿胀。他以为是过度奔波引起的，因而没有给予太大的重视。到了 3 月份，右腿的病痛急速加剧，以至于他晚上根本无法入睡。一周之后，他的右腿甚至已经不能动弹了。于是，兰波下决心去相距 300 公里的阿登求医，他雇人定做了一副担架，特意请了六位挑夫来为他抬担架。

从住所到阿登这一路上的路面十分崎岖，抬着担架的挑夫们走起路来踉踉跄跄，非常辛苦，甚至还不时跌倒，令兰波受了不小的折磨。无奈之下，他不得不试着换骑骡子，可他的右腿根本无法骑着骡子上路。雪上加霜的是，当时一直下雨，使原本难走的路更加困难。这加剧了他的病痛，于是不得不转往附近的欧洲医院就医。医生诊断的结果是已经到了十分危险程度的滑膜炎，建议他立即做截肢手术。为了能够回国治疗，兰波坚决拒绝了医生的建议。他迅速地清理完自己手头的工作，搭乘一艘法国邮船经过十几天的颠簸终于抵达了马赛。上岸后，他直接住进了一家教会医院。他给他家人发了一份电报，称他的腿已经变成了一只"巨大的西葫芦"。

医生为他做了截肢手术。手术取得了成功，但他拒绝装假肢，因为他表示更愿意拄拐杖。

术后他写信告诉他姐姐："大概是长时间卧床不起的缘故吧，我现在的平衡感很不好，几乎无法借助拐杖走路。"同时在信中，兰波也流露出对另一条腿的担忧。他的姐姐安慰他只要好好锻炼，一切都会好起来的。

养病的这一时期，兰波收到了很多好友的来信，他的朋友利格哈斯甚至在信中写道："我宁愿截掉的是我的腿，而不是你的腿。自从你离开哈拉尔后，我觉得我失去了整个世界。"

术后两个月，他的姐姐找到了一个偏方，采了许多罂粟为他熬药，使他的情况逐渐有了好转，借助拐杖稍稍挪动基本实现了。然而此时，他的右手又出现了问题。兰波大脑也开始出现幻觉，他认为自己像哥伦布那样又要找到新的东方国家，为此，他热情高涨地打算去远行。为了使他平静，医生不得不为他注射大剂量的吗啡，以减轻他的痛苦。

此时的兰波已经患上了癔症，他总是斥责护士们都是一群没有用的东西，然后又嘲笑陪伴他左右的姐姐幼稚、无知又愚蠢。但是他的姐姐是他唯一可以说话的人。等到他清醒了以后，对着窗外美丽的景色，他开始痛哭，他觉得自己以后再也看不到如此美丽的风景。他哭着对他姐姐说："我就要下到地狱去，而你将走向太阳。"

有关兰波癔症发作的情况，他的姐姐事后回忆说，兰波曾经看见了"许多水晶柱，许多用大理石和木头做成的天使，还有许多从未见过的植物，景色漂亮极了，连想都没有想到过"，她表示强烈的惊讶。她认为这只是兰波为了竭力表达自己的情感，而用了夸张的语言而已。此后兰波甚至都没法进食，临终之前，他"啊！""啊！"地大声喊叫，这成了他最后的绝响。

兰波短暂的一生颇具传奇，做诗人的时候，他是一位成功的诗人；做商人的时候，他是一位成功的商人。这样来去自如的人生，又有几人能做到呢？

安徒生：

乘船，去那个无忧无虑的国度

国　　别：丹麦

生 卒 年：1856 年 5 月 6 日——1939 年 9 月 23 日

死亡原因：肝癌

地位影响：汉斯·克里斯蒂安·安徒生是世界童话文学的杰出代表，他创作了许多脍炙人口的童话作品，影响了一代又一代人的童年，《拇指姑娘》《海的女儿》《野天鹅》《丑小鸭》《皇帝的新衣》等至今被人们津津乐道，他被誉为"世界儿童文学的太阳"。国际少年儿童读物联盟于 1956 年开始设立国际安徒生奖，这个由丹麦女王赞助的奖项，用于奖励在儿童图书和插画领域做出卓越贡献的人，以表示对童话大师安徒生的纪念。

安徒生出生于一个并不富裕的家庭。他的父亲是名鞋匠，但在他 11 岁时就病逝了，此后他便与身为洗衣妇的母亲相依为命。虽然家境贫寒，母亲却给予了他宽松自由的教育环境，他在母亲的鼓励下，很小就注重发展自己在想象力方面的才华。他酷爱戏剧，阅读了大量剧本，甚至可以背下莎士比亚的所有作品。为了贴补家用，他当过裁缝学徒，还在香烟厂做过童工。他梦想着做一名歌剧演唱家，并去哥本哈根谋求机会，但是嗓子坏了之后便失业了。他得到了音乐家克里斯托弗·魏泽的帮助，被荷兰皇家剧院接纳为舞蹈学徒，同时开始写作。

1829 年，他的长篇幻想游记《阿马格岛漫游记》出版，立刻便销售一空。出版商以非常优厚的条件买下第二版，这使安徒生终于摆脱了饥饿和贫困。同时，他创作的喜剧《在尼古拉耶夫塔上的爱情》在皇家歌剧院上演，还出版了第一本诗集。1835 年，时值 30 岁的安徒生开始主攻童话，他出版的第一本童话集，仅包含《打火匣》《小克劳斯和大克劳斯》《豌豆上的公主》《小意达的花儿》四篇。其后一发不可收拾，《丑小鸭》《卖火柴的小女孩》《没有画的画册》《皇帝的新装》相继问世，为他赢得了童话大王的殊荣，影响深远。

穷苦出身的安徒生用童话的方式向世人描绘了他心目中的理想世界，没有压迫、没有饥饿、没有贫困、没有不公，童话世界越美好，越彰显现实世界的残酷。《卖火柴的小女孩》《丑小鸭》《看门人的儿子》等，让我们既目睹了穷苦人的悲惨生活，又感受到了作者渗透着的浪漫主义情调和幻想。他希望借由童话表达对劳动人民善良纯洁品质的歌颂，同时揭露剥削阶层的贪婪、虚伪和狡诈，使自己的作品具有深厚的社会意义与价值。表达自身情感的文学形式多种多样，安徒生以童话为载体，借由儿童的视角进行艺术创作是一项伟大创举。他的语言质朴直白，从孩子的心理发展特征和思维方式出发阐述主题，使作品鲜活又充满感染力，增加了真情实感。他的这种创新性的叙事方式也引发了后人关于文艺创作形式的思考和探索，促进了文学的发展。

安徒生童话受到世界人民喜爱的最重要原因在于时刻散发的人道主义光辉，对当时的封建腐朽阶级进行了有力批判，将浪漫主义想象与现实相结合，视角独特，主题深刻，是世界文坛不可多得的瑰宝。

此外，安徒生的作品中还蕴含着一种"有志者事竟成"的励志色彩。他坚信人只有通过奋斗才能取得成功，尽管这个过程充满艰辛。他笔下的众多童话人物也是经历了众多考验，才得到了童话般的结局。正如《丑小鸭》中揭示的那样，"只要你是一只天鹅蛋，就算生在养鸭场里也没有什么关系"，这也是支撑安徒生奋斗下去的精神信仰。

尽管能够在童话与现实之间穿梭自如，安徒生在现实生活中却没有如此潇洒。他终身未娶，将自己毕生的时间都耗费在童话创作上，他把自己没能结婚的主要原因归结为相貌丑和没有钱。安徒生身上有着根深蒂固的自卑使他不愿意去接触外人，这导致他在外人眼中是个怪异的家伙。

1875 年 6 月，安徒生被查出患有肝癌，大病缠身的他不得不来到乡下朋友家休养。刚开始他还有力气能够经常在花园里散步，但很快就倒下了。他渴望乘船去一个遥远的国度，那里没有痛苦，也没有忧伤，想想这个他便会很开心。他还对死亡有种种奇怪的想法，比如他担心自己被活埋，于是要求朋友在给他盖上棺木之前留下一条通道。等待死亡也让他变得焦躁不安，他给自己的朋友写信道："如果我必须死——这事很快就会来临，我不会等待，我不会直挺挺地留在那里像一片落叶一样风化掉。"8 月初的一天，童话大王毫无症状又情理之中地去世了。或许他真的乘着船，前往那个无忧又无虑的地方了吧。

马塞尔·普鲁斯特：
为《追忆似水年华》而生

国　　别：法国

生 卒 年：1871 年 7 月 10 日—1922 年 11 月 18 日

死亡原因：风寒

地位影响：马塞尔·普鲁斯特是 20 世纪法国文坛小说界的杰出代表，以其毕生创作的《追忆似水年华》这部作品开创了意识流文学流派，对后世影响深远。此外，他还是位翻译家，翻译了英国评论家罗斯金的著作《亚眠的圣经》与《芝麻与百合》，并有一些艺术评论文章留存至今。

马塞尔·普鲁斯特将自己一生的精力都花费在了《追忆似水年华》的创作上。出身富贵的他享受过优良的教育，中学毕业即进入巴黎大学文理学院修读法律，同时旁听哲学。普鲁斯特喜欢出入文学沙龙，并广泛结交文艺界人士，这极大地丰富了他的视野。生性敏感、喜爱幻想的普鲁斯特发现自己在文学领域可以获得精神安宁，于是开启了文艺创作生涯。

在撰写散文、随笔，向杂志社投稿之际，普鲁斯特也在摸索着适合自己的文学创作风格。1900 年—1906 年，他将英国艺术评论家罗斯金的作品翻译介绍进了法国。也正是这位英国评论家对他的思想产生了极大影响。他开始从直觉而非客观事实描绘的角度思考文学创作的可能。这成为了今后写作《追忆似水年华》的思想源泉。

普鲁斯特从 1906 年开始构思这部鸿篇巨制，1913 年搭建好全部框架。他将这部作品分为七大部分，并于 1912 年下半年开始着手撰写第一卷《逝去的时光》（后改名为《去斯万家那边》）和第二卷《寻回的时光》（后成为第七卷）的初稿。由于形式过于新颖，不符合当时文坛的主流，1913 年他不得不将书名改为《追寻逝去的时光》并自费出版但并未引起关注。1919年，更名为《追忆似水年华》的第 2 部《在少女们身旁》出版、问世，并获得龚古尔文学奖，普鲁斯特因此一夜成名。接下来，小说的第 3 部《盖尔芒特家那边》第 1 卷、第 2 卷在 1922 年发表完成；第 4 部《索多姆和戈摩尔》第 1 卷、第 2 卷在 1923 年成功问世。无视糟糕的身体条件，他夜以继日地写作，终于在逝世前完成了全部作品。作品的第 5 部《女囚》、第 6部《女逃亡者》和第 7 部《重现的时光》是在作者死后发表的。《追忆似水年华》，打破传统的创作模式，采用意识流这种独特的艺术形式，融合了高度的敏感性与高度的精神性，凸显了小说创作的全新理念与技巧，为读者呈现了一个由感官展开的多彩世界，具有极高的文学价值。一生成就这一部书，也是十分值得的。

普鲁斯特患有哮喘，从小便体弱多病，《追忆似水年华》这本书耗费了他太多的心血和精力，并成为他的精神寄托。

1922 年年初，他在写给一位朋友的信中吐露心声："我正在悲观和失望的煎熬中挣扎。说悲观失望，因为《追忆似水年华》已经结束了，我对生活、生命已经没有什么可以留恋的了。"此时的他极为凄凉和孤独，虽然他也不时出现在社交场合，同朋友们聚聚会，但是《追忆似水年华》这本书完成后，他的思想好像也随之枯竭了，这让他更加苦闷。5 月 18 日，他曾对一直在照顾他的奶妈塞莱斯特说："我终于写完了，现在，我终于可以闭上眼睛了。"

他就这样浑浑噩噩支撑到 10 月。某天，他从朋友家出来后，受了些风寒，医生劝他接受治疗，甚至请他的家人游说他，但都被他拒绝了。很多朋友也劝他制定一个均衡合理的饮食作息安排。但他除了勉强接受果泥和热牛奶之外，依旧喜欢喝冰镇啤酒，因为这可以让他一直发烧的身体感觉舒服一些。11 月的头几天，普鲁斯特经常昏厥，这让他不得不停止刚刚重拾的写作。他咳嗽得愈加厉害，呼吸也更加困难，与人交流只能通过写字。

11 月 17 日，普鲁斯特开始让他的奶妈塞莱斯特记下他所说的每一句话。此时的普鲁斯特仍然拒绝医生的进一步治疗，他认为自己挺过当天就是对医生最好的反击。11 月 18 日凌晨两点钟，普鲁斯特开始出现幻觉，他哀求奶妈不要离去，因为他看到房间有个穿黑衣服的胖女人一直在盯着他。奶妈赶紧去找医生，而此时的普鲁斯特为了压惊，一再要求仆人去拿冰镇啤酒给他。

在众人的连哄带骗下，医生顺利地给普鲁斯特打了一针樟脑油，并为他添了一床羽绒压脚被来给他保暖。普鲁斯特再次呼吸困难。医生给他戴上氧气吸杯，这使他的痛苦减轻了许多。这样折腾到 18 日下午，经过会诊，医生认为普鲁斯特剩下的时间已经不多了。普鲁斯特进入了半昏迷状态，虽然他的眼睛依旧睁着。下午 5 点 30 分，这位倔强又伟大的作家去世了，终年 51 岁。上帝给他的时间太短，让他只能够一生完成一部巨著。也许，普鲁斯特就是为《追忆似水年华》而生。

第五章　科学
改变人类文明的进程

　　科学的伟大之处在于它对人类生活方式乃至文明的深刻改变，科学家们大多都拥有异于常人的智慧与头脑，他们或者术业专攻，比如擅长发明的诺贝尔、爱迪生；或者一专多能，比如学富五车的牛顿、伽利略。他们的研究之路并非一帆风顺，人生也是起承转合，让我们跟随他们的脚步来感受科学之魅力吧！

马可·波罗：
书中所写不及见闻的一半

国　　别：意大利

生 卒 年：1254 年 9 月 15 日—1324 年 1 月 8 日

死亡原因：不详

地位影响：马可·波罗是 13 世纪意大利的旅行家和商人。1271 年，年仅 17 岁的马可·波罗跟随父亲和叔叔，沿着陆上丝绸之路，途经两河流域、伊朗高原和帕米尔高原，历经各种艰辛，终于在四年之后到达中国的元朝首都大都。此后他定居中国 17 年，游历了很多地方，对中国有了详细的了解。回到故乡意大利后，他在一次战争中沦为俘虏，在狱中他口述了自己在中国的所见所闻，由狱友鲁斯蒂谦记录下来，成为了著名的《马可·波罗游记》。该书一经问世就引起了西方社会的极大轰动，并激发了欧洲人对东方的强烈向往，间接推动了新航路的开辟，改写了人类的历史进程，同时也促成了早期"世界地图"的诞生。

　　马可·波罗 1254 年出生于意大利威尼斯的一个商人家庭，他的父亲尼科洛和叔叔马泰奥都是威尼斯商人，并经常到东方经商。他们曾经去过元朝的首都，受到了当时蒙古帝国忽必烈大汗的接见，还担当信使，带回了忽必烈给罗马教皇的信。父亲和叔叔的经历引发了马可·波罗对东方的浓厚兴趣，他决心有机会和他们一同到中国去看看。

　　1271 年，当时的马可·波罗已经 17 岁，父亲和叔叔需要拿着教皇的复信和礼品回访元朝大汗，于是带着马可·波罗与十几位旅伴一起出发了。当时从威尼斯到中国的路途遥远，非常曲折。他们需要从威尼斯进入地中海，横渡黑海，经过两河流域来到中东古城巴格达之后，再从这里到波斯湾的出海口霍尔木兹海峡，由那里就可以乘船直达中国了。但是当时突发意外事件，他们在波斯遭到强盗抢劫，与众旅伴失去了联系。无奈之下，马可·波罗和父亲、叔叔一行三人赶到霍尔木兹，足足等了两个月，也没遇上去往中国的船只。为了完成教皇交办的任务，他们放弃海路，而选择改走陆路。通往中国的陆路十分艰险，他们需要穿过荒无人烟的伊朗沙漠，翻过寒冷险峻的帕米尔高原，然后再横跨塔克拉玛干大沙漠，才能接近中国的首都。除了地势险要，自然环境恶劣，他们也要克服疾病、饥饿、干燥和寒冷，另外还要应付随时可能出现的抢劫、俘虏、猛兽袭击等意外。这条道路的凶险让人想想都觉得可怕，但是他们三人还是坚持下来。沿途虽然充满风险和未知，马可·波罗却拥有一双善于发现美的眼睛。充满异域风情的新疆绿洲、古老的丝绸古道、连绵不绝的祁连山脉、威武雄壮的长城、美丽繁华的中国城市都让他兴奋不已。

　　经过一路艰辛，终于在 1275 年的夏天，他们抵达了元朝首都，此时距他们离开家乡已整整四年。忽必烈大汗接见了他们这群远方而来的客人，并十分赏识聪明得体的马可·波罗。大汗被他讲述的沿途见闻所吸引，将他们留在身边，并赐予了丰厚的奖赏。马可·波罗适应能力很强，他迅速掌握了蒙古语和汉语，借着奉大汗之命巡视各地的机会，几乎在中国大大小小的地方都留下了足迹。每到一处，他必定细细了解当地的风俗民情，他惊异于中国的幅员辽阔和独特文化，并大加赞赏。这在他的《马可·波罗游记》中体现得淋漓尽致，他对中国的繁盛昌明予以高度评价，并描绘了中国发达的工商业、热闹的市集、华美廉价的丝绸锦缎、宏伟壮观的都城、完善方便的驿道交通等，这些都激起了读过此书的人对东方的无限向往。

　　随着时间推移，转眼他们三人已经在中国待了 17 年，回家的愿望升腾于他们的内心。1292 年春天，忽必烈要求马可·波罗和他的父亲、叔叔三人护送一位名叫阔阔真的蒙古公主从泉州出海到波斯成婚。回家的时机已经成熟，马可·波罗顺便提出回家的请求，大汗同意了。1295 年末，他们终于回到了阔别已久的家乡，这令他们成为威尼斯的传奇人物，而从中国带来的奇珍异宝也使他们成为当地巨富。据说在马可·波罗去世以后留给他女儿的遗产清单令人惊叹，这包括大量精美的金丝斜纹硬绸、金线锦缎和其他珍贵织物，还有数十件大衣、呢绒，甚至有 24 张羽绒床垫。

《马可·波罗游记》给欧洲社会带来了不小的思想冲击和争议，教会中甚至有人认为这是一部唆使人们远离上帝的邪典。一位教士在马可·波罗临终之际曾要求他发表一份声明，说明书中所记载的一切都是谎言。但马可·波罗义正词严地回答道：书中所写的内容，连他所见所闻的一半都没有占到。

有关这位伟大旅行者死亡的记载几乎一片空白，唯一可查的是，马可·波罗曾在去世前一年立下一份遗嘱，他在其中写道："这是神圣的召唤，是一个具有远见卓识的决定，尽管死亡到现在为止尚未降临到我的头上……我的身体已经十分衰弱，感觉也一天不如一天了，但我感谢上帝的恩惠，我的精神依然很健全。"

无论怎样的死因，他是在位于威尼斯中心的卡·波罗宫中去世的，还有什么比死在自己的豪华宫殿中更舒适的呢？这位闻名于世的旅行家，起码终途是美好的。

克里斯托弗·哥伦布：
简单的事也要有人去发现

国　　别：意大利

生 卒 年：1451 年—1506 年

死亡原因：痛风

地位影响：克里斯托弗·哥伦布是意大利著名的航海家、探险家。他一生从事航海活动，相信地圆说，并在西班牙女王鼎力支持下，一共进行了四次出海远航。他是第一个发现美洲新大陆的欧洲人，开辟了横渡大西洋到美洲的航路，被誉为人类历史上最出色的航海家之一，他发现新大陆的事迹为人们所熟知。他为西方开发新大陆和殖民地奠定了基础，并促使海外贸易的路线由地中海转移到大西洋。自此，走出了中世纪黑暗的西方以不可阻挡之势屹立于世界，成就了海上霸业，并成就了一种全新的工业文明。

　　中世纪后期的欧洲盛行海外贸易，出身于意大利海滨城市的哥伦布自幼便对航海有着浓厚的兴趣，并渴望长大后进行航海冒险。受《马可·波罗游记》的影响，他也同许多欧洲同伴一样，认为东方国家遍地黄金，因此他对印度和中国十分向往，发誓有一天也要到达那里，谋求取之不尽的财富。此外，哥伦布对地圆说深信不疑，他相信只要往西航行，必定能够到达东方国家。为了实现自己的愿望，他先后游说葡萄牙、西班牙、英国、法国等国国王，请求他们资助他的航海大业，但都遭到拒绝。一方面由于这些人不相信地圆说，认为哥伦布充其量是个骗子；另一方面，当时西方国家对东方物质财富除丝绸、瓷器、茶叶外，需求不高，而这些商品通过传统的陆海联运商路运输即可，没有必要大费周章。当然，经营这些商品的既得利益集团也极力反对哥伦布的新航路的开辟计划。哥伦布努力了十几年，终于在 1492 年，劝服了西班牙女王，得到了她和国王的资助，才正式踏上行程。

1492 年 8 月 3 日，哥伦布受西班牙国王委托，带着呈献给印度和中国首脑的国书，率领三艘载重 100 吨的帆船，从西班牙巴罗斯港驶出大西洋，向正西航去。经七十多个昼夜的艰苦航行，1492 年 10 月 12 日凌晨终于到达了陆地。哥伦布欣喜若狂，以为自己到达了印度，这一点他至死都没有改变。事实证明，哥伦布发现的这块土地是北美洲的圣萨尔瓦多。1493 年 3 月 15 日，哥伦布回到西班牙，此后又登陆了美洲的许多海岸，并先后到达过巴哈马群岛、古巴、海地、多米尼加、特立尼达等岛。后来，一个意大利学者经过考察，澄清了哥伦布到达的这些地方不是印度，而是一个原本不为人知的新大陆。

哥伦布是否发现新大陆的第一人也长期引起了学界的讨论。因为当时美洲有人类生存，经考证是远古时期从亚洲迁徙过去的。但是在中世纪的欧洲，乃至亚洲、非洲，人们都不知道大西洋对岸有这样一块大陆的存在，所以有关哥伦布发现新大陆这一说法是毋庸置疑的。

哥伦布在航海史上的贡献是无人能及的，但是他的功绩也遭受了质疑。因为新大陆的发现掀起了欧洲殖民者瓜分美洲大陆的狂潮，使当地的土著居民饱受剥削，甚至几乎摧毁了当地的古老文化与文明。历史的必然发展趋势，也许当时的哥伦布也没有预料到。

西班牙女王曾允许哥伦布可以做他所发现的任何陆地的总督，但是事实证明伟大的航海家并不是一个伟大的管理者。

哥伦布的最后一次航海事业在加勒比海的岛国牙买加遭遇了瓶颈，帆船千疮百孔，他迫切需要一切可能的支持。此时的哥伦布已经进入迟暮之年，长期承受着来自美洲土著和西班牙王室的压力让他状态不佳，他在日记中写道："我的头发全白了，我已精疲力竭……我孤独多病，每天被仇视我们的野蛮人围着等死。"

1504 年，他终于从牙买加返回了西班牙，但是此时痛风病也越演越烈，他只能卧床休息了。而西班牙女王的去世也令他深受打击，失去了女王的支持，他不知道自己将何去何从。1505 年，他又得了关节病，情况变得更加糟糕，他已经不能远距离航海了。第二年，意识到自己越来越虚弱，他开始立遗嘱安排自己的后事。因为此前他发现的所有陆地都没有被官方授予总督的特权，为了弥补这一憾事，他在遗嘱中自封为"印度已经发现和正在发现的大量土地和岛屿的总督"。他像当权者那样，指定自己的长子为继承人，并要求直系亲属的继承人必须是男性。而且他要求自己的侄儿们必须效忠于他，他们如果有"反对有关家族壮大和家族荣誉的言行导致家族丑闻或失誉的……他们将被剥夺一切"。此外，他还要求自己的儿子拿出遗产的一部分去施惠于人。所有事项安排完毕后，5 月 20 日这天，伟大的航海家归天了。

哥伦布曾说，即使是简单的事也需要有人去发现、去证实。站在后面指手画脚是无用的，关键在于创新。所以，他选择了去航海、去冒险，虽然发现新大陆在现在看来是多么微不足道的一件事，但是在他所生活的年代，这就是一件需要勇气、需要创新的非常不简单的事。

乔尔丹诺·布鲁诺：
捍卫真理的殉道者

国　别：意大利

生卒年：1548年—1600年

死亡原因：火刑

地位影响：乔尔丹诺·布鲁诺以勇敢地捍卫哥白尼的太阳中心说而著称，他是意大利杰出的思想家、哲学家和自然科学家。他批判经院哲学和神学，反对地心说，宣传日心说，最后被宗教裁判所判为"异端"而烧死在罗马鲜花广场，被后世誉为反对经院哲学的无畏战士、捍卫真理的殉道者。

　　布鲁诺出生在意大利文艺复兴时期一个没落的小贵族家庭。他拥有强烈的求知欲，在修道院学校攻读神学的同时，还努力钻研了古希腊古罗马的语言学与东方哲学，获得了神学博士学位，成为神甫。受当时强大的人文主义思潮影响，布鲁诺结交了一批人文主义学者，并阅读了大量被教会列为禁书的著作，其中哥白尼《天体运行论》对他的影响最大，这激发了他对自然科学的浓厚兴趣，并逐渐怀疑自己的神学信仰。最终他否定了神学教义，撰写了一些批判《圣经》的论文，并滋生了对基督徒愈加强烈的抵触情绪。他的言行激怒了教会，被开除了教籍，并被宗教裁判所控为"异端"。在宗教裁判所的迫害之下，他开始了逃亡生涯，同时也开启了自己作为"异端"的一生。

　　考虑到在意大利已经没有立足之地，布鲁诺穿过阿尔卑斯山流亡到了瑞士。然而他因为反对加尔文教派而遭到逮捕和监禁，获释后前往法国的图鲁斯，在当地一所大学执教。在一次辩论会上，他再次提出大胆的观点，猛烈抨击传统学说，引发激烈抗议。他不得已又一次踏上逃亡之路，辗转来到了巴黎。他仍旧坚持自己的学术主张，多次在公开场合宣扬"日心说"和唯物主义哲学，法国天主教和加尔文教视他为共同的敌人，将他驱逐出了法国。1583 年，布鲁诺逃往伦敦，又是在一次辩论会上因为激烈反对被教会奉为神圣不可侵犯的托勒密地心说而遭到围攻，可见当时斗争之激烈。后来布鲁诺流落德国、捷克讲学，漂泊了六年之久。逃亡生涯的艰辛没有动摇布鲁诺对真理的坚持和向往，他对唯物哲学和自然科学进行了大量思考，思想日趋成熟，创作也达到高峰。这一时期，他发表了十几部思想著作，如《论无限、宇宙与众世界》《论英雄热情》《论原因、本原与太一》《论三种极小和限度》《论单子、数和形》《飞马和野驴的秘密》《论无量和无数》《驱逐趾高气扬的野兽》等，用严密的逻辑推理、尖锐辛辣的论述、丰富生动的语言驳斥传统经院哲学的荒谬学说，捍卫自己的思想，体现了他对新思潮的满腔热情。

布鲁诺的博学赢得了当时一些人的仰慕和尊敬，社会上也流行着有关这位宗教"异端"的传闻。威尼斯贵族吉奥瓦尼·莫桑尼克迷信布鲁诺拥有神秘的点石成金术，以探讨哲学的名义邀请他来威尼斯小住。布鲁诺欣然赴约，却没想到这一决定改变了他的命运。

布鲁诺以为自己又说服了一位传统学说的受害者，但是莫桑尼克醉翁之意不在酒，坚持谈论"熔铁炉、玛瑙乳钵、汞水和炼金蛋术"等诸如此类的事。布鲁诺意识到自己找错了人，决定返回法兰克福。他向莫桑尼克推脱有急事需要回去处理，但是引起了莫桑尼克的怀疑。心胸狭窄的他以为布鲁诺有意隐瞒神秘巫术而不传授给他，于是写了一封信向宗教裁判所告发他，称他密谋反叛教会。早已视布鲁诺为眼中钉的教会立即逮捕了他。

就在教会提审布鲁诺的同时，罗马教廷得知了这一消息，要求将他引渡至罗马接受审判。于是事情的发展陡转直下，原本有希望被释放的布鲁诺这次彻底陷入了命运的深渊。

他被罗马教廷监禁了八年，八年间遭受了非人的虐待和严刑拷打，但是这位拥有钢铁般意志的学者硬是坚持了下来。尽管被禁止写东西，他仍不断地想尽一切办法为自己申诉辩护。教会指控他信奉异端邪说，尤其不能容忍他反对托勒密"地心说"，因为这是基督教义的核心之一。

1600年2月8日，教会下达对布鲁诺的判决，声称只要他收回以前的言论，就可以免于一死，但这遭到了布鲁诺的断然拒绝。他甚至对愚蠢的教会冷嘲热讽："或许你们宣读这样的判决比我听到它们更害怕吧。"布鲁诺的这一反应被教会认为是精神错乱，并对外宣称他已经达到心理病态的程度，因此他被宣判执行火刑。

通常教会在执行火刑时，为了免除他们被火焰生噬的痛苦，会先将受刑犯在牢房里杀死，再把他们的尸体放在火里焚烧。但是针对布鲁诺，教会没有这样做，而是把他赤裸着身子捆绑住，在罗马鲜花广场行刑示众。1600年2月17日凌晨，广场上聚集了大批群众，布鲁诺向他们大声呐喊："黑暗即将过去，黎明即将来临，真理终将战胜邪恶！"他高呼："火，不能征服我，未来的世界会了解我，会知道我的价值。"为了避免他的进一步煽动，刽子手封住了他的嘴，斗士布鲁诺就这样在熊熊烈火中英勇就义了。他为信仰而生，又为信仰而死。

伽利略：

将目光永远望向星空

伽利略自幼便善于思考，不迷信权威，遵从父命进入比萨大学学习医学的间隙，他对自然科学产生了浓厚的兴趣，并阅读了物理学、数学等方面的著作。难能可贵的是，他习惯以批判的眼光看待这些经典，而不轻易臣服于他们的观点。

当时比萨大学的教材里亚里士多德的学说占据主流，神学与形而上学的教条随处可见，这让伽利略十分反感，他经常辛辣地对荒谬观点进行驳斥，由此受到了歧视和排挤。

1592 年伽利略转到帕多瓦大学任教。这里不受教廷直接控制，学术思想相对自由，为他的学术研究创造了宽松的氛围。这一时期，他系统深入地研究了落体运动、抛射体运动、静力学、水力学以及一些土木建筑和军事建筑等，发现了惯性原理，还研制了温度计和望远镜。也是在这一时期，他接触了哥白尼的日心说，开始对此表现出浓厚兴趣。1610 年初，他发明了高倍率望远镜，这使他可以观察日月星辰，发现了很多宇宙的奥秘，比如月球的表面高低不平，太阳的反射光是月球与其他行星的光源，木星周围环绕着四颗卫星，无数发光体的总汇构成了银河系，而土星的外形是多变的椭圆等，使人类大开眼界。随后，他出版了《星空信使》一书，整个欧洲为之震撼。伽利略的发现也是对日心说的强有力支持。这极大地震动了罗马教廷。从此，为了捍卫自己的科学观点，伽利略开始与教会势力斗智斗勇。

1615 年，因为为哥白尼的学说辩护，教会控告伽利略违反基督教义。为了挽回自己的声誉，他赶到罗马，恳求教廷不因自己保持哥白尼观点而受到惩处，也不公开压制他宣传哥白尼学说。教廷默认了他的前一要求，但拒绝了后者。为此，教皇保罗五世在 1616 年下达了著名的"1616 年禁令"，禁止伽利略以一切形式宣扬日心说。

1624 年，因为与新任教皇乌尔邦八世是故交，伽利略希望能够说服他理解自己的学术论点，他先后谒见乌尔邦八世六次，不断地阐释日心说与基督教义并不矛盾，他说"圣经是教人如何进天国，而不是教人知道天体是如何运转的"。但是乌尔邦八世不为所动，依旧坚持"1616 年禁令"不变，要求他以数学假设的手法写一部同时介绍日心说和地心说的书，同时对两种学说不能表现出倾向性的态度。

此后，他花费了六年时间撰写了《关于托勒密和哥白尼两大世界体系对话》一书，并经过坚持不懈的争取，使本书终于在 1632 年出版了。此书虽然表面保持中立，但实际上为哥白尼体系辩护，并隐含着对教会势力的多处嘲讽，大大地超越了仅以数学假设方式进行讨论的程度。另外，因为全书幽默诙谐的笔调，此书也被视作一部文学名著。

六个月后，因为有人向教皇揭发《关于托勒密和哥白尼两大世界体系对话》这本书公然违背了"1616 年禁令"，且涉嫌严重侮辱教皇与教义，令乌尔邦八世十分恼怒，下令要求伽利略接受宗教裁判所的审判。此时年近七旬的伽利略不得不拖着虚弱的身子来到罗马接受审讯。裁判所对他施以了严刑，并禁止他申辩。几次折磨下来，伽利略的身体和心理都饱受摧残，最终被迫接受了宣称他违背"1616年禁令"和圣经教义的裁判书，并在教廷事先拟好的一份悔过书上签字，他被判处终身监禁。《关于托勒密和哥白尼两大世界体系对话》这本书也被焚毁并禁止传播。

作为一名虔诚的天主教徒，伽利略深信科学和教会各司其职，并不冲突。所以，他接受了教廷对他的审判，并始终表露出服从。虽然他认为神权严重干预了科学发展，但他也仅仅是私下发发牢骚而已，也许布鲁诺葬身火海的下场给他留下的阴影太深了！

宗教裁判所判决由伽利略的学生兼朋友皮柯罗米尼大主教看管他，禁止他会客，并上缴每天书写的材料。皮柯罗米尼的精心护理和鼓励，使伽利略重新振作了起来，并继续研究了一些无争议的物理学问题，写成了《关于两门新科学的对话与数学证明对话集》一书，最后由一位朋友秘密携带出境在荷兰予以出版。

1637年，伽利略双目失明，他再也无法观察星空。次年，他获准住在儿子家中。在这期间教廷明显放松了对他的监视和限制，他得以会见一些好友，并与他们探讨科学和哲学问题。此时，他经受着肾痛、心悸和身体衰竭的折磨。终于，1642年1月8日，施加于这位伟大科学家身体和精神上的所有痛苦都消散了，他永远地合上了眼睛。

他的一位学生在追忆恩师时如此写道："伽利略，以一个基督徒和哲学家的忠贞，还魂于造物主。这颗灵魂的离去，如同他对主之信仰，是为了离主之不朽凝视更近，获取用简陋仪器观测永恒奇迹的乐趣，以虔诚和热忱，这颗灵魂已成功地接近了那与我们迥异的目光。"伽利略的目光永远望向星空，正如他的内心永远虔诚于上帝一样。

布莱斯·帕斯卡：
上帝最终没有抛弃我

国　　别：法国

生 卒 年：1623 年 6 月 19 日—1662 年 8 月 19 日

死亡原因：说法不一

地位影响：布莱斯·帕斯卡是法国著名的数学家、物理学家、哲学家和文学家。他发现了著名的六边形定理，被后人命名为帕斯卡六边形定理，发明了世界上第一台数字计算器，并制成了水银气压计。著有《圆锥曲线论》《论摆线》《算术三角形》《思想录》（1658）等经典作品。他的数学思想对莱布尼茨微积分的发明产生了重大影响，贡献卓越。

　　帕斯卡三岁时母亲便去世了，他没有接受过太多正规教育，早年主要由身为数学家的父亲一手培养。帕斯卡天资聪颖，有极强的数学天赋。他很小就精通了欧几里得几何学说，并独立地发现了欧几里得的前 32 条定理，12 岁时更是独自发现了"三角形的内角和等于 180 度"这一规律，堪称数学神童。这让他的父亲十分重视对他的数学教育，带他参加了很多数学和物理领域的学术活动，并引导他认识了当时许多数学界的权威，大大地开拓了他的眼界。帕斯卡没有令父亲失望，他 17 岁即写成了数学水平很高的《圆锥截线论》一文，这是他关于德扎尔格综合射影几何的经典之作，震惊了法国学术界。21 岁，在帮助父亲做税务清算工作时，帕斯卡发明了世界上最早的计算器。23 岁，为了帮助一位赌徒解决投掷三个骰子出现某种组合时为什么老是输钱的问题，他和数学家费马通过书信交流，奠定了近代概率论的基础。24 岁，他着手进行真空和流体静力学的有关研究，设想并进行了同一地区不同高度大气压强测量的实验，发现了大气压强随着高度降低而不断增大的规律。帕斯卡在他的实验中不断获得新的发现，并且创造了多项重大发明，如注射器、水压机，改进了托里拆利的水银气压计等。此外，他通过详细测量同一地点气压变化情况，成功预测了当地天气，开启了天气可以预报的新时代。1651 年，他将自己在空气动力学中的众多实验观察结果加以总结，撰写并出版了《液体平衡及空气重量的论文集》，使他成为这一领域的先驱。

就在帕斯卡攀登上科学研究顶峰的同时，他父亲大病了一场，这使他开始接触宗教，并进行神学研究。1655 年，他进入神学中心披特垒阿尔学习，他沿用了自己对待科学研究的严谨态度，从怀疑论出发，得出感性和理性知识都不可信，唯有信仰高于一切的结论，这使帕斯卡成为了一名虔诚的天主教徒，并撰写完成了若干宗教著作。

帕斯卡从小体质虚弱，过度的劳累又使他疾病缠身。生命中最后的四年他在头疼、腹痛的折磨下度过。1662 年 6 月 29 日，为了方便家人照顾，他搬到了姐姐吉尔贝特家去住。当时帕斯卡已经被严重的腹痛腹泻折腾惨了，但是医生并不以为意，认为他只是小小的肠道疾病而已。意识到自己也许时日不多，帕斯卡决定放下所有的工作和应酬，专心致力于为穷人工作。他开始向上帝忏悔，并强烈地希望举行领圣体的仪式，但是遭到医生的反对。医生认为这并无必要，而且向帕斯卡保证很快就能康复。

尽管如此，帕斯卡的腹痛和腹泻没有任何停止的迹象，医生让他吸吮当时极为流行的"催吐锑剂"，敷衍了事。

8 月 14 日，一阵强烈的眩晕和排山倒海的头疼再次袭来，作为虔诚的天主教徒，帕斯卡时刻担心自己得不到上帝的宽恕，他再次要求举办领圣体的仪式，结果又一次遭到医生反对。这令帕斯卡十分绝望，因为确实有十分强烈的疼痛在他的体内作怪，但是医生竟然体会不到他的痛苦。

为了让自己获得上帝的饶恕，帕斯卡请求神父安排一名同样病重的穷人住在他家并接受好的治疗，但是神父也拒绝了他。8 月 17 日，他的头疼变本加厉地再度发作，愚昧的医生让他喝少量牛奶，同时继续乐观地向他表示他没有生命危险，头痛只是因为头部出现水汽影响的，属于正常现象。这天深夜，突如其来的痉挛一下子让医生紧张起来，帕斯卡已经奄奄一息。

为了完成他的遗愿，人们慌忙找来神父。等到神父赶到时，帕斯卡使出全部的力气接受了圣礼，并对神父倾诉了自己最后的肺腑之言："上帝最终还是没有抛弃我。"此后，在垂死挣扎了 24 个小时之后，数学天才归西了。

关于帕斯卡的死因，并没有明确的说法，有人认为他死于胃部肿瘤，也有人认为他死于肺结核。尸体解剖报告显示他的胃部和肾部萎缩严重，肠部伴有坏疽，肠胃吸收了大量的"催吐锑剂"，这也许是杀死这位数学家的罪魁祸首。而这一切都是医生的愚昧造成的。虽然临终之前一再被拒绝，但是正如帕斯卡对神父所说，上帝最终没有抛弃他，这估计是他弥留之时的最大安慰了吧！

艾萨克·牛顿：
靠"夜以继日的思考"贡献人类

国　　别：英国

生　卒　年：1643 年 1 月 4 日—1727 年 3 月 31 日

死亡原因：膀胱结石

地位影响：艾萨克·牛顿是世界闻名的科学家和思想家，他撰写的《自然定律》一文详细描述了万有引力和三大运动定律，被视为现代物理工程学的奠基之作。他利用自己的引力理论论证了开普勒行星运动定律，得出地面物体与天体的运动都遵循着相同的自然定律这一结论，强有力地支持了太阳中心说，并掀开了科学革命的崭新一页，在科学界拥有独一无二的地位，并被誉为百科全书式的"全才"。他的代表作有《自然哲学的数学原理》和《光学》。

艾萨克·牛顿是个遗腹子，在自己出世之前父亲便去世了。母亲在他3岁时改嫁并把他托付给外祖母照顾，这导致年幼的牛顿性格敏感而内向。牛顿不是神童，小学学习成绩一般，但他非常喜欢读书，对手工制作尤其有着浓厚的兴趣，并经常自己制作一些简单的机械模型，如风车、磨坊、折叠式提灯，等等，读中学后更是引发了对自然科学的好奇，喜欢观察自然现象，并经常动手做一些科学实验。1661年牛顿被剑桥大学的三一学院录取，当时这所学院深受亚里士多德学说的影响，但是牛顿更喜欢阅读一些诸如笛卡尔等现代哲学家的书籍，也接触并深入了解了伽利略、哥白尼和开普勒等天文学家的先进思想，这些都为他的科学发现埋下了优良的种子。

牛顿非常善于思考，在许多科学领域均有所建树。1665年，他发现了广义二项式定理，并发展出了微积分学，这成为现代数学的一个重要分支。其后两年，他又在光学、物理学领域苦心探索，其中最著名的便是发现了万有引力定律，并在伽利略等前人研究成果的基础上总结出了著名的物体运动三定律，为他赢得了巨大声誉。牛顿的哲学思想属于自发的唯物主义范畴，他承认时间、空间的客观存在，但是受宗教因素影响，他也有自身思想的盲点。比如他认为时间和空间是与运动着的物质相脱离的东西，并且认为那些无法解释的自然现象是上帝的安排。但是这不能否认牛顿作为一名伟大科学家的巨大贡献，就他所处的那个时代而言，他所思考的种种问题以及发现的种种规律都具有十分重大的意义，对后世的研究也具有不可估量的价值。

数学家莱布尼茨曾经高度评价他对数学发展的贡献，称："从世界的开始直到牛顿生活的时代为止，对数学发展的贡献绝大部分是牛顿做出的。"伟大的法国科学家拉普拉斯认为《自然哲学的数学原理》是人类智慧的产物中最卓越的杰作。科学家拉格朗日也经常说牛顿是有史以来最伟大的天才。美国学者麦克·哈特所著的《影响人类历史进程的100名人排行榜》中，将牛顿排在了第2位。他在书中提到："在牛顿诞生后的数百年里，人们的生活方式发生了翻天覆地的变化，而这些变化大都是基于牛顿的理论和发现。在过去500年里，随着现代科学的兴起，大多数人的日常生活发生了革命性的变化。同 1500 年前的人相比，我们穿着不同，饮食不同，工作不同，更与他们不同的是我们还有大量的闲暇时间。科学发现不仅带来技术上和经济上的革命，它还完全改变了政治、宗教思想、艺术和哲学。"而在英国本土，更是将牛顿视为最伟大的英国人之首。

牛顿本人十分谦虚，他有句名言："如果我看得远，是因为我站在了巨人的肩膀上。"到了晚年，也许孤独的生活需要精神寄托，他开始信奉神学，并称自己是上帝的虔诚信徒。1724 年，81 岁高龄的牛顿进行了一次结石摘除手术，膀胱括约肌基本已经衰竭。小便失禁使得这位高傲的科学家十分沮丧，他整天待在家里，拒绝见客，变得日益孤独而自闭。第二年，他突然开始不停地咳嗽，记忆力也出现了混乱。朋友们建议他去乡下静养，他接受了这一提议，并且不顾年迈不便的腿脚，仍旧坚持去教堂礼拜和祷告。

因为怀疑牛顿又有新的病情出现，从 1726 年 8 月起，他的主治医生便定期去家中为他做检查。这让牛顿承受了比较大的心理负担，考虑到自己时日不多，他开始着手做好临终前的准备。他希望捐赠一部分财产出去做善事，整理并焚毁了一部分手稿，同时也没有放弃《旧王国编年史》的撰写。

1726 年 3 月 2 日，艾萨克·牛顿应邀出席皇家社团的一个会议，重新回到伦敦让他的心情非常愉悦。但是第二天他就被来势凶猛的咳嗽击倒了。在伦敦短短停留了两天，他又重新回到了肯辛顿乡下。经过诊断，医生得出他的膀胱有结石的结论，这使牛顿饱受痛苦而可怕的折磨。到了 3 月 31 日，病魔更加疯狂地侵蚀了他的身体，他痛苦地失去了知觉，终于在睡梦中撒手归西，离开了这个让他充满好奇的世界。牛顿逝世后，被安葬在著名的威斯敏斯特教堂。他的墓碑上刻着"让人们欢呼这样一位多么伟大的人类荣耀曾经在世界上存在"这样的字眼儿，以表彰这位伟大的思考者对人类的卓越贡献。

路易·巴斯德:

终身与细菌作战的科学家

国　别：法国

生卒年：1822 年 12 月 27 日—1895 年 9 月 25 日

死亡原因：年老体衰

地位影响：路易·巴斯德是法国著名微生物学家、化学家，巴氏消毒法的发明者，微生物学领域的创始人和拓荒者。他开创了微生物学的完整体系，被誉为"微生物学之父"。他在攻克狂犬病、鸡霍乱、炭疽病、蚕病等方面都取得了突出成果，其微生物学的研究更是大大降低了人类的死亡率，使整个医学进入了细菌时代，翻开了现代医学的崭新一页，间接促进了人类寿命的延长，为人类更好地生存和发展做出了卓越贡献。

　　巴斯德诞生于法国一个普通的工人家庭。他小时候成绩并不突出，但非常善于思考，爱向老师追根刨底地提问，这对他物理和化学科目的学习非常有益，使他在这两科的表现上十分出色，并确立了今后的发展方向。1843 年，巴斯德考入法国鼎鼎有名的高等师范学校，攻读化学和物理的教育专业。他十分注重将课堂上学来的知识通过实验来论证，从而掌握了扎实的理论基础。毕业后，他又到著名化学家巴莱的实验室深造了一年，成功攻读了博士学位。巴莱对巴斯德产生了非常大的影响，虽然已经是十分有名的化学家，他却十分尊重学生的想象力和原创力，充分给予学生选择学习方法和方向的自由，并鼓励他们自行设计实验器材。这极大调动了巴斯德的内在潜力，使他培养了优良的研究习惯和研究能力。

　　1856 年，经过多年的实验论证，巴斯德提出了以微生物代谢活动为基础的发酵本质新理论，这开创了微生物研究的新局面，而他于次年发表的

《关于乳酸发酵的记录》则是微生物学界公认的经典论文。应该指出的是，在巴斯德之前，已有基鲁拉、包亨利等人提出过有关病菌存在的类似假想，虽然不是病菌理论的第一人，但他凭借强烈的研究热情和大量的实验论证，最终证明了病菌理论的正确性，令学界信服，并建立了一整套细菌学理论体系，创造了新的医学分支——微生物学，深刻改变了现代医学和人类命运，这是前无古人的伟大成就。

巴斯德的才华不仅体现在他提出了完美的理论，更表现为他十分善于以理论为指导来解决问题。病菌理论找到了大部分人生病的病因，那么，如何消灭病菌来预防疾病则成为了亟待解决的问题。他认为细菌主要通过食物、饮水和空气传播，为了阻隔细菌对人类的感染，他发明了举世闻名的巴氏消毒法，为人类健康构筑了一道防线。虽然巴斯德研究广泛，所做出的贡献也涉及很多学科，但是真正使他享有盛誉的则是他在细菌理论和发展疫苗接种等方面做出的突破性贡献。

巴斯德在研究恶性痈疽这种危害牲畜及其他动物的传染病时，发现这是一种特殊细菌，他使用毒性降低的恶性痈疽杆状菌为牲口注射，大获成功。这使他大受启发，以毒攻毒来激发人体免疫力也许是攻克众多疑难感染病的突破口。他摸索到了正确方向。1881年，他观察到患过某种传染病并痊愈的动物会对该病具有免疫力，于是改进了降低病原微生物毒性的方法，用减毒的炭疽、鸡霍乱病原菌分别免疫绵羊和鸡，得到了他期待的结果。1882年，他开始研究狂犬病，发现病原体存在于患兽的唾液和神经系统中，并据此研发出病毒活疫苗，成功阻止了此病对人体的危害。他开创的这一巴斯德免疫法为后来的科学家所沿用，制造了防止若干种危险病的疫苗，成功免除了多种传染疾病的威胁。巴斯德的此项工作还成功地挽救了法国处于困境中的酿酒业、养蚕业和畜牧业。

巴斯德的研究对人类做出了巨大贡献，他被誉为科学巨人。这样一位终身与细菌作战的科学家，却也无法逃脱病魔的掌心。巴斯德在中年时患有半身不遂，这样的身体条件，可以想象他在进行科学研究时忍受了多么巨大的痛苦和折磨。

1895 年，73 岁的巴斯德由于长年衰弱的身体状况，已经病入膏肓。临终前，他已经神志不清地度过了三天多，强大病魔正逐渐吞噬着他的身体。此时他已醒来，妻子端给他一杯牛奶，但他已经无法下咽。他气若游丝地对妻子说了一句："我再也无法喝下去了。"这是他留给世人的最后一句话。家人、朋友以及他的学生轮流守护着他。就这样几个小时过去后，到了下午四点，他突然伸出一只手紧紧地握住了妻子，另一只手则牢牢攥着一个带有耶稣像的十字架，慢慢地闭上了眼睛，安详地离开了人世。

巴斯德的研究成果极大地改变了人类的命运，虽然终究患病而死，但他留给人类的宝贵财富，将永远造福人间。

阿尔弗雷德·诺贝尔：
让高额遗产发挥最大价值

国　　别：瑞典

生 卒 年：1833 年 10 月 21 日—1896 年 12 月 10 日

死亡原因：心绞痛

地位影响：阿尔弗雷德·伯纳德·诺贝尔是瑞典著名化学家、军工设备制造商和炸药的发明者。他生前拥有 355 项专利发明，并开设了大约 100 家公司和工厂遍及世界 20 个国家，这为他带来了巨额财富。为了鼓励知识在人类中的应用和发展，他立嘱将其遗产的大部分拿出来成立了以自己名字命名的基金，将每年所得的利息分为 5 份，分设物理、化学、生理或医学、文学及和平 5 种奖金，将其授予世界范围内在这些领域对人类做出重大贡献的人。这就是诺贝尔奖的由来，它被视为这五种领域内的最高荣誉。

诺贝尔以发明炸药闻名。他的发明才华遗传自他的父亲，他的父亲是一位很有学识的发明家，醉心于化学研究，尤其致力于炸药的研究。诺贝尔的兴趣与父亲一脉相承，他经常和父亲一起做炸药有关的实验，他立志一定要成为这方面的专家。29岁那年，他开始研究硝化甘油。但是这个过程十分危险，可能随时丧命。一次炸药实验中突发意外，他的五名助手全部丧生，最小的弟弟也未能幸免于难，这并未阻挡诺贝尔坚持下去的决心。为了避免对他人造成干扰，他将实验室搬到郊区继续进行研究。功夫不负有心人，经过长期研究实验，他发现了一种非常容易引起爆炸的物质——雷酸汞，他将其用作炸药的引爆物，成功地解决了炸药的引爆问题，这就是雷管的发明过程，它是诺贝尔科学探索道路上的重大突破。

炸药在工程建设以及军事中应用极广，存在巨大的需求。诺贝尔的发明及时满足了这一需求，受到了普遍欢迎。他成立了世界上首家硝化甘油工厂，此后，经过不断地摸索完善，他改进了炸药易分解的特质，发明了具有高度爆炸力和高度安全性的新型炸药，使得炸药得到更广泛的普及。在诺贝尔一生二百多种发明中，仅炸药就占据了一半左右，他对炸药的研究情有独钟，至死仍不忘对新型炸药的研究。

炸药的发明也使诺贝尔成了富有的商人。他在世界各地创办了上百家公司或工厂，编织了一张巨大的商业网络，使他成为富可敌国的大富豪。诺贝尔的财富多到连他自己也不清楚有多少的程度，因为资产遍布世界，牵涉到不同的法律规定和计算方式，他的律师耗时五年终于摸清了他的家底——920万美元。在当时看来，这是一笔巨款。

诺贝尔本人相信遗产会使人变得懒惰，因此他不打算将所有的财富都留给家人，而是拿出大部分来分给跟自己"毫不相干"的人。他深信知识就是力量，深知知识在个人自身发展与社会进步中发挥的巨大作用。为了表彰利用自身知识为人类历史发展做出卓越贡献的人们，他决心建立一个基金会来使自己的财富真正尽其所用。于是，在临终前一年，他拟定了一份遗嘱，表示"把我所有的财富进行等分，用来设立奖金。这些奖金应用来奖励那些博爱的行为（和平奖）、杰出的科学成果（物理奖、化学奖、生理学或医学奖）和伟大的文学作品（文学奖）"。

同时，为体现人道主义关怀，他又在遗嘱中重点强调："我最大的愿望就是，在颁发奖金过程中，不应存有任何民族偏见和等级观念。不管一个人是不是出生于斯堪的纳维亚，是不是斯堪的纳维亚人，只要当之无愧，他就可以成为获奖者。"

这份遗嘱指明了诺贝尔奖成立的总体指导思想。诺贝尔的遗产由专门的基金会打理，由于诺贝尔基金是变动的，因此每年每项奖金的数额也不尽相同。因为在股票、债券等有价证券和房地产方面的投资获利，基金不断保值增值，使得奖金数额从最初的四万多美元增长到如今的一百多万美元。获奖者除可以获得奖金外，还可以得到一枚金质奖章。该奖章重约半磅，直径约六厘米，黄金含量23K，正面是诺贝尔的浮雕像，反面则根据奖项的不同而呈现不同的图案。基金会有专门的评选章程，一人、两人或者多人都可以获得一项资金，候选人及最终获奖人的确定都经过严格的评选程序，以体现该奖项的价值。颁奖过程会举办隆重而简朴的仪式，每年出席的人数会有严格的限定，且必须着正装礼服以显示对获奖者的尊重。总之，诺贝尔奖项从设置、评选、颁奖等各个环节都要体现对知识对人才的尊重，以符合诺贝尔先生的生前期望。

诺贝尔逝世时年仅50岁，那一年是1896年，长期体弱多病的他饱受偏头疼的痛苦。医生经会诊后认定他患有严重的心绞痛，建议他进行休养。于是9月他在法国仆人的陪侍下前往意大利疗养。

在他逝世的当天，他正坐在一把扶手椅上，病痛依旧不时袭来，这让他非常难受。精通五国语言的他突然只能说母语了，他用瑞典语吩咐法国仆人抓紧让家人赶往这里，但是仆人根本听不懂他在讲什么。当最后意识到他的要求并通知他的家人赶来时，诺贝尔这位伟大的发明家、实业家，已经撒手人寰了。

虽然已经去世了200年，他的影响依旧如此巨大，以至于很多人都将为了获得他所设立的奖项而奋斗终生。这不正是他设立诺贝尔奖的初衷吗？

托马斯·爱迪生：

退休，在我进坟墓的前一天

国　　别：美国

生 卒 年：1847 年 2 月 11 日—1931 年 10 月 18 日

死亡原因：肾病

地位影响：爱迪生是闻名世界的发明家和企业家。他一生拥有两千多项发明，其中以留声机、电灯、电力系统和有声电影最为世人熟知，他的发明创造深刻改变了人类的生活方式，大大推动了人类的文明进程。爱迪生是人类历史上将实验室成果转化为专利产品投入市场的第一人，他在美国拥有一千多项发明，而在欧洲的专利则累计超过 1500 项。他的经历深深印证了"知识改变命运"这句至理名言，成为后世学习的榜样。

　　小时候的爱迪生并不出众，相反，他因为经常向老师提问一些另类的问题，如为什么会刮风下雨、1 加 1 为什么等于 2，被老师认定为"低能儿"而被拒绝入学。幸运的是，他拥有一位非常善于教育的母亲，他的母亲是一位教师，在爱迪生的成长过程中起到了非常重要的引导作用。她遵从儿子喜爱刨根问底的天性，并鼓励他在实践中寻找答案，这使爱迪生培养了善于思考的习惯和强大的动手能力。

　　1864 年，为了维持生计，同时为自己喜爱的发明事业积累资本，17 岁的爱迪生开始出来工作。三年间，他换了十次工作，足迹踏遍了美国。但是其间他并没有放弃自己的发明爱好。1868 年，他来到波士顿后就获得了自己的第一项发明专利——自动投票计数器。原本以为加快投票进度会使这件机器受到国会的欢迎，但是一名议员提醒他缓慢投票也是一种政治需要，这让他意识到必须发明符合市场需求的产品才会拥有价值。1869 年秋，爱迪生被纽约一家公司雇用，凭借自己的聪明努力，成为总电报技师，获得了稳定的工作环境和生活待遇，为之后的发明创造奠定了良好基础。同年 10 月，爱迪生与富兰克林·波普联合创办了专门经营电气工程科学仪器的"波普—爱迪生"公司，与此同时他的普通版印刷机问世。后来，他将该项专利转售，获得了 4 万美元的第一桶金，他用这笔钱建造了一家制造各类电气机械的工厂。此后，爱迪生的发明事业步入正轨，他先后改造了电话机，发明了留声机，并试验了近 1600 种材料，最终找到了耐用的灯丝，发明了灯泡，将光明带进了千家万户，也使他成为家喻户晓的发明大王。为了保证充足的电力供应，他发明了"镍铁碱性蓄电池"。此外，他还发明了有声电影，摄制了第一部电影《火车大劫案》。

为表彰爱迪生为改变人类生活所做出的贡献，1915 年，爱迪生荣获了"诺贝尔物理学奖提名"和"诺贝尔化学奖提名"。

爱迪生不仅是个伟大的发明家，他还非常善于将成果运用于生产推广，先后开办过电器工程机械厂、发电机厂、电影厂、电气厂，等等，显示了杰出的实业管理才能。

1921 年，当时有人劝已经年过七旬的爱迪生退休，他的回答是"等我进坟墓的前一天吧"，他仍旧坚持工作，甚至在 81 岁那年患上肺炎也没有停止对橡胶的研究发明，据说那段时间他开口闭口就是"橡胶"，只有后来的肾病才逼迫他终止了这一研究。此外，在去世的前几年，爱迪生还醉心于研究一种名为"是我"的可与死者进行对话交流的通信工具。虽然这一研究是否具有科学性未为人知，不过他所表现出的敬业态度令人惊叹。

1929 年是电灯问世 50 周年，为了纪念这一特殊的年份，表彰爱迪生这位伟大发明家的卓越贡献，他的朋友福德为他修建了一家照明博物馆，开馆当天有很多社会名流到场，包括当时的美国总统胡佛、科学家爱因斯坦和居里夫人等，可见爱迪生巨大的社会影响力和号召力。也许是心情过于激动，在开幕式的致辞中，他突然昏厥过去，虽然打了一针肾上腺激素后苏醒了过来，但是身体状况每况愈下。他被医生查出慢性肾炎、尿毒症、糖尿病等多种病。

1931 年 8 月 1 日，爱迪生得了一场大病，卧床不起。这在当时引起了社会的强烈关注，有报纸公告称："爱迪生先生如同一艘正在穿越危险地带的小船，他可能脱身出来，也可能撞上冰山。"人们为他默默祈祷，福特·梅耶商会甚至组织了为爱迪生的健康祈祷一天的活动。他的病情也惊动了教皇，教皇连写两封信，问候这位伟大发明家的健康。九天之后，爱迪生陷入昏迷，并于 10 月 18 日凌晨 3 点 24 分，在睡梦中安详地离开了这个世界，享年 84 岁。

爱迪生的去世引发了社会剧烈反响，为了纪念这个为人类社会带来光明的伟人，美国政府下令在 10 月 21 日电灯发明纪念日这一天，全国停电一分钟，电车、地铁，甚至自由女神手中的火炬都熄灭了，从密西西比河流域到墨西哥湾，美国像回到了煤油灯时代，陷入了一片黑暗。人们也纷纷关掉家中的电灯来怀念这位发明大王。爱迪生，这位人类有史以来最伟大的光明使者，是一盏永不熄灭的明灯！

查尔斯·达尔文：
改变人类理解生命的方式

国　　别：英国

生 卒 年：1856 年 5 月 6 日—1939 年 9 月 23 日

死亡原因：口腔癌

地位影响：查尔斯·达尔文是世界著名的生物学家，他提出的进化论颠覆了唯心主义神造论和物种不变理论，对人类学、哲学和心理学的发展也产生了重大影响，堪称人类历史上具有革命性的发现，对人类做出了杰出贡献。恩格斯高度评价进化论学说，并将其与细胞学说、能量守恒转化定律一道列为 19 世纪自然科学的三大发现。

　　达尔文出生于英国的医学世家，他的祖父和父亲都希望他能成为一名优秀的医生。1825 年，16 岁的达尔文被望子成龙的父亲送到爱丁堡大学学医，但是他对此毫无兴趣，经常跑到野外搜集标本，探索他所喜爱的自然科学世界。这种"不务正业"的行径让他的父亲大为恼火。为了避免给家族蒙羞，他将达尔文送到剑桥大学学习神学，希望他能够成为一个地位尊贵的牧师。但是达尔文又一次违背了父亲的意愿。他完全抛弃了神学，在剑桥结识了当时著名的植物学家亨斯洛和著名地质学家席基威克，并接受了这两个领域的科学训练。

　　1831 年从剑桥大学毕业后，正值英国海军"小猎犬号"舰环球科学考察队招募队员，在老师亨斯洛的推荐下，他以"博物学家"的身份加入，并于当年 12 月 27 日开始环球之旅。此次航行他们先是考察了南美洲东海岸的巴西、阿根廷等地和西海岸及相邻的岛屿，然后穿越太平洋和大洋洲一线，越过印度洋到达南非，再从好望角出发经大西洋回到了南美洲巴西，历时五年，最终在 1836 年 10 月 2 日返回英国。这次环球航行大大改变了达尔文的生活，他每到一地都细心观察当地的物种和风土民俗，思考环境和人类自身演变的关系，为他创作《物种起源》埋下了极其重要的伏笔。回到英国后，他为此次航行的发现而兴奋不已，并下定决心在生物领域做出一番成绩。此时，他已经有了关于人类进化发展的模糊认识，只是尚未形成具体的理论，他需要一个契机来促使自己将思维的灵感准确捕捉并流畅地表达出来。1838 年，在阅读马尔萨斯《人口论》的过程中，他突然获得了重要启发，认为人类并不是如《圣经》所写由上帝在一周之内创造的，人类始祖亚当和夏娃也不过只是传说。地球是一个古老的存在，所有的动植物都在漫长的世纪中历经改变，并将持续演化，其中生存竞争使得优势物种得以存活，劣势物种逐渐被淘汰，从而物竞天择，适者生存。当然，这种自然选择也必须考虑具体的自然条件，不同的环境和条件，选择的结果也就不同。这就是达尔文进化论的核心观点，也是他撰写《物种起源》的思想基础。

因为这种学说将对封建神学和基督教义造成颠覆式的打击，加之鉴于布鲁诺、伽利略等前人遭受教会的种种迫害，达尔文一开始就对自己这一研究成果持谨慎发表的态度。1842 年他才开始动笔撰写大纲，后来又扩充形成几篇文章。13 年后，由于同行竞争的压力，在好友的鼓励之下，他终于完成了《物种起源》一书，一经问世即引起极大的关注和反响。此后的数十年间，他又大量搜集资料，充实完善了自己的学术主张，使进化论最终成为一个完整完善的理论体系。

《物种起源》以及进化论的提出，深刻改变了人类对生物界的认知，并对神学权威造成了极大威胁。达尔文挑战了人们的传统认知，引起了保守派和宗教狂热分子的猛烈攻击，但是这并没有影响他对自己成果的坚持。此后，他又著述了《人类的由来及性选择》一书，提供了大量有关人类由较低的生命形式进化而来的证据，并论证了动物和人类心理过程的相似性，还展示了进化过程中自然选择的一系列证据，有力维护了自己的理论。

1939 年 9 月 23 日，达尔文因病逝世。关于他的死因，一说是由于突发性心肌梗塞，另一说是由于在野外考察时感染了"夏戛斯"病毒，以当时的医疗条件这种热带疾病根本无法治愈。此外，也有医生从心理情绪的角度出发，认为达尔文自进化论提出后承受着巨大的心理压力，拥有着十分压抑的情绪，这同他的恐惧、负罪感混杂在一起，导致心理崩溃而亡。甚至有的医生认为达尔文从父母那里遗传了糟糕的神经错乱疾病，因为他的身上体现着抑郁、焦躁、强迫、歇斯底里等多种病症，这是神经错乱的集中体现。

第六章　艺术
作品是最高的信仰

　　在数千年的人类文明史中，涌现出一大批在绘画、建筑、音乐、雕塑等方面成就杰出的艺术大师。他们的作品个性鲜明，内涵深刻，在世界艺术史上占据了不朽的地位，对后世产生了深远影响。这里，我们将追溯这些艺术大师的最后时光，品味他们对艺术的执着态度，对名利的淡泊宁静。虽然巨星陨落，但光芒依旧。

达·芬奇：
在国王的怀里安然离世

国　　别：意大利

生 卒 年：1452 年 4 月 23 日—1519 年 5 月 2 日

死亡原因：不详

地位影响：达·芬奇是欧洲文艺复兴时期杰出的艺术家、科学家和发明家。他多才多艺，成就涉及绘画、天文、发明、建筑工程、数学、地质等领域，是伟大的全才，被后世誉为"文艺复兴时期最完美的代表"。其中，最为突出的是他的绘画成就，《蒙娜丽莎》《最后的晚餐》《岩间圣母》等杰作家喻户晓，而《蒙娜丽莎》现在已经成为巴黎卢浮宫的镇国三宝之一，完美体现出了他精湛的艺术造诣。他与米开朗基罗、拉斐尔并称为"文艺复兴三杰"，为纪念这位人类罕见的全才，科学家将发现的小行星 3000 命名为"列奥纳多"。

　　达·芬奇是一名佛罗伦萨法律公证员的私生子，关于他的童年史料记载很少，只是知道他没有正式地学过拉丁文、数学和建筑，自小便极具绘画天赋。传闻有位农夫请达·芬奇的父亲在一个盾牌上作画，出于好奇，达·芬奇偷偷地在上面画了一个吐着火舌的怪兽。这幅画栩栩如生，后来被高价卖出，可见他超凡的艺术天分。

　　为了充分挖掘他身上的艺术潜力，达·芬奇被送到画坊学艺，在这里他的绘画才能得以进一步发挥出来。相传 18 岁时，他协助当时的著名画家韦罗基奥绘制《基督受洗》时，仅仅画了一位跪在基督身边的天使，就令韦罗基奥笔下的基督黯然失色，他所运用的手法和技巧，使得韦罗基奥自惭形秽，从此不再作画。如今现存达·芬奇最早的画作《受胎告知》是他在没有老师指导的情况下独立完成的，此画中，他在传统透视法的基础上进行了自由构思，体现了高超的创造力。而在稍后的作品《吉内薇拉·班琪》中，他颠覆了线条分明的绘画传统，将透视效果通过逆光夕照来表现，个人风格日益凸显。1481年，时年29岁的达·芬奇创作了《三王来拜》。在该幅画作中，他摒弃了以叙事方式简单将人物罗列出来的绘画传统，而是在构图和形象塑造上大胆创新，运用几何构图法和幽暗的阴影色调，突出形象特色，是对传统题材和表达方式的巨大改造，标志着他的艺术风格最终成熟，也是文艺复兴到来的预示。

1482年，米兰的圣弗朗切斯教堂邀请达·芬奇绘制的祭坛画《岩间圣母》，成为他的代表作之一，并收藏于卢浮宫供后人观摩瞻仰。此后，他又创作了最具盛名之作《最后的晚餐》。这幅表现耶稣被捕前与众信徒晚餐话别的名作，是达·芬奇艺术创新的集大成者。由于创作于格雷契修道院食堂的墙壁上，他使用的精巧的构思和布局，令画作与食堂的建筑结构别出心裁地融为一体，使观者仿佛身临其境，就如现在的3D立体技术一般，可见达·芬奇的几何构图技巧达到了何种登峰造极的程度！此外，他在人物形象塑造上也独具匠心，根据史实惟妙惟肖地表现了一众信徒不同的情绪和性格，突出了绘画主题，与构图相契合，被誉为美术史上的完美典范。

1500年，随着文艺复兴的日益推进，达·芬奇的作品与文艺复兴的风气相得益彰，他这一时期的作品，如《圣母子与圣安娜、圣约翰》《蒙娜丽莎》和《施洗者圣约翰》，以独特的构图和描绘手法启发了当时许多的艺术创作者，包括米开朗基罗和拉斐尔。

晚年的达·芬奇已经极少作画，他将精力放在了科学研究上。他是局部解剖图的鼻祖，并设计出了人类历史上第一个机器人；他发现了物理连通器原理和惯性原理，并预示了物质的原子构造；他设计了很多机械装置，诸如密码筒、机械车、闹钟等；他甚至早于哥白尼提出了"日心说"。这些研究全部记录在他的手稿之中。据统计，达·芬奇保留下来了大约6000页手稿，爱因斯坦十分推崇这位伟大全才，认为如果这些科技成果全部实现的话，可以在当时就把科技提高至少50年。达·芬奇学识之渊博、思想之深邃，可见一斑。

因仰慕他的才华，法兰西国王弗朗索瓦一世把晚年的达·芬奇邀入法国，给予了至高礼遇。当时达·芬奇的身体状况已经越来越糟，长期患病导致他的右半身几乎瘫痪，只能靠左手进行简单的日常活动。临终前一个月，在医治无望的自我感觉中，达·芬奇开始安排自己的身后事。他事无巨细地向家人交代自己的葬礼细节，甚至计算了从家里至教堂的路线距离，还选定了蜡烛尺寸。他还将自己所有绘画作品和大量手稿都托付给了最喜爱的学生弗朗西斯科·梅尔兹。最后，达·芬奇在法兰西国王弗朗索瓦一世的怀里安然离世。

据记载，在生命的最后几个小时里，达·芬奇感觉自己背叛了上帝和人类，这使他非常悲伤。显然，这仅仅是他临终前的错觉，达·芬奇这个伟大名字深深地烙印于人类历史以及人们的心里。文艺复兴时期的传记作家瓦萨里对他极尽溢美之词，称"上天有时将美丽、优雅、才能赋予一人之身，令他之所为无不超群绝伦，显出他的天才来自上苍而非人间之力。达·芬奇正是如此。他的优雅与优美无与伦比，他的才智之高可使一切难题迎刃而解"。

米开朗基罗:
请把我的躯体交给大地

国　别：意大利

生 卒 年：1475 年 3 月 6 日——1564 年 2 月 18 日

死亡原因：痛风

地位影响：米开朗基罗是意大利文艺复兴时期伟大的艺术家，他擅长雕塑、绘画和建筑，其雕塑的作品代表了文艺复兴时期雕塑艺术的最高峰。他与同时期的拉斐尔和达芬奇并称为"文艺复兴三杰"，他的风格深深影响了艺术界，备受世界尊敬。科学家将发现的小行星 3001 以他的名字命名来表示对他的纪念。

　　米开朗基罗 6 岁时母亲便去世了，身为法官的父亲十分忙碌，将他寄养在石匠家庭，使他对雕塑产生了浓厚的兴趣。13 岁时，米开朗基罗进入佛罗伦萨著名画家多梅尼科·吉兰达伊奥的工作室学习绘画，凭借惊人的天赋，迅速掌握了绘画技巧，也开启了他通往艺术世界的大门。此后，他继续深造，跟随著名雕塑家多纳泰罗的学生贝托多学习了一年雕塑，转而进入了佛罗伦萨统治者罗伦佐·美第奇创办的"自由美术学校（美第奇学院）"。四年的学习为他今后的艺术创作打下了坚实的基础，宫廷生活及人物、艺术品都成了他学习研究的对象，使他掌握了一个优秀艺术家应具备的一切素质，并因超群的才华深受罗伦佐的赏识。而与经常出入宫廷的人文主义者和学者的接触，在他心中深深埋下了人文主义种子。当时有一个学者们经常聚会交流学问的"柏拉图学院"，该学院在统治者罗伦佐的支持下，创立了一种称为"人文主义"的思想体系，该思想反对封建传统对人的束缚，倡导将人从教条主义束缚中解脱出来，解放人的天性，这深深影响了米开朗基罗，并主导了他的艺术创作。

在美第奇学院的学习结束后，米开朗基罗前往罗马寻找机会，当时的罗马处处林立着古代雕像，仿佛将他带入了一个巨大的艺术宝库。他创作了第一批如《酒神巴库斯》这般的作品，崭露头角，而受法国红衣主教所托创作的《哀悼基督》雕像令他如耀眼巨星在艺术的星空冉冉升起。1501年，米开朗基罗衣锦还乡，耗时四年完成了举世闻名的《大卫》，该雕像成为了佛罗伦萨守护神和民主政府的象征。1505年，米开朗基罗应教皇尤利乌斯二世的邀请，开始为其在圣彼得教堂内建造陵墓，但是他出众的才华引发了教皇艺术总监勃拉曼特的忌妒。勃拉曼特在教皇面前说了很多米开朗基罗的坏话，唆使教皇改变主意，要求米开朗基罗去画西斯廷教堂天顶壁画。这在当时来看几乎是不可能完成的任务，但是米开朗基罗接受了，以无与伦比的智慧、才华和毅力，用了四年零五个月的时间完成了这幅惊世之作《创世纪》。这为他赢得了极大的荣誉，流芳百世。1513年，教皇陵墓恢复施工后，米开朗基罗又接手了陵墓的雕刻任务，历尽艰辛终于完成了著名的《摩西》《被缚的奴隶》和《垂死的奴隶》。1519年—1534年，米开朗基罗回到佛罗伦萨，历时五年，创作了生平登顶之作——圣洛伦佐教堂里的美第奇家族陵墓群雕，令世界为之惊叹。

虽然屡屡创作出惊艳世人的作品，但是长年累月的辛苦工作拖垮了米开朗基罗的身体。从1555年起，疾病开始找上门来，他那好像浑身使不完的劲头突然消耗尽了，痛风的折磨令他十分苦闷。他对身边的好友说，自己快要灵感枯竭了，死神正在步步紧逼。随着身体状况的逐渐糟糕，他对自己的生命越来越没有自信，变得十分容易伤感和脆弱。有好几次，他的朋友发现他在哭泣，仿佛在哀悼自己即将逝去的躯体。

1564年2月12日，米开朗基罗整整一天的时间都沉浸在他的大理石雕像《圣母哀痛耶稣之死》的创作之中，甚至在非常不乐观的身体条件下，又干了通宵，直到第二天中午。这时正好是星期日，按照惯例，星期日他通常都会休息，去拜访朋友，或者到郊外散心，这种反常举动让他的朋友们十分担心，纷纷劝他停下来好好休息，但是他拒绝了。他认为自己必须继续创作，已经没有多少时间了。这种高强度的劳作导致他在 2 月 14 日的早晨发起了高烧，他拒绝去床上休息，而是选择靠在了火炉一角。一直到临终前三天，他才选择去床上休息。其间他立好了遗嘱，写道："请把我的灵魂交给上帝，请把我的躯体交给大地。"他还要求将自己葬在自己的故乡佛罗伦萨。

米开朗基罗乐善好施，晚年更是向穷人捐赠了很多钱财，但是有钱有势的人只关心抢夺他的作品。在他临终前的一段时间，罗马教皇和佛罗伦萨科斯莫公爵为了争夺他的作品，分别派人监视这位艺术家的一举一动，以防止被对方捷足先登，他们甚至打起了米开朗基罗遗体的主意。据记载，当时，米开朗基罗的同时代人吉罗拉莫·蒂西亚蒂留下了一个非常美丽的见证："教皇已经决定，为米开朗基罗在圣－皮埃尔教堂建立一座陵墓。但同样狂热的米开朗基罗迷、佛罗伦萨贵族科斯莫公爵却命人将米开朗基罗的遗体装在一只货运包裹里，偷偷地运出罗马，运回了佛罗伦萨。"而当米开朗基罗的遗体到达佛罗伦萨后，佛罗伦萨绘画学院的院长为了能够一睹这位伟大艺术家的风采，命人打开了他的棺木，以满足自己的好奇心和虚荣心。

米开朗基罗的作品都带有一种气势磅礴的悲凉色彩，正如他起起伏伏、饱尝人间冷暖的人生。不管如何，他的躯体终究交付了大地，而他的思想则交给了全人类！

伦勃朗·莱因：
死亡亦即新生

国　　别：荷兰

生 卒 年：1606 年 7 月 15 日—1669 年 10 月 4 日

死亡原因：不详

地位影响：伦勃朗·莱因是荷兰历史上最伟大的画家，同时也是欧洲文艺复兴时期最伟大的画家之一。他的画作选材广泛，并擅长多种绘画方式，尤其以肖像画、风景画、历史画闻名，他的画作宽阔有力，富有层次，立体感强，打动人心。伦勃朗在世界艺术界享有盛誉，其风格影响着后世一代又一代的创作，堪称绘画大师。

伦勃朗 17 岁时师从历史画家拉斯特曼学习绘画，21 岁时已经将油画、素描和蚀刻画的技巧全部掌握，并难能可贵地发展出了自己的风格。条件成熟之后，他回到家乡，一边创办画室招收学徒作画，一边进行独立创作。当时的荷兰社会十分流行绘画风潮，且主要是人物肖像。当时请画师为自己画个肖像，就像现在拍个照如此平常，所以画师是个十分受欢迎且收益颇丰的职业。伦勃朗凭借其超凡的绘画才能在荷兰占据了一席之地。1642 年，他为 16 名民兵绘制了《夜巡》，画面中并不是呆板的集体群像，而是突出了一个接到巡逻命令的场景，16 位民兵各有特色，栩栩如生，十分传神。据说仔细观看这幅画，会感到画中的生命仿佛在流动。这正是伦勃朗肖像画的独特之处。他摒弃了前人惯用的呆板刻画技巧，而是善于根据人物的职业、心情以及所处的环境等精心设置绘画场景，将人物与场景相融合，使人物惟妙惟肖，富有生机和活力。

1632—1640 年，伦勃朗定居于荷兰阿姆斯特丹，这段时期他的创作逐渐走向成熟，创作了《尼古拉·特尔普教授的解剖课》《参孙被弄瞎眼睛》《画家和他的妻子》《怀抱萨斯基亚的自画像》等，画风脱俗，深受欢迎。1640—1648 年，妻子的去世以及世人的诽谤使他经历了人生的重大转折，对社会的观察和理解进入了一个新的阶段。他这一时期的绘画突破了传统束缚，有着舞台戏剧般的表现手法，极具感染力。但是作品的艺术价值不能为当时的世人理解，致使他以绘画谋生的饭碗越来越端不稳，生活日益困顿。1663 年以后，伦勃朗的作品量上减少了，但是质上十分突出，因为更加开阔的视野和成熟的技巧，他的创造力达到顶峰。在他的晚年，他创作了自己最有名的作品——《西菲利斯的密谋》和《呢商同业公会理事》。前者气势恢宏，可惜仅有一个残片留世；后者因为刻画了独具一格的外貌性格特征而成为他的不朽之作。

虽然经历了丧妻和丧子之痛，并经受过世人的误解和非议，伦勃朗始终没有放弃自己对艺术的追求。他始终坚持自己的风格和主张，他的绘画体现北欧民族的特色，与同时期的意大利文艺复兴大师不相伯仲，其画作的特殊表现手法——明暗法至今为人们所效仿。此外，伦勃朗十分勤奋，临终前还完成了《浪子回头》《扫罗与大卫》等名画。他的一生创作了六百多幅油画，三百多幅蚀版画和两千多幅素描，而这其中仅自画像就有上百幅，值得一提的是，几乎他所有的家人都曾出现在他的画作中。

可悲的是，这位伟大画家的晚年并不幸福。1656 年，由于坚持自己的画风，他的经济情况已经变得十分不容乐观，他破产了。为了维持生计，他不断地变卖自己的私人物品，并辛勤创作至生命的最后一刻。他死后，人们清点他的遗产，就只剩下了一张床、一条被子、五个枕头、一块地毯、一把椅子以及几幅尚未完成的画作。

在他尚未完成的几幅画之中，有一幅为《教堂中的西梅翁》。伦勃朗在这幅画中描绘了这样一种场景：一位古稀老人将双手伸向襁褓中的婴儿，临终之前有这样的创作是十分令人震撼的。我们可以把那位老人当作伦勃朗本人，他正在准备迎接死亡，同时，也在准备重生。这种"生命的轮回"，寓意深刻，将画家对生死的豁达态度淋漓尽致地表达了出来。

　　伦勃朗的死因由于史料有限，我们不得而知。与他困窘的一生形成鲜明对比的是他独特的绘画风格和人格魅力。他给世人留下了宝贵的物质财富，他的画作如今价值连城，甚至连那些由于保管不善而仅剩下支离破碎的残片，也丝毫不影响它们的价值。他也为后人创造了丰富的精神遗产，他的画作感染力极强，每一幅，即使只是自画像，也都像讲述一个生动的故事，从而深深地打动人心。我们透过他的眼睛，可以了解他所生活的那个年代、那时的风土民情、那时小人物的喜怒哀乐，还有他自己坎坷曲折的人生，这不正是艺术的核心价值吗？

　　画布上的生命轮回，既是伦勃朗的轮回，也是我们每个人的人生写照。震撼心灵的艺术作品，才具有恒久不变的魅力。对此，我们必须向伦勃朗这位伟大的艺术家致敬！

塞巴斯蒂安·巴赫：
音乐是上帝的和谐之声

　　国　　别：德国

　　生 卒 年：1685 年 3 月 21 日—1750 年 7 月 28 日

　　死亡原因：眼疾

　　地位影响：约翰·塞巴斯蒂安·巴赫是德国著名作曲家，被普遍认为是音乐史上最重要的作曲家之一，他创作的《勃兰登堡协奏曲》《马太受难曲》《赋格的艺术》等世界闻名。同时，他也是优秀的管风琴、小提琴、大键琴演奏家，一生奉献过很多经典演出。巴赫被誉为西方现代音乐之父。

　　巴赫出生于德国赫赫有名的音乐世家，他的父亲是一位优秀的小提琴手，叔伯兄弟姐妹中有好几位是出色的音乐家。受这种家庭氛围熏陶，巴赫自幼便对音乐产生了浓厚的兴趣。但不幸的是，父母在他 10 岁时便逝世了，他被哥哥抚养长大。哥哥不允许小巴赫接触音乐，他只得趁哥哥外出或深夜熟睡时偷偷学习乐谱，这严重损害了他的视力，成为他晚年双目失明的直接诱因。

15 岁时，巴赫离家出走，开始独立谋生。由于良好的嗓音条件和出众的管弦乐器弹奏技艺，他被吕奈堡圣·米歇尔教堂的唱诗班录取，同时开始神学学习。在这里，巴赫一头扎进古典音乐的海洋，努力学习乐理知识，提高演奏水平，为他今后的艺术生涯奠定了十分重要的基础。从圣·米歇尔教堂毕业后，巴赫成为一家室内乐队的小提琴手，随后他担任魏玛公爵威廉·恩斯特的宫廷管弦乐师，创作了大量的管风琴作品，也首次开始了协奏曲的创作。1717 年，他成为克滕亲王的音乐总监，这段日子成为巴赫音乐生涯的黄金时代。他创作了以《平均律钢琴曲集》第一卷和《勃兰登堡协奏曲》为代表的大量优秀的世俗和宗教音乐。六年之后，巴赫离开克滕宫，前往莱比锡担任圣托马斯教堂学校的音乐指导。此时巴赫的演奏技巧和作曲水平都已达到炉火纯青的地步，《马太受难曲》《b 小调弥撒曲》以及《赋格的艺术》等名作相继诞生。由于长期用眼过度，他晚年患白内障彻底失明，但仍不放弃，以口授的方式继续创作，对音乐的执着和热爱令人为之动容。

作为一名虔诚的路德教徒，巴赫一生致力于宗教音乐的创作，他认为音乐的存在就是为了赞颂上帝，音乐是上帝的和谐之声。他的作品深沉、广阔、底蕴丰富，融合了欧洲许多民族的音乐元素，能够激起人们的许多共鸣。与当时一些杰出的音乐家不同，巴赫没有进行音乐形式的创新，而是通过自己的努力，把传统古典音乐推向了高峰。高度的逻辑性与深刻的哲理性使巴赫的作品闪耀着可贵的人道主义光辉，焕发出经久不衰的魅力。

巴赫学习音乐的一个重要秘诀就是通过不断誊抄其他作曲家的作品来领悟他们的音乐理念和技巧。这使他的艺术生涯取得了极大成功，同时也折磨着他本来就脆弱的双眼。到了晚年，他的视力更是达到了非常糟糕的地步。他的妻子在《小专栏》中回忆道："他的视力恶化了，他要点更多的蜡烛以补偿视力的不足。"

有人向他推荐一位来自伦敦的眼科医生，据说这位医生奇迹般地使一些失明患者重见了光明。由于担心高昂的手术费用和不确定的手术后果，巴赫起先拒绝了，但是在家人的坚持下，他决定接受手术。该手术使用特殊的针刺法来降低患者眼压，过程十分痛苦，但巴赫挺过来了。但是手术结束后并没有使他的视力情况好转，反而更弱了。医生建议采用新的疗法进行第二次手术，但正是这次手术使巴赫的眼睛彻底失去了视力。但是这位坚强的作曲家并没有抱怨什么，他宽容地接受了这一结果，认为人类应该为承受一些痛苦而感到高兴，因为正是这些痛苦让人与上帝的距离拉近了。

此后，为了治疗眼疾，医生给他多次放血，还让他服用大量药物，这使得巴赫的身体迅速垮掉了。圣·托马斯教堂决定另聘他人顶替巴赫在教会的音乐指导职务，毫无疑问，这对热爱音乐与工作的巴赫来说是个沉重的打击，他的精神也垮掉了。他继续向自己的学生口授作品，《走向主的神坛》是他的遗作，乐曲中每一个音符都生动表达出了他生前最后的虔诚祈祷。他的妻子后来回忆说："他从不曾写出一首像表现死亡和离世为主题的合唱曲那么优美的旋律来。"

7月26日，巴赫突然恢复了视力，妻子递给他一束玫瑰花。他说："我要去的地方还有更美的花，颜色更漂亮，有你我从不曾听过的音乐，那是只有在梦中才能看见听见的。总之，那就是上帝。"

意识到自己的最后时刻已经来临，他要求家人为他唱一曲《每个人都会死》。两天之后，这位伟大的作曲家与世长辞。

巴赫生前并没有引起过太大的关注，死后他的作品被世人传颂，获得了极高的评价。法国音乐评论家保罗·朗杜尔曾说："巴赫创作的目的并不是为后代人，甚至也不是为他那个时代的德国，他的抱负没有越出他那个城市，甚至他那个教堂的范围。每个星期他都只是在为下一个礼拜天而工作，准备一首新的作品，或修改一首旧的曲子。作品演出后，他就又把它放回书柜中去，从未考虑到拿来出版，甚至也未想到保存起来为自己使用。世上再也没有一首杰作的构思与实践像这样天真纯朴了！"这样一位质朴的音乐家，确实令人肃然起敬！

沃尔夫冈·莫扎特：
死亡之路也会充满坎坷

国　　别：奥地利

生 卒 年：1756 年 1 月 27 日——1791 年 12 月 5 日

死亡原因：不详

地位影响：沃尔夫冈·阿玛多伊斯·莫扎特是欧洲著名的古典主义音乐作曲家，也是世界古典乐坛首届一指的音乐大师。莫扎特一生创作了无数佳作，大大丰富了世界音乐文化的宝库，为世界文化的发展做出了杰出贡献。他被誉为资产阶级人道主义在音乐领域的杰出代表，堪称西方音乐史上的一座丰碑。

　　莫扎特的父亲是一名宫廷小提琴手，他的母亲也极具音乐才华，这样的家庭出生的孩子很容易走上艺术之路。莫扎特富有音乐天赋，在父母的精心培养下得以充分挖掘，小小年纪便崭露头角，经常随父亲到欧洲各地参加巡演。这不仅开阔了莫扎特的眼界，使他对欧洲其他地方的音乐民俗有所了解，而且还得到许多音乐大师如马蒂尼等的指点，技艺突飞猛进。

　　当时莫扎特还是奥地利的宫廷乐师，为了摆脱束缚，获得更广阔的发展空间，1781 年 6 月，莫扎特毅然提出辞呈，成为欧洲历史上第一位脱离宫廷的独立音乐家。他前往音乐之都维也纳谋生，虽然获得了独立身份，但是他依旧没有逃离封建社会的压迫。经历的种种生活的磨难，使他的思想愈加深刻，创作的音乐作品也更加成熟。《后宫诱逃》《剧院经理》《费加罗的婚礼》《唐璜》《女人心》《魔笛》《安魂曲》等作品的问世，使他登上了古典音乐的高峰。莫扎特非常善于将艺术中的美好因子同生活中的现实元素巧妙地结合在一起，使他的作品既具有浪漫主义的唯美，又不失古典主义的严谨，风格典雅，感情充沛，达到内容与形式的完美统一。

其中尤为突出的是钢琴协奏曲和小提琴协奏曲。莫扎特的钢琴协奏曲思维跳跃，注重创新，令人耳目一新；而他的小提琴协奏曲则美妙动听，风格清新，激发出人们对生活的无限热爱之情。受启蒙运动以及个人经历影响，他的作品十分可贵地洋溢着人道主义情怀，增添了厚重的普世价值、丰富的内在含义，十分耐人寻味，可谓许多音乐家无法超越的经典。

可惜的是，莫扎特只在这世界生活了 35 年。

在他去世前一年，他的处境十分艰难。他感觉自己以前源源不断的灵感枯竭了，没有新的令人惊艳的作品问世，这令他十分苦恼。为了维持生计，他不得不招收学生以授课谋生，而雪上加霜的是，他的生源也成了莫大的问题。

在给妻子的信中，莫扎特倾诉了自己的苦恼："我想，如果这时有人来看我的话，我肯定会感到脸红的。可现在，一切都是那样的冷冰冰。我无法向你解释清楚我现在的感受，这个地方空空如也，让我的感觉糟糕透了。好像总有一种渴望得不到满足，而这种渴望又始终无法停止。它一直存在着，而且好像还在与日俱增。"

这年年底，莫扎特开始《魔笛》的创作，第二年年初，由于收到维也纳一些民间舞会的邀约，他忙于为他们创作小步舞曲，《魔笛》被搁置了下来。到了 5 月份，他已经完成了一些乐曲的创作，这些乐曲因为在乐器使用上独具匠心地纳入了管风琴、钟和金属盒等而显得独具一格。这使得莫扎特的处境仿佛柳暗花明，瞬间豁然开朗，他的脑袋又充满了奇思妙想。

接下来，他先后接到《安魂曲》和为波希米亚国王加冕仪式献礼的创作邀约。10 月，倾注他全部心血的《魔笛》演出取得巨大成功，这些都令他心情舒畅，重新找回了创作的幸福。

但凡有《魔笛》的演出，莫扎特都喜欢亲临现场，接受观众们的热烈欢呼，他非常享受这种礼遇。在日记中，他写道："让我感到最最开心的，莫过于在一片寂静之后再度听到热烈欢呼的声音了。"

11 月他开始投入《安魂曲》的创作。但是他又遇到了麻烦，他的身体开始出现危险信号。他的手脚突然肿胀得十分厉害，11月19日这天他的身体状况尤其糟糕。由于莫扎特长期以来喜欢自我诊疗，他的家人认为这时非常有为他请一位专业医生的必要，于是说服他接受了医生诊断。

经过仔细检查，医生发现莫扎特的肌体已经完全处于衰竭状态，但是不能找出病因。奇怪的疾病迅速侵蚀了这位天才音乐家的身体，没过几天，他就已经奄奄一息了。临终前一天，他非常希望再听一遍《魔笛》，但是教会最终没有满足他这一遗愿。临死之前的那个夜晚，莫扎特一直在痛苦中煎熬。家人去请医生，结果医生却在看戏，回复戏院散场之后赶来，结果莫扎特没能等到那一刻。

临死的命运也没让莫扎特舒心，对他来说，死亡之路也是诸多坎坷啊。关于莫扎特的死因，一直是个谜团。有人认为他死于慢性中毒；有人猜测他死于情杀；有人推断他死于头骨受伤；还有人根据他长年生活在高纬度萨尔斯堡地区的经历，认为他死于缺乏维生素D导致的免疫力低下。不管怎样，这些猜测大都是为了满足人们对这位天才音乐家的猎奇心理。莫扎特的死亡之路已经如此坎坷，我们又何必揪着他的死因大做文章？希望他已经获得安宁，正像他的《安魂曲》所抒发的一样。

贝多芬：
用坚定的意志谱写人生

国　　别：德国

生 卒 年：1770 年 12 月 16 日—1827 年 3 月 26 日

死亡原因：肺炎、肺积水

地位影响：吕德温·冯·贝多芬，是德国著名的作曲家和音乐家，维也纳古典音乐学派的杰出代表。他是古典音乐的集大成者，同时开辟了浪漫主义音乐的先河，对世界音乐的发展产生了十分重大的影响。《英雄》《命运》《田园》等 9 部交响乐是贝多芬的经典作品，在乐坛上具有独一无二的地位，深受世界人民喜爱。此外，贝多芬还创造了德国艺术歌曲这种音乐表现形式。他一生创作的 60 多首蕴含丰富情感的艺术歌曲，是人类宝贵的精神遗产。

贝多芬出生于德国一个贫困家庭，他的父亲是宫廷唱诗班的男高音歌手，母亲是宫廷厨师的女儿。贝多芬自幼便接受了父亲的严格训练，因此音乐才华得以早早显现。他 4 岁就可以弹奏羽管键琴，被誉为"音乐神童"。但是他经常遭到父亲的打骂，这给他年幼的心灵造成了极大的创伤。5 岁时，贝多芬患上中耳炎，父亲不顾他的身体条件，开始让他登台演出。10 岁时，贝多芬拜于著名音乐教育家聂费门下系统学习乐理知识，两年后因出色表现被老师推荐成为瓦尔特斯坦伯爵宫廷乐队的风琴师助手。11 岁时，贝多芬在乐队指挥克里斯蒂安·戈特洛宝·奈弗的指导下学习钢琴和作曲，还跟随弗兰兹·安东·里斯学习小提琴，多样化的学习方式使得贝多芬逐渐形成了自己的音乐风格。他在 13 岁的时候，一举成为乐队的风琴师和古钢琴师。在宫廷乐队的历练是贝多芬艺术生涯的宝贵财富，在专业老师的指导下，通过勤奋钻研和演出实践，他在乐坛开始崭露头角。

仅仅善于弹奏乐器不能满足贝多芬实现音乐梦想的渴望，他强烈地明白自己需要有更加能证明自己能力的东西存在，于是他把眼光转向了作曲。1787 年，贝多芬毅然离开了稳定安逸的宫廷环境，前往音乐之都维也纳追逐梦想。他拜莫扎特、海顿等音乐名家为师学习作曲。莫扎特对贝多芬赞赏有加，并预言他的作品将来一定会轰动世界。此后，贝多芬又师从申克、阿勃列希贝尔格和萨列里等人学习，受益匪浅。与此同时，和大量当时知名的教授、音乐家以及作家的交往，大大地拓宽了贝多芬的眼界，使他成长为民主主义拥护者，丰富了他的创作题材和内容。

直到 30 岁，贝多芬才开始创作自己人生的第一部交响曲。虽然儿时的耳疾一直折磨着他，使他从 26 岁开始听力逐渐衰弱，但是凭借强大的意志力和对艺术的执着追求，他克服了这一困难，坚持自己的音乐创作。《英雄》交响曲的问世是他个人精神状态的最佳写照。通过这首曲子，他传递给世人苦难必将被战胜的顽强信念，可谓那个时代的最强音。这首曲子的出现也标志着贝多芬英雄年代的开始。他先后创作了《田园》《命运》《欢乐颂》等九部交响曲，享誉世界。

贝多芬的作品带有强烈的个人色彩，他通过宽广的构思、宏伟的渲染以及鲜明的对比，将自己的个人情绪直观地奉献在听众面前。在音乐表现上，他几乎涉猎了所有的音乐体裁；而在音乐结构上，他既吸收了古典奏鸣曲的传统精华部分，又创造性地融入自己的风格，使听众为之耳目一新。由于师从许多音乐名家，贝多芬创新性继承了他们的音乐优点，比如亨德尔的英雄主义、巴赫的哲理情思、海顿的幽默诙谐、莫扎特的清新抒情以及格鲁克歌剧的戏剧张力，加入了自己的特色从而形成了独树一帜的风格。尽管饱受耳疾折磨，他以自己强大的意志力为人类留下了宝贵的精神遗产。

46 岁时，贝多芬的听觉已经完全丧失，但他依旧坚持音乐创作。1826年 12 月，贝多芬因外出不慎感染风寒，回到维也纳时很快发展为肺炎。他的主治医生瓦鲁施发现他"情绪不稳定，全身出现黄疸，晚间多次腹泻差点要了他的命……胸膜炎势头不减"。为了消除他的肺部积水，医生为他做了穿刺手术。整个手术过程贝多芬表现得十分坚强，引得医生连连夸赞他像一名真正的骑士。就这样，他进行了三次穿刺手术，每次之后都使他疲弱不堪。第三次过后，完全丧失行动能力令贝多芬十分痛苦。此外，穿刺手术导致了他的身体布满伤口，无疑加剧了他的痛苦。

到了1827年3月份，贝多芬对他的身体情况感到万分绝望，他为自己因身体的拖累而终止了艺术创作而哀叹，但是他仍不失幽默。有朋友推荐新医生给他时，他调侃道，假如还有医生能够帮助他，那他应该名叫"了不起"。乐观的精神以及朋友的陪伴给予贝多芬莫大的安慰，最让他感到欣慰的是，英国爱乐乐团答应了他申请经济赞助的请求，但是也许是兴奋过了头，一个疮口被触发，两个星期的积水一下子都冲了出来，他的病情进一步恶化。

此后几天，他的体力恢复了一些，开始构思第十交响曲，这让他的家人朋友十分担心。瓦鲁施医生决定告诉他病情不容乐观，让他做好心理准备。出乎意料又情理之中的是，贝多芬表现得十分镇定。一天，他对来探望自己的朋友说"听到了维也纳广场的钟声"，朋友们觉得不可思议。

3月25日，贝多芬陷入昏迷，奄奄一息。陪在他身边的朋友安塞姆回忆他最后的时刻："26号凌晨5点左右，一声惊雷平地而起，与此同时，一道闪电照亮了房间，屋前的地面上覆盖着雪。这一奇特现象给我的印象太强烈了。贝多芬睁大了眼睛，抬起右手握紧拳头，样子狰狞恐怖，他的目光盯着上空好几秒钟。当他的手落回床上时，他的眼睛半合着，我的右手托着他的头，左手放在他的胸口上。他已经没有气息了，他的心脏停止了跳动。"

奥地利诗人格利尔巴采为贝多芬的墓碑题词："当站在他的灵柩面前，笼罩着的并不是消极颓废，而是一种崇高的情感。对他这样一个人来说：他完成了伟大的事业。"贝多芬认为，音乐应当使人类的精神迸发出火花，这就是他的事业和使命，他完成了。多么希望维也纳广场的钟声再敲响一次，让这位伟大的音乐家能够聆听到自己的声音！

弗雷德里克·肖邦:

我的心永远属于波兰

国　　别：波兰

生 卒 年：1810 年 2 月 22 日—1849 年 10 月 7 日

死亡原因：肺结核

地位影响：弗里德里克·弗朗索瓦·肖邦是音乐史上最具影响力和最受欢迎的钢琴作曲家之一、浪漫主义音乐的标志性人物。他的作品以波兰民间舞为基础，同时深受巴赫影响，有"钢琴诗人"之称。他与哥白尼、居里夫人一道成为波兰的国家名片，承载的意义早已超越了音乐的范畴。"生于华沙，灵魂属于波兰，才华属于世界"是世人对他的极高赞誉。

　　幼年的肖邦就有"音乐神童"的美誉。他 6 岁在著名钢琴教师的指导下学习弹琴，7 岁就创作了第一首 B 大调和 g 小调波兰舞曲，超凡的音乐才华令人称奇。8 岁时，他获邀为波兰皇室举办的慈善晚会演奏阿达尔伯特·吉罗维的作品，一鸣惊人，成为波兰上流社会的常客，受到贵族阶层的力捧。12 岁时，他拜音乐教育家、作曲家约瑟夫·艾尔斯内尔为师，四年的系统学习令他在音乐上的造诣更加出神入化。19 岁时，肖邦开始以作曲家和钢琴家的身份在欧洲巡演，多场音乐会场场爆满，盛况空前。1830 年，肖邦 20 岁时，沙皇俄国入侵波兰，为避战乱，他选择在法国定居，并以作曲、演出和教学为生。

　　肖邦一生创作了二百多部作品，以钢琴曲为主，内容多种多样，紧扣时代主题，反映了波兰的历史和人民的生活，曲调热情活泼，能够引发听众的强烈共鸣。他的创作题材丰富，各有特色。肖邦的练习曲不刻意突出技巧的华丽性，以真挚朴素的情感表达为主，如《C 大调练习曲》是在他得知华沙被俄军攻陷后的悲愤之作，听众会被这首曲子传达的情绪所感染，唤起强烈的爱国之情。他的圆舞曲以优雅华美著称，但是节奏变化复杂，很少适用于实际的舞蹈之中。肖邦的玛祖卡舞曲以波兰民间舞蹈为蓝本，经过高度专业的艺术加工再创作，使旋律更加凝练，节奏更加明快，曲调更具诗意，风格多变，比如《升 c 小调舞曲》，开头为颇具巴赫风格的管风琴曲调，却以沙龙风格结尾，令人耳目一新。此外，肖邦还创新了夜曲这种钢琴独奏形式，曲风往往起承转合，将作曲者的情绪恰如其分地予以表达，使得他创作的夜曲风靡一时。

也许是天妒英才，肖邦得到命运的眷顾，艺术生涯屡创辉煌，但他的身体也逐渐垮掉了。从小多病的体质，加上后来在欧洲各地奔波以及辛苦创作，使他的身体状况一天比一天糟糕。

1848 年 4 月，此时的肖邦正在伦敦，他开始不停地吐血，肺结核这个病魔终于显露了狰狞的面孔。连续的咳血令肖邦感觉自己的灵魂都要被咳出来了。他动身去苏格兰，在日记中写道："世界正在我的面前消失，我不记得自己，我再也没有力气了。"医生认为英国的环境过于潮湿，不适合养病，建议他离开这里，采用自然治疗法治病。肖邦十分赞同，他说："在这个地方再待上一天，我不死也得疯了。"于是在 11 月 23 日，他离开伦敦去了巴黎。

在巴黎，他看过很多医生，但对于他的病情，大多束手无策。1849 年 1 月 30 日，他在日记中写道："所有的医生都说要注意气候，保持安静，休息好。休息，不用他们说，有一天我也会休息的。"

这令他十分烦躁，停止了一切创作，并开始撕毁自己的作品，自暴自弃。医生建议他去空气比巴黎更好的地方生活，这对于喜欢搬家的肖邦来说是个鼓励。他搬到法国夏约的一套公寓，但是一个月后，他又开始咳血，甚至腿也开始浮肿，行动不便，只好请求他的姐姐来照顾他。此时的肖邦除了写了两首马祖卡舞曲，几乎停止了一切演奏。

结核病专家克律韦耶医生给他判了死刑，认为他已经时日不多了。此后，咳血成了家常便饭，他变得十分虚弱，没有食欲，除了睡觉什么也不想做。每次在大家以为他快撑不住的时候，他都顽强地挺了过来，令大家刮目相看。姐姐的到来让肖邦非常高兴，那段时间他甚至恢复了一些活力。

为了病人的身体着想，克律韦耶医生决定将肖邦送到旺多姆省他那间温暖的大公寓。

一位久未见面的牧师朋友前来劝他进行临终忏悔，肖邦同意了，但他并不想举办圣事仪式。忏悔结束后，他送给牧师一大笔钱表示感谢，以表露自己的真诚。

肖邦开始安排自己的后事，他恳求家人在他的葬礼上演奏莫扎特的《安魂曲》，并对姐姐说："我知道，他们一定不准你把我的身体运回波兰。那么，至少要把我的心脏运回祖国去。"此外，他还要求把他那些没有发表的作品予以销毁，但这个愿望没有实现。

临终那天，他不停地吵闹着要听音乐，家人给他在门口搬来了一架钢琴。他要听自己创作的《小提琴钢琴奏鸣曲》，但是刚刚起奏，他就不停地咳血，演奏只好中断了。当天晚上，他的脸色已经变得铁青，失去了知觉，第二天凌晨两点左右，音乐天才就此离世，年仅 39 岁。家人按照他的嘱托，在他入葬时，为他演唱了莫扎特的《安魂曲》。这样的离去方式，对于一个音乐家来说，再合适不过。

李斯特·弗伦茨：
我预感会在星期五死去

国　　别：匈牙利

生 卒 年：1811 年 10 月 22 日 – 1886 年 7 月 31 日

死亡原因：肺炎

地位影响：李斯特·弗伦茨是匈牙利著名的钢琴演奏家和作曲家，为浪漫主义音乐流派的发展做出了卓越贡献。

　　李斯特的父亲是一名业余音乐家，他是李斯特音乐生涯的第一位老师。正是在父亲的严格教育下，李斯特在 5 岁时就学会了弹奏钢琴，8 岁开始学习作曲，9 岁登台表演，获得一位匈牙利贵族的赏识，资助他前往音乐之都维也纳深造。在维也纳，他得到著名钢琴教育家卡尔·车尔尼的悉心指教，音乐造诣突飞猛进，为后来的成功奠定了非常重要的基础。李斯特后来回忆说，自己所有的一切都是车尔尼教的，可见这位名师对李斯特产生了多么巨大的影响。1823 年，在一场名流云集的大规模音乐会上，少年钢琴家李斯特演奏了一支难度只能由大师级人物才能驾驭的曲子，引起了现场包括音乐大师梅特涅、罗西尼和贝多芬在内的全场喝彩，贝多芬更是在音乐会结束后激动地走上前台，抱起了李斯特，并亲吻他的额头，称他将来必定震惊世界。这场音乐会使李斯特一鸣惊人，声名鹊起。

　　李斯特深受肖邦、帕格尼尼等音乐前辈的影响，在充分学习他们风格的基础上，他积极探索符合自己个性的钢琴演奏技巧。他非常善于灵活运用各种复杂的转调手法和音色变化技巧，这使他的曲子弹奏起来非常有难度，但充分体现了他高超的演奏才能。此外，李斯特还喜欢即兴演奏，这种创造性的方式推动了管弦乐队的改革，并深受观众欢迎，因为他总能以自己的方式给观众带来惊喜。

　　李斯特也曾效仿肖邦，作了一些音乐会练习曲。1863 年，他在罗萨利奥圣母修道院所在的马里奥山冈俯瞰俗世，内心受到很大触动，为自己的学生普鲁克纳创作了《森林的细语》这首富有哲理的练习曲，曲调由近乎耳语最后升华出撼天动地的气势，极富感染力，既表现了自然的无穷魅力，又蕴含了自己的人生感悟，不可不谓之经典。李斯特的主要音乐代表作品有《浮士德交响曲》《但丁交响曲》《帕格尼尼大练习曲》《汤豪舍》，以及极具吉卜赛风格的《匈牙利狂想曲》等。李斯特创新了音乐表现形式，促进了音乐的普及，对浪漫主义音乐的发展做出了卓越贡献。

　　除却创作了七百多首音乐作品，李斯特还擅长写作。他著书立说，出版了多部论文和书信集。他经常奔波于欧洲各地演出，并分文不取地授课，无私扶持音乐后辈。他积极为这些年轻人创造机会，曾为许多年轻音乐家提供舞台，有时甚至自己担任指挥，让这些音乐家有表现自己的机会。他还对改善音乐家的社会地位起到了很大的推动作用，从他开始，音乐家在欧洲的社会地位迅速提升，王公贵族见到他们也会脱帽致敬。当时匈牙利人为了从奥地利帝国中独立出来，把李斯特看作民族英雄来对待。每次他回匈牙利，举国都会举行盛大的仪式欢迎。

当然，也有人针对李斯特的音乐提出过异议，认为他的作品注重运用复杂的技巧，而忽视内容的价值，显得浮夸和肤浅，但这不能否认李斯特是音乐史上的伟大革新家。他推动了新生音乐风格的产生和发展，并有力改善了音乐家的社会地位，是一个继往开来的领袖式人物。

也许是音乐家天生的敏锐直觉，1886年年初，李斯特突然煞有介事地对亲朋好友说自己将在这年死去，并且那天是星期五。巧合的是，他的生日也在星期五，这令众人惊讶不已，不过都没放在心里，以为是他的玩笑话。

这年李斯特仍然非常忙碌，他接连在欧洲举办了数场音乐会，然后又赶去贝鲁特参加孙女的婚礼。前往贝鲁特之前他即兴去卢森堡转了一圈。在开往贝鲁特的火车上，他受到了风寒，冷得直发抖，这不是好兆头，尤其对他这个年纪的人来说。果不其然，到了贝鲁特他当即卧床不起了。但是，为了赶上《特里斯丹和伊索尔德》的演出，他仍坚持去了剧院。第二天早上，医生确诊他患上了肺炎，要求他好好休息，禁止会客和喝酒。到了7月30日，他开始出现癔症。

他问今天是星期几，此时他已经预感不好了。他向家人交代后事，要求自己死后除了墓地不需要别的地方，除了一般的弥撒不需要其他宗教仪式，也不需要在教堂里为他唱安魂曲。

晚上，他的病情再次发作，医生对他进行了注射抢救。31日凌晨两点左右，他轻轻地念着"特里斯丹"，安详地离世了。而这一天恰好是星期五。这种巧合除了让我们感到惊奇，还对这位伟大的音乐家肃然起敬。我们大多数人都无法左右自己的出生，也无法预测自己的死亡，但是李斯特做到了。他生来成就了一段音乐传奇，死后依旧令人无限遐想。

阿尔弗雷德·格雷万：
蜡像馆是他最好的作品

国　　别：法国

生 卒 年：1827 年 1 月 28 日—1892 年 5 月 5 日

死亡原因：脊髓痨（源自梅毒病菌感染）

地位影响：阿尔弗雷德·格雷万是法国 19 世纪的雕塑师、画家，但是他真正的杰作是设计了闻名世界的格雷万蜡像馆，从而名垂青史。

阿尔弗雷德·格雷万的名字也许不为大家熟知，格雷万蜡像馆却是世人皆知。这座位于法国巴黎第九区蒙马特大街 10 号的博物馆改建自一栋古老的建筑，并保留了它甜美的洛可可风格。1882 年，这座博物馆梦幻般地呈现在人们面前，给人们带来了无限惊喜。人们可以看到古代和现当代的名人以逼真的蜡像矗立在博物馆的各个场景中，整栋博物馆就像一个大剧场，这些现实中不可能相聚的名人们此刻却济济一堂，向人们诉说着自己的故事。格雷万蜡像馆通过令人惊奇的舞台效果，惟妙惟肖地再现了巴黎的昨日辉煌。人们置身其中，仿佛在欣赏一部生动的法国人文民俗历史，一切都是如此生动，难怪它会成为人们到巴黎必去的景点。

格雷万博物馆的建立来源于 18 世纪末《高卢日报》创办人阿赫蒂赫·梅耶的一个新鲜古怪的想法，他想让报纸上的头版人物从二维平面和枯燥的文字中走出来，让他们以立体逼真的形象出现在读者面前。碍于当时的技术限制，他就计划建立这样一个场所，来实现自己的想法。于是，他找来当时的画家兼舞台服装设计师阿尔弗雷德·格雷万来共同商议这个伟大的计划。格雷万听了梅耶的想法后十分兴奋，这正是他梦寐以求的，于是欣然答应全权负责这个博物馆的设计与展厅布局。

　　格雷万发挥了自己的绘画天分，在塑造这些名人蜡像时注重生动逼真，并且根据他们的经历试图展现出他们最具特色的表情神态。他会根据这些名人的神态来设计具体场景，基本上所有的场景都与人物的身份、背景、经历相契合。这样一来，梅耶想要的立体效果就呈现出来了，人们欣赏到这样的名人时，纷纷惊叹就像见到真人一样，可见刻画之逼真。1882 年 6 月 5 日格雷万蜡像馆开馆迎宾，当日即产生了巨大的轰动。此后，随着时代发展，格雷万蜡像馆又历经改建，形成了蜡像馆、幻影宫和剧场三部分，更全面地展示了名人以及巴黎的风貌，但是作为博物馆的总设计师，格雷万的功勋永远被人们铭记。

　　这个蜡像馆堪称格雷万一生最为骄傲和自豪的作品，也为他带来了极大声誉。不过，这位名人的结局似乎不是那么如梦似幻。

　　生性放荡不羁的格雷万私生活比较混乱，因此感染了梅毒病菌。自 1869 年起，他一直忍受着发烧和头痛的煎熬，一次，他写信向母亲倾诉自己的烦恼，他说胳膊快要被病魔废掉了，他十分担心旧病严重复发，因为他有太多的事情还没完成。很快，他的担心成了现实。他的胳膊不能动了，使他丧失了作画能力，此后，他的腿也瘫痪了。他跟朋友说，以后只能依靠骑马活动了。

　　1892 年，他的病情极度恶化，开始整日卧病在床。他和情人生活在一起，私生活受到记者的打扰，有记者回忆说，临死的格雷万就像他在蜡像馆的形象那样。果不其然，5 月 5 日这天，格雷万在死神的折磨中去世了。虽然抱有众多遗憾，但他为人们留下了一座伟大的博物馆。人们可以在博物馆他的蜡像前缅怀一下这位优秀的艺术家。

奥古斯特·罗丹：
临终为自己建造一所陈列馆

国　　别：法国

生 卒 年：1840 年 11 月 12 日—1917 年 11 月 17 日

死亡原因：气管炎、肺出血

地位影响：奥古斯特·罗丹是法国著名雕塑艺术家，被誉为 19 世纪末 20 世纪初最伟大的现实主义雕塑艺术家。他的作品注重纹理和造型表达，是沟通西方近代雕塑和现代雕塑之间的桥梁，具有划时代的影响力。他是欧洲雕刻的"三大支柱"之一，有人说，罗丹在西方雕塑史上的地位，正如但丁在西方文学史上的地位一样，这样的褒奖，可见其举足轻重的历史地位。

奥古斯特·罗丹出生于法国一个贫困家庭。罗丹从小就对美术有着浓厚的兴趣，他的学习成绩十分糟糕，但是美术成绩优异，后来在姐姐的支持下，他进入了巴黎美术工艺学校深造。14 岁时，他跟随画家荷拉斯·勒考克学画，拜巴耶为师学习雕塑，还给艺术家加里埃·贝勒斯当过助手。名流大家的熏陶令罗丹迅速成长，为他的艺术生涯铺垫了良好的基础。学成之后，他前往比利时布鲁塞尔从事了 5 年装饰雕塑的创作。1875 年，他在意大利游历期间，深受米开朗基罗作品的启发，创立了现实主义的表现形式。《青铜时代》《思想者》《雨果》《加莱义民》《巴尔扎克》《走路的人》等作品都注入了现实主义新元素，但因违背传统，受到了法国学院派的猛烈抨击。这导致《地狱之门》的创作受到官方阻挠而没有完成，成为他艺术生涯的一大遗憾。

罗丹善于通过多样化的艺术手法塑造栩栩如生、富有力量的人物形象。他有一双从残缺中捕捉美的慧眼，青睐表达悲壮的主题，这使得他所创造的作品具有深刻的内涵和浓重的厚重感。罗丹擅长塑造忍辱负重的人物，他希望借由他们的人格力量来表露自己的内心情感。他坚信艺术即感情，艺术作品的伟大意义在于揭示人类丰富的精神世界。他是雕刻界的浪漫主义大师，同时又摒弃了浪漫主义容易滋生的那些弊病。在他的作品里，没有空洞的内涵、浮夸的技艺、虚张声势以及矫揉造作，他向我们展示了人类的力量与伟大，使我们深刻理解生命的奥秘、自然的神奇和宇宙的浩瀚。这种美妙的精神魅力，是罗丹留给我们的宝贵精神财富，启发着一代又一代人不断思考。

在雕刻艺术史上，他既是古典主义时期最后一位雕塑家，又是现代主义时期最初的一位雕塑家，具有继往开来、承上启下的独特历史地位。他充分吸收了古典学派的理论精华，同时又突破传统的桎梏，发展创新了新的艺术技巧和形式，为现代雕塑的发展打开新时代的大门。虽然因其独特的艺术表现形式遭受过非议和诽谤，但是罗丹凭借精湛的技艺和高尚的人格深受人们的尊敬和爱戴。

自1916年起，病魔开始频繁光顾，他的身体条件每况愈下。他的朋友马塞勒·蒂埃曾经这样回忆过罗丹当时的状态："他很难让头脑一整天都保持清醒，因为很长一段时间以来，雕塑家一直生活在一种昏昏沉沉的状态之中，有时候，他那张棱角极为分明的脸上，会露出一种令人难以琢磨的祥和神色，这种神色稍纵即逝，使他平添几分尊严。随后，他就会低下头去，用心地数自己的手指头。那时，他的眼睛会紧紧闭起，嘴角也会耷拉下来，一句话都不说。"

罗丹开始着手准备自己的身后事，他草拟了遗嘱，并打算将自己的工作室改建为陈列馆。这一举动现在看来顺理成章，在当时却引起了极大争议，他甚至被视作"疯子""鬼神附体"。迫不得已，9月13日，他宣布将自己大部分的作品捐献给国家，这才推动了罗丹陈列馆的建立。

1917年夏，罗丹突然发生了一次晕厥，这不是好的预示。很快，人们开始根据他的捐赠声明将他的作品搬往陈列馆。看着自己心爱的作品被人们一件一件搬出家门，罗丹难抑悲伤，在走廊里泣不成声。这年冬天，由于家中没装暖气，为了避免感染风寒，医生建议罗丹到巴黎过冬，但被忙于布置陈列馆的他拒绝了。

11 月 12 日，罗丹感染了气管炎。医生对他进行进一步的检查后发现，他的肺部也已经开始出血，情况已经非常严重了。几天之后，罗丹无论在精神上还是身体上都迅速地垮掉了。他陷入了半昏迷状态，为了使他在签署遗嘱时保持清醒，医生给他注射了一针樟脑和乙醚油。

11 月 15 日下午，罗丹的呼吸开始变得十分困难，他的状况已经非常危险。为了使他感觉更舒服些，他的家人给他更换了能够自动调节高度的机械床，但也只能让罗丹感觉舒适一点儿而已。

也就是 11 月 16 日，医生想为罗丹注射一支血清，但他并不想接受，用尽全力地与医生对抗。突然，他从床上像做了一场噩梦似的坐了起来，嘴里嘟囔道："皮维斯·德夏瓦纳一点都不美。"话音刚落，这位饱受非议的艺术家就闭上了眼睛。据说，当时逝世的罗丹就像一尊古老的 13 世纪雕像。

克劳德·莫奈：
为自然作画的人，回归了自然

国　　别：法国

生 卒 年：1840 年 11 月 14 日－1926 年 12 月 5 日

死亡原因：不详

地位影响：克劳德·莫奈是法国著名画家，创立了印象主义流派，并推广了印象派的大部分理论和实践成果。他擅长光与影的表现技法，通过改变阴影和轮廓线的画法形成了自己的独特风格，被誉为印象主义大师。代表作有《日出·印象》《翁费勒的塞纳河口》《穿绿衣的女士——卡美伊》等，他的作品颇受后世收藏家的追捧，价值连城。

莫奈小时候学习成绩不佳，但拥有极高的绘画天赋。他常常在作业本上画素描，并以老师和同学为对象画漫画，日积月累，掌握了很多绘画技巧，甚至他的一些漫画作品被文具店展出销售。小小年纪、无师自通的莫奈，自此立志成为一名艺术家。

与其他画家不同的是，莫奈以漫画起家，并在漫画界收获了一些声名。17岁的时候，他在诺曼底海滩遇到艺术家欧仁·布丹，他鼓励莫奈学会即兴创作，并教授他油画技巧。布丹成为莫奈人生第一位艺术老师，对他的绘画思想产生了极大影响。后来，莫奈又来到巴黎卢浮宫，经常携带颜料和工具描摹名家大作。

为了进行系统学习，1862年，22岁的莫奈进入大学接受传统的艺术教育，这使他开始摸索符合自己风格的艺术道路。毕业后，他加入了巴黎夏尔·格莱尔画室，与好友皮埃尔-奥古斯特·雷诺阿、弗雷德里克·巴齐耶和阿尔弗雷德·西斯莉共同创造了一种全新的艺术表达方式，这就是后来大名鼎鼎的印象主义流派。该流派注重利用自然光线，用厚重的色彩作画。1870年至1871年普法战争期间，为了避难，莫奈来到英国，接触了约翰·康斯太布尔和J.M.W.透纳的作品，唤起了他对色彩创新方面的研究。回到法国后，莫奈以勒阿弗尔的一处风景为背景创作了《印象·日出》，根据这幅画的题目，艺术评论家路易·勒鲁瓦提出了"印象派"的说法，这就是"印象派"名称的由来。此后，莫奈开始研究利用不同的光线和角度连续描绘同一物体，开创了系列绘画这种独特的方式，《卢昂大教堂》正是这一表现手法的代表之作。

莫奈非常热爱自然，并擅长从普通风景中挖掘其不为人知的魅力。这得益于他对景物细腻的观察以及对光线、色彩的敏锐把握。为了表现同一场景、同一物体不同天气、不同光线下的不同表象，他甚至可以一气呵成十几幅画作，这点恐怕令其他画家难以望其项背。

作为法国画坛举足轻重的大师级人物，莫奈作品最显著的特点就是对光和影突破性的表达方式。他改变了阴影和轮廓的传统画法，模糊了阴影和轮廓之间的界限，初看他的作品有种笼罩在雾中的朦胧之感，"印象派"

这一名称的确是对他作品的形象性概况。此外，对色彩细腻细致的把握，也使得他的作品散发着一股光色变幻的奇妙魅力，充分展现了大自然的神秘与美丽。以令莫奈名声大噪的《印象·日出》为例，这幅油画展现了薄雾中阿佛尔港口的日出景象，他从薄雾、日出、海水三种景物交融一体的视觉景观出发，利用光、影、色彩的各种变幻将这一幕景色给予人们的视觉印象生动地呈现出来，令人惊叹！

印象主义流派的发展往往被视为 19 世纪艺术界自然主义的巅峰，同时也被看作现代艺术的起点。作为该流派的创始人和实践者，莫奈无疑为它的发展做出了巨大贡献。他对于光、影、色三者的把握已经到了出神入化的境界，他将毕生精力奉献于印象主义，率领一批艺术家突破了传统绘画思想的桎梏，翻开了西方现代绘画史上的新篇章。他的艺术风格深深影响了后来一些艺术流派的产生和发展，如野兽主义、立体主义、超现实主义等都是从印象主义中衍生发展而来的。

莫奈是西方艺术界真正的大师。虽然在艺术领域取得了如此瞩目的成就，这并未改变他离群索居的孤独本性。莫奈生性沉默寡言，喜欢陷入深深的思考，加上妻子、儿子的相继离世，对他造成非常大的精神打击，因此，他在晚年过着一种隐士生活。

关于莫奈之死，有两种版本。一说是，由于受眼疾的折磨，莫奈离家出走，栽倒在一处草丛里，从此再也没有醒来。他的朋友格莱芒苏从外地赶来，为他办理了身后之事。另一说是，莫奈并没有受到视力方面的困扰，因为他在 1923 年接受过一次白内障摘除手术，从此视力有了明显的改善。真正导致他死亡的是肺癌。受当时的医疗条件所限，莫奈的疾病无法根治，在经历过极大的痛苦之后，他被病魔夺去了生命。我们无法确切得知这位画家的真正死因，很多人情愿相信他是由于作画过度诱发眼疾导致的死亡，这样似乎符合他艺术家的身份，毕竟色彩与命运的纠缠本身就颇具艺术的悲剧气息。

莫奈生前希望自己的遗体被装入浮筒，投进大海。对于热爱自然，一生为自然作画的莫奈来说，这的确是回归自然怀抱的最好方式。

文森特·梵高：
悲剧是艺术家的宿命

国　　别：荷兰

生 卒 年：1853 年 3 月 30 日—1890 年 7 月 29 日

死亡原因：自杀

地位影响：文森特·梵高是荷兰著名画家，印象主义流派的杰出代表，对 20 世纪的艺术发展产生了深远影响。他生前穷困潦倒，死后却收获了无数赞誉。他的作品《星夜》《向日葵》《有乌鸦的麦田》等已成为世界知名的经典之作，价值不菲。

梵高早年从事过多种职业，如商行经纪人、职员、矿区传教士等，但他对绘画拥有浓厚的兴趣，后来则完全以绘画谋生。他早期的作品受传统绘画技法所限，没有着重强调画面色彩，后来受新文艺思潮和日本绘画的影响，开始运用浓重的色彩对比，明亮的色调将他内心奔放的热情淋漓尽致地表达出来。他的画作注重画面的层次感、立体性和寓意性，有着强烈的个人主义色彩。

梵高的个性深深地影响了他的创作，现实中的他内向孤僻，甚至稍许神经质，但是内心隐藏着炽热的情感，他将自己的思想、孤独以及各种情绪倾诉于笔端，可以说他的画作呈现了他丰富的内心世界。梵高跳出了传统绘画艺术的框架，漠视各种教条主义的教诲，甚至忘记自己的理性，将自己的感性世界毫无保留地通过画作来表现。在梵高内心，只有生机勃勃的自然景观才能完整地表达自己的情感，只有达到与自然的高度融合与忘我，他才能从中找到归属感与安全感，并激励自己去创作。梵高认为绘画不能仅仅展现画家眼中的视觉现象，而必须传达出画家本身的情绪和感情，所以他是以感受作画的试验者和先驱。

梵高喜欢色彩，他坚信表达内心感受的唯一方式就是灵活地运用各种色彩。他像伟大的魔法师，可以使每一种色彩都各得其所，勾勒出丰富的意象世界。他曾经这样叙述自己对于色彩的把握："为了更有力地表现自我，我在色彩的运用上更为随心所欲。"除了夸张的色彩的运用，在梵高笔下，所有的绘画技巧，透视、构图、形体、比例等都突破了传统的惯例，他把这些东西扭曲、再造、融合，勾勒出一种与现实世界极度不同但又无比真实的混沌意象关系，使他的作品充满了悲剧色彩。与明亮色调形成巨大反差的，是他作品弥漫的忧郁气息，震撼人心。

梵高的作品在他的年代属于先锋前卫作品，因其颠覆传统的创作技巧和晦涩难懂的表现手法，并不受人们欢迎，而他本人也曾一度被世人认为是作画走火入魔的疯子。但是，梵高的绘画风格对后世的艺术创作影响很大。在他百年之后，画坛出现了野兽主义、表现主义以及抒情抽象主义等流派，都与梵高的后印象主义一脉相承。他们注重创作主体的主导作用，推崇自由抒发内心情感，并强调自身的独立价值，推动了绘画艺术的多元化。

虽然是一位绘画天才，梵高却拥有悲剧的一生。他性格偏执，内心封闭，三段感情的失败加上生活的贫困潦倒导致性格的缺陷被一步步地放大，最后发展到不能自控的地步。事实上，后期的梵高患上了重度谵妄症，这种让人丧失理智、意识模糊的精神综合征不停地折磨着这位天才的头脑。

1888 年，为了表达对一位纯真女孩的赞美，他甚至割下了自己的一只耳朵当作礼物送给了她。人们为他的疯狂举动所震惊，他的弟弟——也是他唯一的知己——泰奥将他送到阿尔勒的天堂旅馆软禁了起来，一个月后，又将他转移到了普罗旺斯地区的艾克斯精神病院。经过一段时间的治疗，梵高自我感觉好多了，于是写信给弟弟，安慰他自己仅仅是出于对艺术的狂热才做出那样的举动，并不是发疯。他说服弟弟和医生相信了自己。

可是，对于自己的情绪，梵高已经到了不能控制的地步。1889 年 2 月，他再次被软禁在天堂旅馆，强烈的孤独感纠缠着他，令他十分痛苦。他渴望与人交流，渴望自己得到理解，于是主动提出住到瓦－保尔莫少勒养老院，这样他至少不那么孤独。他被安排在两居室的套间内，其中一间用来作画。为了防止旧病复发，他拼命作画，企图通过这种方式不给病魔可乘之机。

12 月圣诞节前夕，疾病又一次袭来，他企图吞颜料管自杀，被人们及时发现，送到了精神病医生加歇那里。梵高对加歇医生评价极低，病情得到控制后，他住到了拉沃斯旅馆。

1890 年 7 月 27 日晚上，拉沃斯旅馆的店主一家像往常一样等待与梵高共进晚餐，但是他迟迟没有出现。过了好久，梵高突然像幽灵一样回来了，表情十分痛苦。觉察到有些不妙，店主跟他进了房间，发现他身上中了一枪，立即找来了医生。子弹打在心脏下方，医生认为根本无法取出，一心求死的梵高拒绝自己被送往医院。

第二天，他的弟弟匆忙赶来，梵高安慰弟弟说自己这是为所有人好，并哀叹自己一生充满悲伤，这是了结的最好方式。

29 日凌晨 1 点 30 分，在忍受了巨大的痛苦之后，梵高离开了人世。生前不被世人理解，死后却被推崇备至，对于凡人梵高来说，这的确是个悲剧；而对于画家梵高来说，他无疑是一个传奇！

第七章　名流
开辟另类的巅峰

　　世界上总有一类人，我们无法给他们贴上"政治家""艺术家""科学家"等传统而鲜明的标签，但是以同样璀璨的成就令世人铭记。他们通常具有非比寻常的才华，往往剑走偏锋，开辟了预言、侦探、冒险、另类文学等非主流领域的半壁江山，丰富了人类的精神财产。同样地，他们的人生也如这些成就一般，充满了戏剧与传奇，值得玩味。

巴亚尔：
战死沙场是军人的无上光荣

国　　别：法国

生 卒 年：1473 年—1524 年

死亡原因：战死沙场

地位影响：巴亚尔，原名皮埃尔·特利尔，是法国著名的武将，军事奇才，以无所畏惧的勇气著称，被后世尊称为"巴亚尔骑士"。

　　骑士是欧洲特有的军人阶层，他们以济危扶困、惩恶扬善为己任，身份高贵，受到人民的普遍尊敬。巴亚尔的父亲就是一名品格高尚、骁勇善战的骑士，在父亲的言传身教之下，他也自幼就立下做一名骑士的志向。在父母的支持下，他跟随萨乌瓦公爵学习骑士之道，后来他应征入伍，成为一名军人。1494 年，法国国王查理八世为了获得虚妄的战功，率领军队远征意大利，这是巴亚尔第一次出征，他摩拳擦掌，跃跃欲试。法军凭借强大的实力和优良的装备在与意大利的交战中所向披靡，查理八世带领众人一度攻占了佛罗伦萨和罗马。也许是被胜利冲昏了头脑，在占领罗马后，这位法国国王开始丧失斗志，夜夜笙歌，导致无心应战。意大利不甘于领土的沦丧，集结神圣罗马帝国、英国和西班牙三国组成反法联盟，对法国发起反击。此时的法军由于连续作战，战斗力大减，加上查理八世指挥不力，面临危急的形势。

　　1495 年 7 月 6 日，双方正面交锋，起初法军在国王亲临作战的气势鼓舞下，连连突破了反法联盟的防线，战斗进入高潮。其后，双方士兵进入混战状态，电闪雷鸣、暴雨狂泻的恶劣天气使得战斗雪上加霜，战场上狼藉一片。巴亚尔参与了此次战役，他时刻守护在国王左右，显露出了极大的忠诚和勇气。他时刻冲在最前面，在坐骑被击毙的情况下，依然徒步与敌人进行殊死搏斗，大大震慑了敌人的士气。后来他甚至勇猛地夺下一面敌军军旗，使双方交战进入白热化阶段，也为他赢得了士兵的尊敬和国王的赞赏。在这次史称"福尔诺沃"的战役中，巴亚尔以顽强的毅力和不屈的勇气崭露头角，完全展示了一个优秀骑士应有的风采。战役结束后，虽然法国营地被敌方洗劫一空，实力大减，但是巴亚尔给查理八世留下了非常深刻的印象。他被国王赐予"骑士"称号，成为法国著名的十三骑士之一。

首次远征尴尬收场，令查理八世忧愤难平，不久便去世了。他的堂兄奥尔良公爵继承了王位，成为法国国王，史称路易十二。路易十二继承了查理八世的遗志，在位期间多次对外发动战争，这也使巴亚尔有了用武之地，他成为路易十二时代骁勇善战的英雄。他在与德军的对抗中战术娴熟、勇猛无比，为十三骑士赢得了巨大荣誉；在与意大利的交战中，他一人对抗数百敌军，支撑到援军到来，成为军中传奇，令敌人闻风丧胆；而在与西班牙的恶战中，他成功地将路易十二解救出来，再次成为法国国王的救命恩人。面对神圣罗马帝国的入侵，他在双方兵力极为悬殊的条件下，勇猛破敌，致使神圣罗马帝国撤出包围，法国中部幸免于难。

巴亚尔一生征战无数，军功卓著，而他的最后结局也是光荣无畏地战死沙场。

当时是 1524 年，法国又对意大利发起进攻。指挥官博尼韦上将和一位皇室成员作战意见不合，为了避免冲突，以大局为重的博尼韦上将将军队的指挥权交予巴亚尔。4 月 29 日，这位有着"全军最优秀统帅"之称的伟大将领开始指挥全军作战。他下令离开塞西雅河左岸前往布伦索营地。

第二天早上，敌军开始进攻法国的后卫部队，他们拥有对骑兵来说非常致命的投石兵，善于在暗处用石块攻击对方，削弱对方战斗力。投石兵令法国骑兵头痛不已，巴亚尔本人也非常不屑敌军这种阴暗的行为。他曾经说："看着一个骁勇的战士被卑贱的投石人杀死，真让人痛彻心扉。"不幸的是，巴亚尔本人也在一次战斗中被击中了，他的脊梁骨断裂了，令他痛苦不已。巴亚尔意识到自己快不行了，他诵读了几句《圣经》，然后命侍从将他放在一棵树下。他将脊背靠在树旁，眼睛还盯着敌军的方向。他对自己的战士说，背对敌人是懦弱的体现，自己就算牺牲也要充满尊严，这令他的手下感动不已，热泪盈眶。

巴亚尔是一个虔诚的天主教徒，由于战场上找不到牧师，他令自己的侍从雅克充当。但是雅克与巴亚尔感情极深，已经哭到无法自抑，巴亚尔见状只好作罢，他自己忏悔道："我要死了，最遗憾的是我没能如我所愿地做好我应该做的事，如果我能活得长久些，我会改正我所犯的错误。"为了安慰他的朋友们，他还说："不要救我，活过来我会更加痛苦，只有死，死亡很快就会来临。"士兵们想把他抬出战场，送回法国，遭到巴亚尔的竭力阻止，他命令士兵赶快逃命。大家在悲痛中离开了他，巴亚尔最终在战场上光荣地死去了。

后来赶到的敌军非常敬佩巴亚尔，他们为他举行了隆重的葬礼，并将他的遗体送回了法国。死在战场是一名军人的无上光荣，而赢得敌方尊敬也是一名军人的无限荣耀！

诺查丹玛斯：
大预言家成功预测了自己的死亡

国　　别：法国

生 卒 年：1503 年 12 月 14 日—1566 年 7 月 2 日

死亡原因：痛风引发水肿

地位影响：诺查丹玛斯，原名米歇尔·德·诺特达姆，是闻名世界的法国预言家，他的著作《百诗集》因精准预测了很多历史事件的发生而被后世视作奇书，引起了经久不衰的研究和热议。

诺查丹玛斯出生于法国一个普通的犹太家庭。他的父母曾是虔诚的犹太教徒，后来皈依了基督教新教，宗教对他产生了一生的影响。在身为医生的祖父的教育下，他很小就精通了拉丁语、希伯来语、希腊语和数学，受犹太神秘学的影响，他对占星术情有独钟。他支持"日心说"，这让他的父母担忧他会被当成异端分子而受到伤害，便送他到蒙彼利埃学习医学。三年顺利毕业后，诺查丹玛斯回到家乡开始治病救人。

当时的欧洲传染病肆虐，诺查丹玛斯的家乡也未能幸免，炭疽、瘟疫、黑死病等的流行导致人们惶惶不可终日。诺查丹玛斯立志找到治病救人的良方，拯救人们于水火。他奔波在法国各地搜寻有效的处方和治疗方法，还对患者充满关爱，常常免除贫困者的医药费，使他颇受人们的尊敬。

正是在与各种传染病做斗争的期间，他对魔法和玄学产生了浓厚的兴趣。1554年，他开始把全部精力放在玄学研究和预言书的写作上。他把住宅的最顶层改造成研究室，夜深人静之时便苦苦钻研那些神秘书籍。据说，他一切预言的灵感来自1547年出版的《神秘埃及》一书。

诺查丹玛斯打算撰写一部时间跨度从他所生活的中世纪到世界末日的预言书，体裁选用自由体诗或者四行诗，整部著作包括1000首诗，但是他只完成了十卷便含恨离开了人世。1555年，他的第一卷预言集出版即引起巨大反响。他的预言集包含法语、普罗旺斯方言、意大利语、希腊语以及拉丁语等，晦涩难懂，而且为了避免教会迫害故意将时间顺序打乱，更加深了理解的难度。但这仍没有阻挡人们尤其是贵族阶层对此书的追捧。尤其是他成功预言了当时法国王室成员的命运，令人们更是对他的预言能力深信不疑。

很快，法国有位神奇预言家诺查丹玛斯的消息便传遍欧洲，他的《百诗集》也衍生了各种版本在各地流传，据目前所掌握的资料统计，有26种之多传世，此外，也不乏盗用诺查丹玛斯之名的伪劣之作，但是只要署名是诺查丹玛斯，就不愁没有读者，这反映了他巨大的知名度和影响力。关于诺查丹玛斯对欧洲人民的强大影响，"二战"时期的一个例子可以说明。当时，为了宣传法西斯主义必胜，从心理上攻破盟军防线，德军用飞机散发了大量冒用诺查丹玛斯之名的伪预言诗，引发了大规模恐慌。为了安抚军心，盟军如法炮制，投入大笔经费，将德文版的诺查丹玛斯预言诗向法国、比利时等地抛撒，成为历史上心理战的著名案例。

　　不过，避开诺查丹玛斯大预言家的光环，我们不由得产生怀疑，他究竟是一个具有神秘魔力的预言家还是一个蛊惑人心的骗子？虽然他曾经准确预测了很多事件的发生，但是一些错误的判断也影响了他作为一名预言家的名声。况且他的诗集晦涩难懂，会不会是他为了保持神秘而故弄玄虚？他患有痛风，并在后来引发了严重水肿，这让这位大预言家也开始预言自己的未来，他预言自己将于1566年7月2日死在椅子和床之间。于是他在6月17日完成了遗嘱，安排妥当了身后之事，静静地等待死亡的到来。7月1日，当他的学生杰维尼来探望他时，他坚定地告知对方，自己将不会再看到他了。果不其然，第二天，他便在病痛中去世了，连死亡的姿势也是自己预言的那样。他的墓志铭由妻子亲笔撰写："这里安葬着极其著名的米歇尔·德·诺查丹玛斯的遗骨。日月星辰引导着他那支神奇的笔，对人类社会未来将会发生的事情进行了描述。他是独一无二的。"

　　的确，诺查丹玛斯是独一无二的。

贾科莫·卡萨诺瓦：
一生活在自己的自传中

　　国　　别：意大利

　　生 卒 年：1725年4月2日—1798年6月4日

　　死亡原因：不详

　　地位影响：贾科莫·卡萨诺瓦是意大利18世纪闻名欧洲的大情圣，被视作拜伦《唐璜》的原型。他极富才华，擅长写作和冒险。代表作品《我的一生》广为流传，为世人所津津乐道。

卡萨诺瓦出生于意大利威尼斯的贵族家庭，容貌俊美，举止优雅，富有教养，这是他个人魅力的外在来源；他还拥有一颗聪明的头脑，16 岁时就从帕多瓦大学毕业，精通数学、化学、法律、哲学等许多领域，擅长写作，还是一名业余医生，这一切构成了他的内在吸引力，并成为他混迹于上流社会的傲人资本。

大学毕业后，17 岁的他已经出落成一名风流倜傥的翩翩公子。他受到一位参议院议员的青睐，学到了很多关于品酒美食以及上流社会礼仪的知识，从此上流社会的大门为他打开了。卡萨诺瓦 1745 年开始以演奏小提琴为生，在一次表演的意外中，他于危难时刻救起了威尼斯大贵族马特奥·布拉加丁，被马特奥认为义子。从此卡萨诺瓦正式踏入上流社会，传奇的人生大幕由此拉开。

卡萨诺瓦生性放荡不羁，他不善理财，骄奢淫逸，但是每次遇到困难时总能得到朋友或者情人的帮助。例如，他凭借出众的个人魅力征服了性格古怪但相当有钱的女贵族珍妮·蒂乌，从她那里得到了大量的经济资助，开始用这笔钱推行乐透彩票，受到了热烈欢迎，使他在法国金融圈小有名气，同时也因为穷人带来希望而享有很好的声誉。

卡萨诺瓦喜爱冒险，他曾经接受法国政府的秘密邀请，从事过间谍活动，虽然为此受过牢狱之苦，但是深得法国政府的信赖。在威尼斯和法国的良好声誉，成为卡萨诺瓦混迹于各国贵族圈的通行证。他喜欢游历，足迹遍布佛罗伦萨、罗马、瑞士、热那亚和荷兰，每到一处，均受到当地贵族的热情邀请。例如他曾经被罗马教皇克雷芒十三世召见并获得了骑士封号，这对卡萨诺瓦来说是莫大的荣誉；普鲁士国王腓特烈二世特地为他提供一份军官学校的教职，虽然被婉拒了，但是充分显示了国王的诚意；俄国叶卡捷琳娜大帝也慕名接见过他，原因只是为了满足女王自己那颗强烈的好奇心。可见，卡萨诺瓦当时多么受欢迎，周游列国，周旋于各国贵族之间，他游刃有余，志得意满。当然，卡萨诺瓦并不是混吃混喝的骗子，他也注重利用自己的知名度为上层社会服务。非常有名的一个例子是，他在 1761 年代表葡萄牙参加了奥格斯堡和平会议，使法国和英国之间的七年战争得以和解，功勋卓著。

　　但是好景不长，法国大革命的爆发、威尼斯共和国的瓦解以及贵族势力的衰弱，使卡萨诺瓦的世界崩塌了。1766 年，他开始遭到多国驱逐。无奈之下他前往西班牙，却在当地因攻击教士遭到拘禁，幸好多年的好友兼情人海丽特及时伸出援助之手，使他从西班牙顺利逃脱。卡萨诺瓦仍没有放弃游历的爱好，他又辗转于那不勒斯、利亚斯特和罗马，但是今时不如往日，长期的漂泊生活令他突然产生厌倦，怀着对故乡威尼斯的浓烈思念，他终于在 1774 年 9 月 9 日回归故里。不过这并没能使他过上平静的生活，由于丰富的游历经历，他被威尼斯当局怀疑为间谍，受到严重骚扰，后来虽然有关的间谍指控被取消，却令卡萨诺瓦大受打击。他开始潜心于文学创作。他翻译了一些经典著作，并整理出版了《波兰史》，这使他又获得了极大的关注。

　　1785 年，卡萨诺瓦接受波希米亚伯爵华伦斯坦的邀请前往达克斯，担任城堡图书馆管理员一职，并在这里度过了余下的 13 年。晚年时期的卡萨诺瓦十分苦闷。他的容貌因为长期患病而变得风度不再，他的财产因为肆意挥霍而所剩无几，而他所处的时代正在经历着巨大变革，封建贵族势力的风光已逝，许多王室贵胄甚至沦为革命者的刀下鬼。这些都导致了晚年的卡萨诺瓦十分抑郁和悲伤。也许巨大的人生落差令他无法承受，他选择逃避在《我的一生》这本自传的撰写中。在该书中，他回忆了自己传奇的一生，可以说，这本书是他余下时光的精神支柱，陶醉于以往的美好中才能让他暂时忘却现实的痛苦。

　　《我的一生》被认为是卡萨诺瓦最伟大的作品，一经问世就引起了极大的轰动，主要原因在于他刻画了 18 世纪上流社会的百态，并描写了与众多贵族、皇室交往的秘闻，既能让人了解当时的历史风貌，又能满足读者对于贵族神秘生活的好奇心和窥私欲，因此经久流传。虽然也有人质疑此书带有夸张之嫌，是卡萨诺瓦为吸引眼球的垂死挣扎，但是不可否认此书的文学价值。

　　《我的一生》的完成使卡萨诺瓦感觉仿佛完成了自己在人间的最后一项

重大任务，此时他已经虚弱不堪，长期多种疾病的折磨以及糟糕的生活处境使他反倒期待死亡的到来。医生禁止他从事学术研究，建议他减轻思想负担，只管活在过去的回忆中就好，这令卡萨诺瓦哭笑不得。这位知名的风流浪子貌似一生都活在自己的自传中，终于在 1798 年 6 月 4 日，卡萨诺瓦离开了这个让他又爱又恨的尘世。

鲁热·德利尔：
为祖国完成忠诚的赞歌

国　　别：法国

生 卒 年：1760 年 5 月 10 日—1836 年 6 月 26 日

死亡原因：卡那性肺炎

地位影响：鲁热·德利尔是法国的军事工程师和诗人，但他最著名的身份是一名作曲家。他于 1792 年创作的《马赛曲》成为法国国歌，被法国人民世代传唱，激发了人们的无限爱国热情。

　　鲁热·德利尔生活于法国大革命爆发的火热年代，是一位有着强烈爱国情感的年轻军官。他担任斯特拉斯堡市卫部队的工兵上尉期间，是市长迪特里希家里的常客，经常与市长和市长夫人一起探讨诗歌和音乐创作。

　　1792 年冬，一场严重的大饥荒侵袭了斯特拉斯堡，连市长迪特里希家里也入不敷出，艰难维持生计，最后发展到了以战时配给食物糊口的地步。一天，看着饭桌上可怜的吃食，迪特里希语重心长地对德利尔说："我们吃什么都无所谓，重要的是让市民们能够感受到热闹的节日氛围，让士兵们充满对敌人殊死战斗的勇气！"说完，他让女儿从酒窖里把最后一瓶酒取出来，一帮人为伟大的祖国共同干杯。当时，斯特拉斯堡市政府为了鼓舞人们的士气，决定举办一场爱国主义盛典，迪特里希市长忽然想到了德利尔的作曲才华，趁着酒兴鼓励他为此写出一首斗志昂扬的歌曲出来，以激发法国人民的爱国热情。德利尔欣然应允。

这天他们相谈甚欢，等德利尔回到家时已是午夜时分了，但是他兴奋异常、睡意全无。为了赶在典礼之前把曲子赶出来，他迅速投入了创作之中。也许过于激动，他的脑海出现了许多想法：先填词还是先谱曲，先写音符还是先写诗句？他还没有形成清晰的思路，在脑海中各种想法打架之际，他竟然趴在钢琴上睡过去了。第二天清晨醒来，忽然他感觉脑海中回荡着十分美妙的旋律，便立即将其记下来，并配上了歌词，谱完了音符，一首曲子就这样完成了。德利尔兴奋极了，他急匆匆地冲出家门，往市长家奔去。迪特里希听说曲子这么快就完成了，非常高兴，让他的大女儿用钢琴伴奏，并邀请了几位懂音乐的朋友前来共同欣赏。结果，曲子的第一节就引得人们心潮澎湃不已，第二节时大家已被感动得热泪盈眶，听到最后一节，大家的情绪被带动起来，达到高潮，他们兴奋地抱到一起，欢呼为祖国完成了一首忠诚的赞歌！

1792年4月24日，这首被命名为《莱茵河军队战歌》的曲子经德利尔在斯特拉斯堡首次演奏之后取得了巨大反响，不久便传唱全国。三个月后，法国第二大城市马赛的工人革命军在进攻巴黎的时候，正是高唱着这首歌；马赛的工人俱乐部每次召开会议，也必定在开头和结束演奏这首歌；就连马赛的革命队伍行军在路上也会演唱这支歌。由此，这首歌又被命名为《马赛曲》。

1795年，《马赛曲》被选定为法国国歌。之后，虽然拿破仑一世、路易十八和拿破仑三世都曾经废止过这支曲子作为国歌，但是它以强大的影响力，依然在1879年重新成为法国的国歌，并流传至今。鲁热·德利尔也随着这支曲子被世人所永远铭记。

与当时众多拥有爱国理想的热血青年一样，德利尔将自己最美好的青春奉献给了自己的祖国。1826年，花甲之年的德利尔开始感到自己的健康状况已经不容乐观，但他勇气不减，在日记中勉励自己："我深信，一个真正的男子汉无论如何不会选择自杀的。但是当他确实已经无法继续生存的时候，就应该勇敢地走向死亡。"

1830 年，大革命的又一次爆发重新将他体内蕴含的激情唤醒了，他再次投入革命的洪流之中。革命取得胜利之后，他凭借出色表现获得了一笔奖金，并被授予法国荣誉骑士勋章。由于身体条件所限，德利尔决定离开巴黎，前往他的朋友吾瓦尔的家中休养。

在吾瓦尔家的这段时间里，他潜心创作，难得过上了悠闲舒适的生活。不过在 1835 年冬天，一场肺炎突然令他卧床不起。此后，虽然经过治疗使他的病情得到了一定缓解，但是，到 5 月份的时候，天气的突然转凉，使他的病情再一次加重。他接受了医生的建议，放下了手头的创作，配合进行彻底的治疗。但是，为时已晚，他的身体再也无法好转。

6 月 25 日这一天，德利尔的病情急转直下，他感到前所未有的难受，并陷入时断时续的昏迷之中。当他再次清醒了一些之后，首先对他的朋友表达了由衷的感谢。此后，他越发地虚弱了。第二天凌晨，这位法国国歌之父永远离开了这个令他热血沸腾的世界。

德利尔去世后，法国各界发出了热情洋溢的赞美，甚至在他的葬礼上，索瓦西的产业工人们集体献唱《马赛曲》为他送行。法国人民会永远记得这位勇士，以及他为这个国家谱写的美妙赞歌！

皮埃尔·康布罗纳：
"近卫军决不投降"

国　　别： 法国

生 卒 年： 1770 年 12 月 26 日—1842 年 1 月 29 日

死亡原因： 风寒

地位影响： 皮埃尔·康布罗纳，法兰西第一帝国的一名将军。拿破仑逊位后，康布罗纳誓死追随，并护送他回到法国，重掌政权。滑铁卢战役后，康布罗纳被列为一级战犯，但最终无罪释放。

　　皮埃尔·康布罗纳原本打算遵从父亲的意愿做一名商人的，但是大革命的爆发，使满腔热血的他一心报效祖国，于是在 1791 年，21 岁的他不顾家人的反对，毅然决然加入卢瓦尔省第一营，成为一名志愿军。战争年代人人自危，朝不保夕，很多人为求自保而选择逃离，康布罗纳却反其道行之，誓与祖国共存亡，可见其强烈的爱国情感和无所畏惧的勇气。两年之后，他从北方军团调入布雷斯特海岸军团。在一次与叛军的斗争中，他因表现勇猛被提升为中尉。次年，虽然康布罗纳受到一名政府官员的指控，控诉他侮辱对方人格，但他还是在 10 月获得了提拔，成为上尉。

　　从布雷斯特海岸军团出来后，康布罗纳又先后在西方军团和大洋海岸军团的第四十六线列步兵半旅服役，抗击过登陆基伯龙的反法敌军。1797年，远征爱尔兰失败以后，他辗转于莱茵－摩泽尔军团、英格兰军团多瑙军团和瑞士军团，四处征战。1880 年 9 月，总督马塞纳任命康布罗纳为掷弹兵连上尉连长，在此后的苏黎世之战中，他率领部将向轰炸他们军团的敌军炮兵发起进攻，后来更是亲自持刀冲锋上阵，大大鼓舞了士气，使敌军闻风丧胆。次年 6 月，他率领掷弹兵连跟随莱茵军团参与了奥伯豪森战役，有"法兰西第一掷弹兵"之称的拉图尔·道弗涅战死后，康布罗纳的战友们将"法兰西第二掷弹兵"的荣誉给了他，但是被康布罗纳拒绝了。谦逊也是这名军人的良好品质。

此后，拿破仑登台，为法国赢得了难得的和平与统一，康布罗纳奉命驻守在敦刻尔克，在调任海岸军团时荣获骑士级荣誉军团勋章。1805 年，反法同盟对法国发动袭击，康布罗纳被提拔为第八十八线列步兵团少校，跟随总军团征战中欧。次年，在对普鲁士的战争中，康布罗纳凭借其杰出表现被授予军官级荣誉军团勋章。

1808 年，康布罗纳被调往西班牙战场，不过很快就被调回法国本土，在近卫军第一狙击兵与猎兵团中任职。1809 年，他随近卫军第一腾跃兵团征战地中海半岛，因卓越战功受封为法兰西第一帝国男爵，荣耀一时。1811 年，康布罗纳调任近卫军第三腾跃兵团少校，次年参与了征俄之战。远征俄国失败之后，康布罗纳继续留任帝国近卫军少校，并于 1813 年 4 月荣膺指挥官级荣誉军团勋章，接着转战于包岑和德累斯顿两个战场。这年 9 月，他跟随近卫军第二猎兵团参加了 10 月的莱比锡会战和汉瑙之战中，因勇猛的表现很快晋升为准将，负责指挥近卫军第一猎兵团。1814 年，反法同盟对法国发动总攻，法兰西第一帝国进行自卫，康布罗纳率领拿破仑著名的老近卫军作战。一个月之后，他在奥布河畔巴尔被一发子弹射伤大腿，此后又在克拉奥讷之战中多次负伤，但是他仍然坚持战斗，表现了一名军人顽强的意志力和崇高的奉献精神。

巴黎保卫战失败后，迫于国内外的强大压力，拿破仑宣布逊位，并被流放到厄尔巴岛，康布罗纳率领近卫军的一个营誓死追随。1815 年，拿破仑寻求东山再起，由康布罗纳率领那个营护卫他重返法国，重新掌握了政权。为了表彰康布罗纳的忠诚神勇，拿破仑授予他大军官级荣誉军团勋章，并打算将他擢升为中将，不过被康布罗纳婉言谢绝。于是拿破仑任命他为近卫军第一猎兵团上校团长，并赐予他帝国伯爵和法国贵族的封号。

拿破仑的复辟政权没有维持太久就遭到反法同盟的又一次进攻，在决定双方未来的滑铁卢之战中，康布罗纳率领近卫军进行殊死抵抗，他被流弹打伤了左眼。英军劝他投降，不过被顽强的康布罗纳拒绝了，并留下了"近卫军决不投降"这一名言，引发了无数人对这位英勇骁将的钦佩与崇拜。

滑铁卢之战失败后，拿破仑政权彻底垮台，康布罗纳也成为战俘被英军押往英国。康布罗纳给当时的法国皇帝路易十八写信，请求返回祖国，非但没有得到回应，反而被法国政府列为一级钦犯，并取消了军籍。这年12月，他被遣返回国，关进了拉拜监狱，接受军事法庭的审判。法国政府故意不让他出庭，打算因"故意"缺席判他死刑，幸亏贝里耶律师竭力为他奔走辩护，使法国政府最终撤销了死刑判决，并在1816年将他无罪释放。

贝里耶律师是保皇派，他对康布罗纳有救命之恩，而他费尽千辛万苦救出康布罗纳的目的就是希望这位拿破仑的宠将能够效力于波旁王室。律师的计划成功了，1820年，康布罗纳被路易十八任命为里尔司令，授予准将军衔，并赐予子爵爵位。

1822年，经历了二十多年的腥风血雨之后，康布罗纳终于安全退伍了。他和妻子没有子嗣，晚年过得相当孤独。身为军人，他体质硬朗，没有什么大病缠身。1842年，一场风寒突然袭击了他，使他卧床不起，很快他陷入了昏迷，并在睡梦中安详离世。对于一名驰骋沙场多年的军人来说，死在自家的床上应该是最幸运不过的事情了吧。

他的遗体由国民自卫军工兵部队负责。人们在他的坟墓上竖了一块糙石巨柱。巨柱的一侧篆刻着一把缠着橄榄枝的剑和他的大名，另一侧则是一首赞美诗，以纪念康布罗纳的显赫战功。

1842年2月，康布罗纳的家乡人民募集资金，给他建造了一座铜像，表达对他永远的纪念与敬意。

佛朗科斯·尤根·维多克：
传奇的世界第一私人侦探

国　别：法国

生卒年：1775 年 7 月 23 日—1857 年 5 月 11 日

死亡原因：瘫痪、伤寒

地位影响：佛朗科斯·尤根·维多克是世界知名的犯罪学大师、世界上第一位私人侦探，有着"侦探之王"的美誉。他也是世界上最早研究反犯罪技术的先驱，他帮助当时的巴黎警察局建立了首个侦探小组，教授他们秘密侦察技术和弹道测试技术。他的研究成果被美国、英国等情报机构广泛应用，影响深远。他还是很多侦探小说的原型，柯南道尔、雨果、爱伦·坡等都曾经以他为蓝本创作过不朽的英雄形象。

　　佛朗科斯·尤根·维多克的人生就像一部传奇。1775 年出生于法国阿拉斯一个普通家庭的他，自幼便喜爱运动和剑术，并在 14 岁的时候成为一名技艺精湛的剑手。19 岁时，处于革命风暴的法国急需大量士兵，于是他被父亲送到了军队，经过了五年的腥风血雨，他回到了家乡。当时法国实行严格的身份制度，由于没有身份证，维多克被当作逃兵抓了起来。在狱中，两名犯人将所犯的伪造罪嫁祸于他。无法自证清白，他被判罚终生苦役，后来实在忍无可忍，他越狱潜逃，成为通缉犯。

　　维多克潜逃的这十年，可谓噩梦般的经历。他改名换姓，四处躲藏，屡次被抓又屡次逃脱，亡命生涯尝遍了人生的酸甜苦辣，找到仇人复仇是支撑他前行的唯一动力。后来，他在凡尔赛得到了一张假身份证，凭此开了一家服装店维生，生活终于安稳了下来。不过，好景不长，两名曾经共处一室的同监犯认出了他，并威胁要揭发他。走投无路的情况下，他向巴黎警察局投案自首。

当时负责管理罪犯的警察名叫亨利，为了争取宽大处理，维多克向他提出如果他能够帮助自己重获自由，自己可以在牢房里做密探，帮助亨利破案，亨利答应了这一提议。此后，维多克成为亨利在牢房的眼线，获得了许多破案线索，使得大量案件得以侦破。两年后，由于维多克的立功表现，他终于获释。神奇的是，他被任命为享有逮捕权力的警察，虽然没有薪水，但是他的才华终于找到了施展的平台。

多年的逃亡生涯造就了维多克出色的反侦察能力，他非常善于化装，令他在办案中游刃有余。他曾经扮演过销赃的商人、年迈的绅士、潦倒的混混等，使他的侦查和破案如虎添翼。维多克这一惊人的角色扮演能力令他很快在警察界声名远播，被提拔为正式警察。昔日的逃犯成为警察，这种逆袭的事件多么具有传奇色彩啊！

维多克拥有超凡的侦查本领和罪犯管理能力。为了加强对罪犯的控制和管理，他协助巴黎警察局建立了系统性的罪犯档案记录，按照姓名、犯罪类型、惯用手法等分门别类，装订成册，便于查阅、审讯、侦查和侦破。此外，针对巴黎这一国际大都市当时糟糕的治安环境和居高不下的犯罪率，他建议模仿拿破仑政治警察的体制设立一个专门打击犯罪的特别机构。在他的设想里，该机构拥有武装力量，可以有效震慑犯罪分子，并且进行秘密活动，使犯罪分子猝不及防。更为大胆的是，他提出雇佣大批已经洗心革面、有犯罪前科的人加入这一机构，运用他们曾经丰富的犯罪经验来为警察服务。1812 年，维多克的这一想法成为了现实，世界上第一个侦探小组——保安部成立了。该机构成立后的 8 年时间里，巴黎的犯罪率下降了40%，社会治安得到显著改善，受到了民众的大力拥护。维多克在警界的威望和成就连国王路易十八也表示叹服，并赦免了他早年受指控的伪造罪。

不满足于这些成就，维多克继续在犯罪学上进行探索。1827 年，他成功出版了第一部犯罪学著作。1834 年，他又创建了世界上第一家私人侦探机构，成为世界首位私人侦探。由于他的巨大声名，委托他办案的人络绎不绝，多达上万人。英国曾邀请他帮助警察局设立犯罪调查机构，他成为很多警察局和私人侦探的咨询顾问，成为当之无愧的"侦探之王"。

传奇的人生经历使得维多克成为许多小说家眼中伟大的素材。他几乎是所有著名侦探小说家笔下的常客。侦探小说大师爱伦·坡的《卢莫街凶杀案》中的杜宾、柯南道尔笔下的夏洛克·福尔摩斯、现代作家阿加莎·克里斯蒂创作的比利时大侦探波洛等，都闪耀着维多克的光辉。甚至连当时法国文坛的大文豪，如雨果、大仲马、巴尔扎克也从维多克那里寻找灵感，《人间喜剧》《基督山伯爵》《悲惨世界》等都有维多克人生经历的折射。

这位大侦探终生没有子嗣，到了晚年，他的双腿已经瘫痪，但他仍以"不屈的老狮子"自居。1857 年 4 月的某天，他突然感染了伤寒，高烧不退。维多克感到十分沮丧，在日记中写道："受伤的不只爪子，还有他的心。老狮子再也无法走出他的巢穴了，再也无力大声咆哮了。"

5 月初，他对医生说："好想再一次感觉脚下的土地，如果自己能够再次独立行走，是不是可以获得重生？"人们在他的床前铺上泥土，维多克好几次都试图站起来，但都失败了。身边的人打算搀扶他，他严厉拒绝，他想依靠自己的力量站起来。就这样，经过数十天的挣扎，他始终没能站得起来。5 月 11 日，这位侦探大师结束了自己命运多舛又柳暗花明的一生。

维多克死后，神父称赞他是伟大的死者，清楚地掌握自己的病情，并以高昂的精神姿态与病魔搏斗，这多像他一生的人生写照啊：时刻在斗争，时刻不屈服，最终成为命运的主宰和永远的传奇！

皮埃尔·拉鲁斯：
与时间赛跑的词典大师

国　　别：法国

生 卒 年：1817 年 10 月 23 日—1875 年 1 月 3 日

死亡原因：中风

地位影响：皮埃尔·拉鲁斯是法国著名的字典编撰家、教育家、语
法学家、出版商，有"世界百科全书之父"的美誉。

皮埃尔·拉鲁斯 1817 年 10 月 23 日出生于法国的图西。他非常善于思
考和学习，16 岁时就获得大学奖学金，毕业之后 20 岁那年就已经成为图
西小学的校长，可谓年轻有为。在任职期间，他意识到了传统纯记忆式教
学的种种弊病，开始探索用一种全新的启发式教学方法加以替代。

为了实现这一目标，拉鲁斯前往巴黎，并在那里苦苦求索了 8 年。他
认为应从教材和学习辅助工具着手，于是，从 1849 年起，他开始从事相
关材料的出版工作。3 年之后，他同 A. 布瓦耶在巴黎共同创办了拉鲁斯
出版社，凝结着他教育智慧的第一本词典《少儿语法词典》问世，随后推
出《新语法词典》，很快销售额便突破了 500 万册，成为广大中小学生的
必备工具书籍。不满足于语法方面的成就，拉鲁斯又将眼光瞄准整个知识
体系，他试图将人类的知识精华浓缩在一起，编纂出集百科知识和词语用
法为一体的大辞典，于是在 1863 年，《19 世纪通用大词典》诞生了，取得
了巨大的轰动效应，成为拉鲁斯系列百科全书丛书的原始基础。该词典陆
续出版了 15 卷，为渴求知识的人们打开了一扇便捷的大门。1905 年，拉
鲁斯着手改变传统词典的形式，他首次在《小拉鲁斯》中运用了插图，使
得知识变得生动形象，也一改词典给人的枯燥印象，变得活泼有趣。拉

鲁斯这一开创性的举动令"图画语"成为词典释义的另一语言，从此词典开始多元性创新，《小拉鲁斯》随即一跃成为世界上最有影响力的词典之一。

1906 年开始，拉鲁斯出版社对《小拉鲁斯》进行拓展，每年都有单卷本的《小拉鲁斯》，如《拉鲁斯专科辞典》《拉鲁斯法 – 外双语词典》等出版发行，经久不衰。到了 1960 年，拉鲁斯出版社又陆续出版了 40 卷本的《大拉鲁斯》，涵盖了《拉鲁斯词典》和《拉鲁斯百科全书》，使出版社的业绩更加辉煌。为延续这一势头，1971 年起，拉鲁斯出版社推出了 60 卷本的《大百科全书》。

拉鲁斯不仅创建了伟大的出版公司，编纂了影响后世至今的伟大词典，他还创办了法国首张教育类杂志《师范学校》，开启了创新教育模式、普及教育专业知识的先河。拉鲁斯曾说，自己最大的梦想是教育儿童，他希望将知识传递给世界上每一个人，他没有令人失望。

拉鲁斯出版的众多图书为人类留下了宝贵的精神财富。其中，他编纂的《19 世纪通用大辞典》被认为是一部伟大杰作。在该辞典中，拉鲁斯将 19 世纪人类取得的人文知识成果加以提炼浓缩，通过画刊的方式为人们呈现了当时的知识全貌，充满了浓郁的艺术人文色彩。他将知识与艺术完美融合，使人们不仅可以查阅有关知识，解答疑惑，又可以得到美的熏陶，具有永久的收藏价值。这本词典在世界上影响深远，并深得许多文坛名家的赞赏。法国大文豪雨果认为它的出现使以往的词典显得思想陈旧和粗糙乏味，可以与精美的《狄德罗百科全书》一较高下，并且比后者更全面、更宏大。而著名作家大仲马更是对这本词典充满溢美之词，他说《福音》《拉封丹的寓言诗》《19 世纪通用大辞典》是书架上必不可少的读物。

以《19 世纪通用大辞典》为代表的拉鲁斯百科全书系列产品已经成为世界名牌，享有盛誉。它们被法国人视为《圣经》之外的"圣经"，被西方列为世界百科全书之首。在法国，拉鲁斯百科全书的发行总量仅次于《圣经》，基本上法国人人手一本。如今该套丛书已被翻译成 41 种文字，成为世界上最具影响力的三大百科全书之一。拉鲁斯出版社以及出版物已经成为法国宝贵的文化财富，是法国人心中永远的骄傲，而创始人拉鲁斯也被法国人民永远铭记和尊敬。

值得一提的是，拉鲁斯并没有看到《19世纪通用词典》全集的出版便离世了。他一生都将精力集中在这套百科全书的编纂上，由于工程浩大，他不得不与时间赛跑。他曾经对朋友说："就是每天十五六小时地工作，完成编撰尚需要两到四年的时间，我还没说到出版的事。只有完成这项工作，那时我才会休息。如果那时要我即刻死去，我会遵命，因为工作已经了结。"

1868年，正在拉鲁斯全身心地扑在《19世纪通用词典》的编撰工作之际，他的母亲去世了，他的印刷厂也在巴黎公社起义中被革命者付之一炬，这给他造成了非常大的精神打击。雪上加霜的是，他的身体也出现了问题，中风频繁发作，使得他的身体越来越糟糕。1874年12月，他终于完成了最后3卷的手稿，命运没有给他喘息的时间，很快，他又一次被中风击倒了，1875年1月3日，他离开了人世。他被巴黎市长称颂为最热忱的自由思想信徒，他的教育理念也对中小学教育事业产生了深远影响。

第八章　女性
相信柔韧的力量

　　女性永远是世界上的一道靓丽风景，而那些优秀女性更是锦上添花。她们拥有不同于男人的独特魅力，以美丽、娇弱，同时独立、坚强的强大品格深深地震撼世人。她们巾帼不让须眉，取得了辉煌的成就，但是她们的人生也因身为女人而罩上了感性柔和的色彩。她们的美丽与哀愁，希望我们懂得。

克利奥佩特拉：

"埃及艳后"于权力与爱情的抉择

国　　别：埃及托勒密王朝

生 卒 年：约公元前51年—前30年

死亡原因：一说死于蛇毒，一说为屋大维谋杀

地位影响：克利奥佩特拉（又译克娄巴特拉），是古埃及克罗狄斯·托勒密王朝的最后一任女王。她以美貌著称，擅长权衡利益关系，罗马帝国统治者纷纷拜倒在其石榴裙下，使埃及得以在罗马帝国扩张时期保持了短暂的独立。后来，克利奥佩特拉卷入罗马共和末期的政治旋涡，最终兵败身死，长达300年的埃及托勒密王朝土崩瓦解，就此纳入罗马帝国版图，直到5世纪西罗马帝国崩亡。

　　克利奥佩特拉是个绝世美女。17世纪法国哲学家布莱兹·帕斯卡曾说过："若克利奥佩特拉的鼻子长一点，或短一点，或许世界就会改变。"克利奥佩特拉的美由此可见一斑。正是凭借着旷世的美貌，她攀在男人的肩膀上，一步步地登上了权力巅峰。

　　第一个助她攀爬上权力顶峰的男人是她的异母弟弟，即克罗狄斯·托勒密十三世。为了能够与弟弟共同掌权，克利奥佩特拉嫁给了弟弟，但没多久他们就因争夺权力失和，克利奥佩特拉被弟弟和大臣们赶出了埃及。

　　在出逃叙利亚期间，克利奥佩特拉找到了新靠山，罗马帝国的统治者恺撒。当时，这对姐弟都想借助恺撒的力量夺取王位，托勒密十三世帮助恺撒除掉仇敌庞培以邀功，而克利奥佩特拉则主动献上了自己的肉体。最终，恺撒拜倒在美人的石榴裙下，帮助克利奥佩特拉夺取了王位，并与她结为夫妻。两人还生下一子。有了恺撒的庇护，克利奥佩特拉把埃及王位

让给了另一位弟弟托勒密十四世，她更热衷于罗马世界第一夫人的名号。可惜的是，公元前 44 年恺撒被刺身亡，克利奥佩特拉的美梦顷刻化为泡影。无奈，克利奥佩特拉只得返回埃及，毒死了托勒密十四世，立她和恺撒所生之子为托勒密十五世，与儿子共同统治埃及。

孤儿寡母统治下的埃及处处艰难，于是克利奥佩特拉找到了下一个男人，即罗马帝国的继承人马克·安东尼。安东尼陷入了克利奥佩特拉的美色诱捕无法自拔，两人在塔尔苏斯同居达 12 年之久。在安东尼的庇护下，克利奥佩特拉成功地保住了她的王位和埃及。

可以说，克利奥佩特拉的每一位丈夫或情人都是权力巅峰的统治者，没有人知道在爱情和权力之间她到底更爱哪一个，或许两者于她已无分别。

戏剧性的是，克利奥佩特拉最终也因男人而死。

第一种说法认为，克利奥佩特拉为安东尼自杀殉情。这一说法最早源自希腊哲学家普鲁塔克著的名人传记。那是在公元前 31 年，为争夺罗马帝国的最高权力，安东尼与克利奥佩特拉联军向恺撒的养子屋大维宣战。9 月，安东尼与屋大维在海上正面交锋。由于屋大维的战舰使用了新式武器，安东尼很快就败下阵来，最终只带着 40 艘战船仓皇逃跑，余下的战船和陆军全部投奔了屋大维。

安东尼逃回埃及后一蹶不振，整日饮酒消愁，还组织了一个"自杀俱乐部"，约定如果他们中的一个人被杀，其他人就一起死。克利奥佩特拉决心与安东尼共生死，还研究出一个体面的死法。她发现中了眼镜蛇的毒可以让人死得舒服些，既不会痉挛，也不会腹绞痛，而是在昏睡中走向死亡。她喜欢这一种死法。

公元前 30 年夏，屋大维攻进埃及，安东尼无力抵抗，又在前线听到克利奥佩特拉死亡的传言，不禁万念俱灰，伏剑自杀。女王得知消息后，请求屋大维赦免她的儿子，然后平静地为安东尼举行了葬礼。葬礼结束后，克利奥佩特拉写信给屋大维，恳求将她葬在安东尼的身旁。接着，她将一篓藏有毒蛇的无花果放在身边，被毒蛇咬后中毒死亡。屋大维闻讯后试图救活她，但为时已晚，克利奥佩特拉的两个贴身女仆也随同女王一同自杀。

　　如女王所愿，屋大维将她安葬在安东尼身边。

　　克利奥佩特拉殉情死的说法让许多人动情，但后世有法理学家和犯罪学家对此持怀疑态度。第一个疑点是传记者普鲁塔克，他是在克利奥佩特拉死后 75 年才诞生的，与历史事件发生时间相隔较远，且叙述中充满了矛盾、错误和不可能的巧合。第二个疑点是克利奥佩特拉的自杀信。美国明尼苏达州犯罪研究专家帕特·布朗认为，一个决心自杀的人不会先向某人送出一份示警性的遗书，好让他跑来拯救自己，这不符合自杀者心理。第三个疑点则是死亡时间。实验数据表明，被眼镜蛇咬中最快的死亡时间为 2 小时，尽管医学记载中也有中毒 20 分钟内死亡的事件，但普鲁塔克记载屋大维闻讯前往施救只是几分钟的事，而女王已经香消玉殒。第四个疑点则是两个女仆之死。牛津大学医学教授戴维·沃热尔提出，并不是毒蛇每次咬人都能释放出毒液。女王和女仆三人一同被毒蛇咬中，全部中毒而死的概率将非常低。

　　如果女王并非自杀，又是因何丧命？有犯罪学家认为，克利奥佩特拉很可能是死于一场精心策划的谋杀，最大的嫌疑人就是后来成为奥古斯都大帝的屋大维。屋大维杀死克利奥佩特拉和恺撒的儿子恺撒利昂以及她和安东尼所生的长子亚历山大，也都说明屋大维具有谋杀动机。而且，在埃及从没有女仆陪主人自杀的传统，两名女仆之死也应为屋大维所为。他想把这一场谋杀案办得更利索些，便一举除掉了所有目击者。

　　克利奥佩特拉到底因何而死，至今已无法确切查明。随着克利奥佩特拉之死，她的充满戏剧性的一生落下了帷幕。而她与两位罗马帝国统治者之间权欲纠缠的故事，让她在死后大放异彩，成为莎士比亚笔下"旷世的性感妖妇"，文艺或电影作品中艳艳千秋的"埃及艳后"。

圣女贞德：

人们乐于相信，她仍活在世间

国　别：法国

生卒年：1412 年 1 月 6 日—1431 年 5 月 30 日

死亡原因：火刑

地位影响：圣女贞德是法国的天主教圣人。在英法百年战争中，她
年仅 17 岁就领导了法国人民抗击英军侵略，为战争胜利做出了巨大贡
献，被视为法国的民族英雄、法国人民心中的自由女神。圣女贞德在死
后成为西方文化中重要的符号，代表了自由、正义和勇敢。她的形象被
历代政府进行大力宣传，她的事迹也成为许多艺术家的素材，影响深远。

　　贞德生活在法国历史上一段异常黑暗的时期。英法的长期交战和法国
政权内部的分崩离析使得法国人民生活在水深火热之中。从小目睹人民疾
苦的贞德萌发了带领人民走出战争阴霾的志向。

　　作为虔诚的天主教徒，贞德曾宣称自己遇到过神迹。12 岁那年，她自
称遇见了大天使圣弥额尔、童贞玛加利大和亚历山大的圣加大肋纳，他们
指示她要带领人民赶走英国入侵者，并支持王储在兰斯加冕。得到了神谕，
贞德前往沃库勒尔拜见那里的驻防部队指挥官博垂科特。她向博垂科特说
明了事情原委，得到的却是他的冷嘲热讽。贞德并没有放弃，在她的坚持
之下，又一次获得了接见。这一次，贞德预言了法军将在鲱鱼战役中大败。
果不其然，这一预言成真，博垂科特不得不按照贞德的意愿带着她去面见
王储。查理王储对这位来自农村的文盲女孩印象极为深刻，他命令下属对
贞德进行背景调查以检验她是否撒谎。此时，一场远征奥尔良的战役即将
打响，贞德请求参战，已经穷尽了所有方法、政权岌岌可危的王储出乎意

料地答应了她的这一请求。或许这是王储"死马权当活马医"的无奈之举，但是贞德很快就令他惊喜。

贞德在作战中表现出了极强的军事天分，她采取主动攻击的策略，每一次战斗都亲自参与，并极其善于鼓舞士气，甚至在负伤之后也坚持作战。她这种时刻冲锋陷阵的高昂姿态使士兵们大受鼓舞，法军取得了一连串罕见的胜利，迅速收复失地。法军打算一鼓作气，攻下巴黎。但是此时贞德建议先夺下兰斯，兰斯是法国历代国王加冕的地方，她想帮助王储称王。法军乘胜追击，并在帕提战役中以极小的伤亡重挫英军，逆转了战势。节节胜利使得沿途的诸侯国也纷纷倒向法军，贞德领导着法国军队势如破竹，终于顺利打开了通往兰斯的大门。加冕典礼举办成功，王储登基，成为查理七世。贞德建议继续进攻巴黎，但是国王倾向于和勃艮第进行谈判以达成休战。殊不知，勃艮第以此为缓兵之计，暗中增强了巴黎的防御，这导致收复巴黎以失败告终。

贞德继续率领军队与英格兰和勃艮第人做斗争。1430 年 5 月 23 日，她在贡比涅与敌方的交战中被勃艮第人俘虏，被关押起来。当时只要交付一定的押金，俘虏即可被释放，但是针对贞德，勃艮第人没有这样做。他们将她交给了英军，英格兰对贞德恨之入骨，所以打算对她严厉审判。英格兰指控贞德是异教分子，主张重罚。真实的原因是她支持查理七世加冕，而使英格兰国王亨利六世将法国收入囊中的计划落空，因此她成为英格兰的眼中钉。

1431 年 1 月 9 日，对贞德的审判开始，虽然是宗教审判，却由英格兰主导，并在许多程序上做了修改，以对贞德不利。

受英格兰操控的教士们对贞德提出了种种刁钻的讯问，但都被机智的她驳得哑口无言。他们搜肠刮肚，绞尽脑汁寻找贞德是异端分子的证据，终于，在 3 月底的时候，他们找到一个：她着男装，这违背了天主教的教义。

但是还未来得及审判，贞德得了一场大病，她病倒了。英格兰不甘心放任她这样死去，以帮助她治疗的名义，骗取不识字的她在一份悔过书上签字。该悔过书上承认贞德亵渎上帝，相当于贞德已经认罪。

英格兰认为审判拖得太长，指示教会要速战速决。于是在5月28日，审判长博韦发表了一份判决书，他称贞德是邪教异端，"异端邪说常常以它那瘟疫般的毒素影响一个教徒，使其成为撒旦中的一员。因此必须以极端的虔诚来阻止这种毒素蔓延至其他的基督徒"。而他所谓的极端虔诚的方式就是判处贞德死刑。

5月30日，行刑当天，刽子手们在广场上垒起了高高的柴火堆。为了让围观的人都能看清这个异端分子，贞德被绑在了高处。通常，为了减轻受刑人的痛苦，刽子手会在火刑之前就掐死他们，但是对贞德，他们没有这样做。

贞德要求行圣事，她从牧师那里要来一个十字架，并不断地祈祷，以示对上帝的忠诚。她的虔诚还令围观的人们异常感动。为了平复人们的情绪，教士们不得不大声反复宣读着贞德的一系列"罪状"。

熊熊烈火点燃了，贞德淹没在火海中。直到生命的最后一刻，她还呼喊着上帝的名字，令人动容。为了以防万一，英格兰人将她焚烧了两次，并把骨灰抛撒进了塞纳河。传奇圣女就这样消失了。

后世流传着很多贞德并未被烧死的传说，有人说烧死的是她的替身；有人说她在受刑前就已经逃脱；也有人说她是真正的圣女，已经被天使接回了天国。人们不愿意相信她的死亡，从而编织出了很多优美的传说，但是，有一点不可否认，她在灰烬中得到了永生，因为她永远活在人们的心中！

拉法耶特夫人：
敏感多思往往是把双刃剑

国　　别：法国

生 卒 年：1634 年 2 月 27 日—1693 年 5 月 25 日

死亡原因：梗塞引起的"严重中风"

地位影响：拉法耶特夫人原名玛丽·马德莱娜·皮奥什·德·拉韦尔涅，出身于法国的小贵族家庭，是法国知名的女性作家。其作品带有古典主义风格，擅长心理描写，以爱情小说见长。主要作品为《克莱芙王妃》《汤德伯爵夫人》等小说。

马德莱娜 21 岁便嫁给了拉法耶特伯爵，以拉法耶特夫人之名闻名于世。不过他们的夫妻关系仅仅维持了几年，以友好分手的方式告终。拉法耶特夫人自 1661 年开始就独自住在巴黎，拥有不菲财产的她过着尊贵的生活，是上流社会的活跃人物。她热爱文学和艺术，经常参加朗布依耶公馆举办的文艺沙龙聚会。很快，她跟风效仿，也拥有了自己的文艺沙龙，定期与朋友们聚会。她善于交际，与文艺圈的很多人都有交集，书柬作家、英国查理二世的姐姐赛维涅夫人，箴言作家、清洁文字运动的主要成员拉罗什富科以及英国皇室成员亨利耶特等都是她的至交好友，长期是她家里的座上宾，互相切磋文学技艺。

拉法耶特夫人从小接受过优良的拉丁文学教育，加上自身出众的天分以及对文学的热爱，她非常热衷文学创作。她才思敏捷，经常出入于宫廷和上流社交圈，拥有丰富的阅历，并积累了大量以宫廷为背景的素材。拉法耶特夫人非常感谢自己青年时代阅读的文学作品，认为正是这些作品的滋养，奠定了自己文学创作的基石。她尤其推崇法国作家杜尔菲的《阿斯特雷》，不过难得的是，她并没有继承杜尔菲的故弄玄虚和矫揉造作。相反，她擅长在作品中真实地流露自己的情感，并忠实于自己的创作理念。

因为自己的身份背景，拉法耶特夫人的作品基本上都是当时法国上流社会生活的折射。她也是一位相当多产的作家，有《英国亨利耶特的故事》《1688 年和 1689 年法国宫廷回忆录》《蒙邦西耶王妃》《柴伊德》《克莱芙王妃》《汤德伯爵夫人》相继问世，使她在法国文坛占据了一席之地。在中世纪的法国，女性社会地位较低，没有文学作品的创作权，因此拉法耶特夫人都用假名发表作品，但是这都无法掩盖她作为一名优秀作家的光芒。

在她的诸多作品中，尤以《克莱芙王妃》最为有名。该书描写了一段发生在法国上流贵族之间的凄美三角恋情，虽然故事情节没有脱离传统的窠臼，但是人物心理刻画极其细腻，文笔优美，被认为是法国文学史上第一部心理描写小说，并被后世奉为可与拉辛的悲剧比肩。《克莱芙王妃》被深深地打上了历史的烙印，这也是拉法耶特夫人作品的特色，她习惯根据故事需要将历史真实存在的人物在作品中予以转化。据说《克莱芙王妃》正是按照她的真实情感经历写就的，可见，欣赏她的作品，可以一窥法国当时上流社会的风貌。这也是拉法耶特夫人的作品真实性的来源，她反对当时流行于法国文坛的浮夸做作之风，认为文学之美在于真实。她极力追求探寻人的精神之源，并希望刻画出人的灵魂，因此，她力争在自己的作品中展现精确之美。《克莱芙王妃》的问世，被视为这种精确艺术的开端。

文学评论家们普遍认为，拉法耶特夫人开创了法国文学创作的新时代，受她的影响，此后的法国文学十分注重"精神真实"，并催生了感伤主义和现实主义等文学流派。如此看来，拉法耶特夫人对法国文坛的贡献不容小觑。

也正如《克莱芙王妃》中女主人公的结局一般，在经历了挚友拉罗什富科和前夫去世的打击之后，拉法耶特夫人放弃了上流社会的生活，开始回归平静。事实上，她的精神糟透了。这个敏感细腻的女作家始终无法承认挚爱亲朋离世的现实，这甚至使人们误以为她疯了。

精神上的忧郁导致她的健康状况日渐不容乐观。1690 年，她跟好朋友塞维涅夫人的通信中提到自己正承受着眩晕症的折磨，她称那是世界上最痛苦的感觉。

一年之后，她又患上了肠梗塞，对于死亡的恐惧使她十分忧愁。她的朋友描述她，即使世界上最微不足道的事情也能令她感伤不已。她在日记中写道："我总是伤心、焦虑，明明知道我没什么可伤心、可焦虑的。"又称："我的身心昼夜都不得安宁。"她急速地消瘦下去，身体也变得更加虚弱。为了排遣孤寂，她主要通过书信与朋友们进行交流。我们通过这些书信了解了这位女作家临终之时的心理状态，孤独、忧郁、恐惧以及无时不在的敏感侵占了她的心，女性的脆弱在此刻被表现得淋漓尽致。难怪拉法耶特夫人如此擅长刻画人物心理，她本身就是一个内心丰富、多愁善感的人啊！

1693 年 5 月她开始陷入长时间的昏迷。5 月 25 日，领圣事的仪式还没结束，她就永远合上了眼睛。致力于探究人类灵魂最深处的拉法耶特夫人，至少已经在病魔中看透了自己的灵魂。

蓬皮杜夫人：
我要的不只是一个头衔

　　国　　别：法国

　　生 卒 年：1721 年 12 月 30 日—1764 年 4 月 15 日

　　死亡原因：心脏病

　　地位影响：原名让娜·安托瓦内特·柏松的蓬皮杜夫人是法国历史上知名的美人，以与国王路易十五的特殊关系为世人瞩目。然而她不仅仅是路易十五的情妇兼红颜知己，她还是伟大的艺术鉴赏家，她推动了洛可可艺术在法国的发展，并资助了启蒙运动中的大量作家，她是法国的时尚先锋。此外，她还因为将法国推向灾难深重的"七年战争"而备受争议。

　　1721 年，让娜·安托瓦内特·柏松出生于巴黎一个资产阶级家庭。她天生丽质，父母视她为珍宝，在文学、音乐、舞蹈等方面精心栽培她，以期望她能嫁到贵族阶层，从而改变家族命运。她果然没有令父母失望，18 岁便与埃蒂奥斯侯爵成婚，从此踏入了上流社会。

　　让娜酷爱艺术，她仿照当时贵族夫人的做法，开始经营自己的艺术沙龙。凭借自身的良好素养和出众魅力，她的沙龙日渐声名鹊起。她通过沙龙结识了很多文艺界的名人，被誉为"法兰西思想之父"的伏尔泰以及百科全书代表人物狄德罗均是她的座上宾，与她保持了终身的友谊。在这帮文人的吹捧之下，让娜的沙龙一时间名流云集，她也成为瞩目的明星。

　　当时的法国国王路易十五骄奢淫逸，拥有众多情人。在启蒙运动思想的带动下，法国社会对于男女关系十分包容，许多女孩期望获得国王垂青，成为他的情妇从而一步登天，而这也得到她们的父母甚至丈夫的鼓励。在这种风气的带动之下，让娜也不甘心于只做一个小小的侯爵夫人，她具有更大的野心，希望能够引导法国社会。于是她开始处心积虑地想要引起国王的注意。

她家的一片树林正好邻近国王打猎的地方，为了邂逅国王，她经常坐着马车在树林附近闲逛。功夫不负有心人，她终于成功吸引了国王的目光，并很快接到国王邀请她去凡尔赛宫参加舞会的请柬。

这令让娜狂喜不已，她盛装出席了国王的舞会，凭借华丽的外表成为当晚唯一的主角。据说国王与她跳了一晚上的舞，喜爱之情可见一斑。从舞会回来后，让娜跟埃蒂奥斯侯爵离了婚，被路易十五接入了凡尔赛宫。

路易十五十分关心她在凡尔赛的生活。出生卑微的让娜受到如此宠爱肯定会遭到宫中贵族的忌妒和中伤，加上她入宫不久，路易十五就要远征作战，令他非常担心心爱的人受到伤害。于是路易十五命令一名自己非常信赖的神父充当让娜的保护人，教导她宫中礼仪和错综复杂的贵族关系。让娜十分聪明、有趣、识大体，渐渐消除了宫中贵族对她的敌意。路易十五回来之后非常满意她的表现，封她为"蓬皮杜夫人"，从此她以此名为后人所熟知。

国王的喜新厌旧和激烈的争宠斗争使蓬皮杜夫人意识到自己并不能完全依仗他的宠爱，她聪明地将自己从复杂的宫闱斗争中解脱出来，在艺术中寻找到了一片属于自己的天地。

蓬皮杜夫人和当时文艺界诸多知名人士保持了良好关系，比如她和著名画家弗朗索瓦·布歇的友谊。她非常喜爱布歇作品中的洛可可风格，用他的作品点缀自己的宫殿，还经常请他为自己作画，使洛可可风格的绘画名噪一时。此外，在宫殿装饰、建筑等领域她也大力推崇洛可可风格，使得一时之间，法国到处弥漫着浪漫迷幻的精致，蓬皮杜夫人对洛可可艺术的贡献不可估量。

蓬皮杜夫人还大力发展歌剧，她曾经主演或导演了上百部歌剧作品，使法国歌剧迎来了历史上的黄金时代。她还兴建了一批歌舞剧院，成为法国的标志性建筑。此外，她非常尊敬文艺界的人士，常常资助他们的创作和活动，催生了法国文艺领域的繁花似锦。难怪伏尔泰盛赞她拥有美丽的外表和正义的灵魂。

虽然外表柔弱，蓬皮杜夫人骨子里却是个强势的人。她渴望对社会施加影响，在文艺界她做到了，那么政治圈呢？凭借极高的情商，蓬皮杜夫人使得路易十五对自己非常信赖。他喜欢与她探讨国事，官吏的升迁、贵族封地爵位的得失大都由她来左右，显示了她不凡的政治能力。为她引来争议的是，她将法国推向了"七年战争"的深渊。1756 年，奥地利在王位继承中被普鲁士打败，为了复仇，奥地利想要同法国结盟。为了显示自己的强大影响力，蓬皮杜夫人说服路易十五接受了奥地利的提议，将法国拖入了战争之中。此后七年，欧洲大陆的主要国家卷入了这场纷争，最后以法国的惨败告终，失去了海外大量的殖民地，还使国力遭到大大的损耗。始作俑者蓬皮杜夫人也遭受了非议。路易十五迫于压力与她解除了情人关系，但是仍然与她保持了亲密的友谊，并允许她继续住在凡尔赛宫。

1764 年年初，长期的心脏问题使蓬皮杜夫人日渐消瘦，并开始咳血。其间，她陪国王去了一趟乔伊斯，回来之后就卧床不起了。她呼吸变得困难，脸色也非常苍白。路易十五对她的身体状况十分关心，请来全国优秀的医生为她诊断，但是医生们最终都放弃了努力。蓬皮杜夫人已经病入膏肓，无药可救了。

深感将不久于人世，她将自己钟爱的几只宠物送给了好友布封，并请来了神父为自己实施临终涂油仪式。4 月 15 日，在与神父交谈过后，她想亲自送别神父，并出去散散心。于是晚上 7 点左右，与神父分别后，她踏出了家门，死在了路上。

蓬皮杜夫人出殡的那天，风雨交加。对此，路易十五不无伤感地说："夫人旅行没有赶上好天气啊。"此话一出，令人唏嘘不已。送葬队伍的火把不时被风雨熄灭，有人调侃说这是路易十五的叹息，可见，蓬皮杜夫人的逝世令这位国王多么悲伤。他没有亲自送行，而是站在凡尔赛宫的阳台上目送着红颜知己的离去。过了很久，他回过神来，对身边的侍从悲伤地说："这是他所能表达的最大敬意了。"说这话时，他的眼中噙满了泪水。能令国王如此动容，蓬皮杜夫人也是含笑离去的吧！

约瑟芬·德博阿尔内：
拿破仑一生挚爱的纯洁天使

国　　别：法国

生 卒 年：1763 年 6 月 23 日—1814 年 5 月 29 日

死亡原因：重伤风

地位影响：约瑟芬·德博阿尔内是拿破仑·波拿巴的第一任妻子，法兰西第一帝国的皇后，她和拿破仑的爱情与婚姻为后人津津乐道。

约瑟芬·德博阿尔内是出名的美人。贵族出身的她很早就被父母安排嫁给了博阿尔内子爵，但是他们的婚姻并不如意。在法国大革命时期，她的丈夫被雅各宾派送上了断头台，而她凭借自己出众的容貌免于一死，后来在朋友的帮助下还重获了被革命党人没收的家产。约瑟芬美貌与智慧并存，她拥有高超的交际手腕，混迹于巴黎上流社会，成为著名的社交名媛。

当时的拿破仑还没有成为后来声名显赫的皇帝，他个子矮小，其貌不扬，没有太多的财产。自从一次聚会上结识了之后，拿破仑对聪明美貌的约瑟芬一见倾心，并展开了热烈追求，但是当时约瑟芬似乎没有把他放在眼里。生逢乱世，约瑟芬十分希望为自己和两个孩子寻找有力的庇护，拿破仑的出现令她心动，但是似乎又不能令她完全满意。她故意敷衍着这位小她六岁的军官，把他的热情仅仅当作对她美貌的赞赏。但是拿破仑并没有放弃，他在战场作战的间隙，给约瑟芬写了大量热情洋溢的情书，这些情书成了拿破仑对约瑟芬疯狂爱恋的见证。让我们摘录其中一封，来感受一下这位军事天才感性的一面：

"我收到了你的信，我崇拜的心上人。你的信使我充满了欢乐。自从与你分手以后，我一直闷闷不乐，愁眉不展。我唯一的幸福就是伴随着你。

你的吻给了我无限的思索和回味，还有你的泪水和甜蜜的忌妒。我迷人的约瑟芬的魅力像一团炽热的火在心里燃烧。什么时候我才能在你身旁度过每分每秒，除了爱你什么也不需做；除了向你倾诉我对你的爱并向你证明爱的那种愉快，什么也不用想了！我不敢相信不久前爱上你，自那以后我感到对你的爱更增一千倍。自我与你相识，我一天比一天更崇拜你。

这正好证明了文人们说的'爱，突如其来'多么不切合实际。唉，让我看你的一些美中不足吧。再少几分甜美，再少几分优雅，再少几分温柔妩媚，再少几分姣好吧。但决不要忌妒，决不要流泪。你的眼泪使我神魂颠倒，你的眼泪使我热血沸腾。相信我，我每时每刻无不想你，不想你是绝无可能的。没有一丝意念能不顺着你的意愿。好好休息，早日康复。回到我的身边，不管怎么说，在我们谢世之前，我们应当能说：'我们曾有多少个幸福的日子啊！'千百万次吻，甚至吻你的爱犬。"

随着拿破仑军事上取得的一系列胜利，加上一封封滚烫的情书，约瑟芬开始认真考虑与他结合的可能。当时的拿破仑犹如冉冉上升的新星，前途不可限量，约瑟芬决定不再矜持。她让自己12岁的儿子去拿破仑那里把丈夫生前被革命军没收的宝剑取回来，拿破仑爽快地答应了。为了致谢，约瑟芬亲自登门拜访他。两人的这一面迅速擦出了火花，拿破仑深深沉醉于约瑟芬的美貌、智慧和善良之中，他称呼约瑟芬为"永远纯洁的天使"。三个月后，两人举行了婚礼。

也许是爱情的伟大力量，婚后不久，拿破仑在意大利前线以劣胜优，打败了强大的奥地利军队，从此名扬世界。此后，拿破仑事业一路顺畅，他成功发动雾月政变，夺取了政权，并于1804年宣布称帝，建立法兰西第一帝国，事业步入顶峰，而约瑟芬顺理成章被尊为皇后，并由拿破仑亲自加冕。

然而，美中不足的是，约瑟芬和拿破仑一直没有子女，这让想要子嗣的拿破仑开始耿耿于怀。身为法兰西第一帝国的皇帝，必须有继承人才能让自己的事业得以延续。经过激烈的思想斗争，1810年，拿破仑迫不得已宣布与约瑟芬离婚，据说他在签署离婚协议时泣不成声。离婚后，拿破仑给予了约瑟芬一系列优待，比如继续保留她的皇后封号，并让她住在巴黎附近的马尔梅松城堡。但是这并不能令约瑟芬从离婚的打击中恢复过来。

约瑟芬被世人视为拿破仑的政治牺牲品，因此在他垮台之后，她也受到了波旁王朝和欧洲其他贵族的同情与厚待。很多王室成员，甚至俄国沙皇都亲自登门，就是为了一睹这位传奇女性的风采，这使她的晚年生活也不得平静。

1814 年 5 月，约瑟芬在圣·雷度假，不小心着了凉，她立刻回到了马尔梅松城堡。没过多长时间，她被确诊为轻度感冒，依旧干咳得厉害。更严重的是，她很快发起了高烧，医生又认为她患上了重伤风，给她做了简单的治疗，但是于事无补，她病得更严重了。俄国沙皇十分关心约瑟芬的病情，派来了一流的医生，经过仔细诊断，最终确定她得的是化脓性咽炎。她的状况已经十分不好了，陷入了神志不清的昏迷，呼吸也更加困难。5月 29 日，也就是圣灵降临节这天，约瑟芬在"波拿巴""圣赫勒拿岛"的喃喃自语中离世。

在她最喜欢的玫瑰色寿衣的映衬下，她看上去就像一个天使。

据说，拿破仑在收到约瑟芬的死讯后，默默把自己关了两天。他在复辟之后，曾前去约瑟芬的墓前失声痛哭。而他在圣赫勒拿岛临终之前，也大呼"约瑟芬"的名字，感情之浓烈令人唏嘘。在拿破仑眼中，约瑟芬永远是他纯洁的天使。

乔治·桑：
用手中的笔与传统桎梏对抗

国　　别：法国

生　卒　年：1804 年 7 月 1 日—1876 年 6 月 8 日

死亡原因：不详

地位影响：乔治·桑是法国著名作家，以小说见长，主要作品有《安蒂亚娜》《莱莉亚》《我的一生》等，她文笔细腻，风格亲切，也是欧洲最早反映农民和工人阶级生活的作家之一。她倡导男女平等、女性解放，是女权主义先驱。雨果称赞她具有独一无二的时代地位。

作为 19 世纪的作家，乔治·桑一度曾被 20 世纪的人们冷落。直至伴着思想解放、男女平等、女权主义的兴起，欧美学界重新挖掘出其作品的意义，她以及她的作品才重新回到大众视界。乔治·桑，这一男性化名字的后面却是一个真正的女人。据说，这个名字取自她的情人。贵族出身的乔治·桑生性叛逆，崇尚自由独立，且天资聪颖。她不甘被传统的道德礼教束缚，从平淡无爱的婚姻中逃离出来，靠一支笔征服了世界，与当时许多社会名流有过风流韵事，成为作家中的一株华丽奇葩。

惊世骇俗的乔治·桑笔下究竟是一种怎样的世界呢？

首先，追求人格独立和纯正爱情。《安蒂亚娜》是乔治·桑的处女作，刻画了一位渴望纯爱的独立女性，历经失败婚姻与情人背叛后，离家出走寻找自我的故事。这部作品充斥着乔治·桑的身影，毫无疑问，这是她的自传。婚姻爱情永远是作家笔下的主题，尤其对敏感细腻的女作家来说。无论《安蒂亚娜》，还是其后的《莱莉亚》《华朗蒂纳》《雅克》，都围绕着女性在爱情婚姻中的困惑与艰难展开，希望借由女主角的自我觉醒与反叛，呼吁给予女性宽容、平等与独立的生存空间。在乔治·桑看来，女人拥有与男人同等的权利，不应成为男性的附属品而遭受不公平待遇。她甚至预言，"婚姻迟早会被废除。一种更人道的关系将代替婚姻关系来繁衍后代。一个男人和一个女人既可生儿育女，又不互相束缚对方的自由"，可谓女权主义先驱。现实生活中的乔治·桑也是如此实践，她拥有众多情人，其中不乏社会名流，她享受这种因打破世俗藩篱而带来的成就感。在她的笔下，她同样鼓励自己的女主角们勇敢追爱，同时不要成为男人的附庸。这是乔治·桑作品的伟大之处，要知道 19 世纪的社会等级森严，女性尚生活在传统礼教的枷锁之中，她的出现，为她们点燃了一盏明灯，同时也推动了社会进步。

其次，追求理想浪漫的生活状态。这在她的小说《魔沼》中表现得淋漓尽致。小说中的男女主人公虽一贫一富，外貌普通，但是在爱情面前外在的不匹配都消失了。他们在浪漫的田园风光中相遇、相知，有误会有波折但都一一化解，最终幸福地生活在一起。这部小说向我们展现了强悍女作家内心深处极为柔软的一面。虽然声称女性也可以像男人那样情人众多，但仍抑制不了她对单纯美好感情的向往。小说中，她用尽了所有美好的想象，为我们勾勒出一个浪漫主义者的理想爱情与生活。

此外，乔治·桑的笔触也指向了当时的法国政坛。女性作家参与政治在当时实属罕见，她的作品《木工小史》《康素爱萝》《安吉堡的磨工》体现了对贫下阶层的同情，并反映出空想社会主义倾向。政论文章也揭示了政府的黑暗，文辞之犀利与男作家相比有过之而无不及，体现了她强烈的社会责任感。

乔治·桑的笔像拥有魔力，一方面为我们描绘了一种相亲相爱的理想世界，为广大受压迫的女同胞指明反抗的方向；另一方面又对现实的黑暗残酷鞭辟入里，抗议社会不公与阶级迫害。虽然拥有男性化的笔名和愤世嫉俗的性格，但这都是她的保护色，真实的乔治·桑其实渴望浪漫理想的家庭与社会生活，只是现实太让人无奈，不是吗？

1876 年 6 月 8 日，72 岁的乔治·桑在法国诺昂庄园逝世，终其一生都在与传统桎梏对抗，在晚年，她隐居田园，在笔下继续勾勒自己的理想世界。她逝世的时候，众多社会名流前来悼念。雨果说："我痛惜一个伟大女性的去世，向这个流芳百世的人致敬。"福楼拜在给屠格涅夫的信中写道："可怜的母亲乔治·桑的去世，使我感到无限悲痛。在她下葬时，我像头小牛似的哭了，而且哭了两次。她永远是法国的一位杰出人物，而且是法国的唯一的光荣。"一位作家，尤其是位女作家，影响力达到如此，的确令人叹服。

莎拉·伯恩哈特：
法国女演员的非凡人生

国　　别：法国

生　卒　年：1844 年 10 月 23 日—1923 年 3 月 26 日

死亡原因：不详

地位影响：莎拉·伯恩哈特是法国 19 世纪末、20 世纪初最有名的女演员，她塑造过许多经典角色，享誉世界。此外，她擅长绘画和雕塑，翻译过剧本，写过小说，还曾发表了一部自传，可谓文艺界的多面手和常青树。

　　莎拉·伯恩哈特是一名私生子，她的父亲是一名法学学生，母亲是一名荷兰籍妓女，两人悬殊的身份导致莎拉注定无法成长于正常的家庭之中。8 岁之前她被寄养到一位亲戚家，8 岁的时候被送到一家寄宿学校，两年之后又进入凡尔赛一所知名的修道院学校学习。动荡的童年生活导致莎拉性格古怪，沉默寡言。在修道院学习到第四个年头，她母亲的情人，同时也是国王拿破仑三世同父异母的哥哥利用特权将她送到了法兰西戏剧院学习表演，这看似微不足道的举动彻底改变了莎拉的命运。

戏剧给莎拉的世界打开了一扇充满惊喜的大门，沉浸在角色之中的莎拉完全忘却了自己的痛苦经历和不幸童年。她以角色为面具，充分地感受他们的喜怒哀乐，因而情感得以完全释放，令她感到前所未有的轻松和喜悦。莎拉爱上了戏剧，爱上了舞台。她曾经动情地说："让我死在舞台上吧！"

四年的训练使莎拉掌握了精湛的表演技巧，她跃跃欲试，准备大展身手。1862年，她首次在拉辛的《伊芙琴尼亚》中饰演主角，反响不错。但是不久之后，她的演艺生涯遭遇了危机。不知什么原因，她和一名同事大吵了一场，被解雇了。此后好几年，她只能在小剧院里扮演一些无足轻重的小角色。

她的爱情也经历了危机，她和比利时的一个贵族相恋，并为他生下了一个儿子，但是他们的恋情遭到了男方家里的极力反对，不得不以遗憾告终。

种种挫折击垮不了她，她变得越来越坚强。1868年，她在卢森堡公园附近的剧院饰演大仲马《金恩》中的一个角色并大获成功，开始在戏剧表演界声名鹊起。1870—1871年普法战争的爆发使她中止演艺事业，在后方护理伤员。战争结束后，她返回法兰西戏剧院，开启了表演的黄金时代。她凭借惊人的表演才华迅速获得观众的认可，成为当时最著名的女演员，被誉为"金色的声音""女神"。

莎拉·伯恩哈特是一位非常敬业的演员，她为观众奉献过许多经典角色。她嗓音优美、动作优雅、矜持又不乏热情，这些使她大受欢迎。她在经典戏剧，如雨果、莎士比亚、拉辛的作品中获得了极大的成功。而她本人最为中意的就是大仲马《茶花女》中的茶花女，这个角色在当时基本被莎拉承包了，一直到晚年她还扮演过这个角色，甚至担任了1911年电影《茶花女》中的女主角，可见莎拉对这个角色的喜爱。此外，莎拉也在现代戏剧中游刃有余，她还有一项特殊的技能，就是非常擅长反串男角，曾经扮演过哈姆雷特和拿破仑的儿子，堪称戏剧经典。

强大的戏剧表现力为莎拉赢得了世界荣誉，她经常进行欧洲或者世界巡回演出，英国维多利亚女王和沙皇亚历山大三世均是她的忠实粉丝。值得一提的是，莎拉深爱自己的祖国，由于德国和法国的紧张关系，她始终拒绝到德国演出。在第一次世界大战中，她甚至亲临前线为士兵表演以鼓舞士气，1914 年她被授予法国荣誉军团勋章。

除却表演，莎拉还写过小说和剧本，她于 1907 年发表的自传为许多作家带来了灵感，比如普鲁斯特《追忆似水年华》中的女演员拉·贝尔玛就是以莎拉为原型。她也擅长绘画和雕塑。

作为一名伟大的女演员，莎拉可谓德艺双馨、多才多艺，在实际生活中，她却有着古怪、高冷、多变的性格。她终身未婚，有众多情人，其中不乏社会名流；她思维怪异，曾经拍卖一张自己在棺材内睡觉的照片；她热爱冒险，数次乘热气球环游法国；她品位独特，家中豢养了许多千奇百怪的宠物，如变色龙、狮子、蟒蛇等。这位女演员的世界常人的确不懂。

晚年的莎拉依旧活跃在舞台上，热情不减，但是身体状况也越来越糟。1905 年膝盖受伤之后，疼痛就一直纠缠着她，十年之后，她的右腿不得不截肢，成为一名独脚女演员的她，为舞台增添了独特的色彩。坚强的莎拉继续自己的演艺事业。

1922 年 12 月，她出演沙夏·吉特利一部名为《小说主题》的戏。排练结束后，她回到化妆间，但是不久开始呼吸困难，她被送回了家。人们劝她放弃这部戏，但是她仍不甘心，坚持在床上通过电话和其他演员对台词。但她无法坚持下来，病魔已经击垮了她。她开始卧床不起。

1923 年初，她在家中接见了一位来自好莱坞的经纪人。他们商谈一部电影的演出事项，其间这名经纪人对她的健康感到担忧。倔强的莎拉告诉他这只是普通感冒，并建议可以把拍摄场地安排在她的家里。

于是，她的家成了拍摄现场。但是几场戏下来她就累倒了，3 月 26 日，经抢救无效，莎拉·伯恩哈特，这位璀璨的戏剧巨星陨落了。为了表示沉痛悼念，巴黎所有的剧院都默哀一分钟。

茜茜公主：
现实的童话必然以现实结局

国　　别：德国

生 卒 年：1837 年 12 月 25 日——1898 年 9 月 10 日

死亡原因：被刺身亡

地位影响：伊丽莎白·阿马利亚·欧根妮是德国巴伐利亚女公爵与公主，因昵称"茜茜"而被后世尊称为"茜茜公主"。她嫁给了奥匈帝国皇帝弗兰茨·约瑟夫一世，以美貌和魅力征服了整个欧洲，有"世界上最美丽的皇后"之美誉。虽然政治上的影响有限，她却由于戏剧般的命运成为了文化偶像，由她的经历改编的小说、戏剧、电影经久不衰，深受喜爱。

　　伊丽莎白出身高贵，从小无忧无虑地在宫廷里长大，就像童话里的公主那样。她的前半生也像一场童话那般梦幻。1853 年，时年 16 岁的伊丽莎白随母亲和姐姐海伦到奥地利的伊舍皇宫拜见奥地利皇帝弗兰茨·约瑟夫一世，原本计划撮合海伦与皇帝的婚事，意外的是约瑟夫一世喜欢上了伊丽莎白。次年 4 月 24 日，两人在维也纳举办了盛大的婚礼，从此公主成为了耀眼的皇后。

　　伊丽莎白很受约瑟夫一世的宠爱，他把伊舍的行宫送给爱人当结婚礼物，并将其改建成 E 字形，与伊丽莎白名字的首字母相同，以表达对她的浓浓爱恋。但是公主结婚后并不像童话里那样，多愁善感的伊丽莎白拥有各种各样的烦恼。她十分厌恶哈布斯堡王朝严格到近乎苛刻的宫廷规矩，而她又对骑马、读书和艺术非常着迷，这在宫廷中是极为罕见的，因此，她与整个皇宫格格不入。婚后她生下了两女一男，但是皇太后不允许她抚养自己的孩子，这导致她们婆媳关系紧张，也影响到了她和约瑟夫一世的感情。为了排遣苦闷，她离开了皇宫，远赴英国、匈牙利和马德拉旅行。虽然此后她与丈夫短暂地重归于好，但是她已经对宫廷生活十分厌倦了，于是经常环游欧洲各地。

雪上加霜的是，1889 年，她 30 岁的儿子——奥地利王储鲁道夫在自己的行宫内身亡，这给伊丽莎白造成了十分沉重的打击，从此她患上了忧郁症，而她亲爱的表弟，也是唯一的知己路德维希二世的意外去世更是加重了她的忧愁。伊丽莎白在悲伤的世界里再也没有恢复过来。她始终生活在死亡的阴影之中，终年穿着黑色的衣服，病态地搜集自己已故亲人朋友的东西，并时常做梦，梦见自己的死亡。有时她对死亡极度渴望，在外旅行时甚至祈祷会发生灾难，让自己死去以摆脱痛苦。

也许她的祈祷应验了，1898 年 9 月，她的死期到来了。当时匈牙利民族主义情绪高涨，从奥地利独立出来的态势愈演愈烈，甚至有些狂热的民族主义者不惜以刺杀奥地利王公贵族的方式来为自己的国家争取自由。悲哀的是，奥地利皇后伊丽莎白就这样被盯上了。

当时奥尔良公爵陪伴伊丽莎白皇后一同抵达了日内瓦，刺客本来打算刺杀奥尔良公爵，但是不料公爵改变了行程，离开了日内瓦，只剩下伊丽莎白皇后一人。刺客认为这是个天大的好时机，于是将目标转移到了皇后身上。9 月 10 日，伊丽莎白在"美丽河岸"旅馆下榻。为了保护皇后的安全，她的行踪都是保密的，并且有侍从跟随左右。但是伊丽莎白认为这些侍从过度紧张了，不能使她自由地在日内瓦闲逛。于是中午 11 点钟，在她打算去市场买只音乐盒的时候，她只让斯塔莱伯爵夫人一人跟随。斯塔莱伯爵夫人携带了一把小花伞和一个皮折扇。天真的伊丽莎白认为撑着伞、用那把皮折扇遮着脸就可以掩盖自己的身份，帮她抵御任何侵害了。她们两人像普通的贵妇人那样，十分放松地来到了日内瓦集市。伊丽莎白兴致勃勃地挑选了一台带柄的手摇式唱机和 24 张当时最为流行的唱片。

逛完集市，伊丽莎白兴致不减，她想乘船去考克斯游览一番。为了赶上船期，两位娇弱的夫人匆匆忙忙地赶往码头。当她们赶到蒙布朗岸边时，突然出现了一位陌生人与她们擦肩而过。说时迟那时快，他拔出了一把尖刀，冲着伊丽莎白的胸口，猛烈一击，伊丽莎白的身体不听使唤地仰面倒在了地上。得益于她那厚厚的头发，她的头部着地时并没有受太大的冲击，但是她的心脏受到了重击，十分痛苦。斯塔莱伯爵夫人见状，慌忙大声呼救，一位马车夫赶过来帮助伊丽莎白重新站了起来，此时已经有人去通知"美丽河岸"旅馆的人了。尽管感到恐惧，伊丽莎白还是倔强地决定去赶船。也许她早已看淡生死了吧，只想在临终之前再饱览一番美景。

上船之后，伊丽莎白很快就晕了过去。船上没有医生，只有一位曾经当过护士的女士。她赶紧让人把伊丽莎白抬到最高层的甲板上，使她的身体平躺在一张长凳上。为了使她呼吸顺畅些，斯塔莱伯爵夫人解开了她的衣服，并给她喝一些加过糖的酒以减轻痛苦，但是她的情况并没有得到好转，她时而清醒，时而昏迷。这时，斯塔莱伯爵夫人才发现伊丽莎白的衣服已有大片血迹渗出，为了避免让皇后在没有医生和神父的情况下发生不测，斯塔莱伯爵夫人向船长表明了伊丽莎白的身份，船很快驶回了日内瓦。

伊丽莎白被一副用树枝和折叠椅临时做成的担架抬进了自己的房间，此时她已经脸色苍白、奄奄一息。匆忙赶来的医生努力抢救她的生命，甚至在她的左臂动脉上划了一个小口，但是遗憾的是，伊丽莎白失血过多，已经无法挽回了。

玛丽·居里：

终生忠于科学的伟大女性

国　　别：法国

生 卒 年：1867 年 11 月 7 日—1934 年 7 月 4 日

死亡原因：恶性白血病

地位影响：玛丽·居里就是世界闻名的"居里夫人"，法国著名的波兰裔科学家。她于 1903 年，因对放射性物质的研究而获得诺贝尔物理学奖，又在 1911 年，因发现元素钋和镭再次获得诺贝尔化学奖，成为历史上两次在不同领域获得诺贝尔奖的第一人，被爱因斯坦称赞为唯一没有被盛名宠坏的世界名人。

在遇到皮埃尔·居里之前，她是一个名叫玛丽的波兰女孩。出生于教师家庭的她自幼便显露了出色的读书天赋。16 岁时，她被索邦大学录取，攻读物理学，并结识了时任索邦大学讲师的皮埃尔·居里。共同的志向将两个人牢牢地拴在了一起。他们结婚了，从此玛丽成为了居里夫人。他们一起进行放射性物质的研究，经常在一堆工业废弃品——沥青铀矿石中废寝忘食。这种矿石蕴含的总放射性比所含有的铀的放射性还要强，这使得他们得出一个推断，认为某种未知放射性物质的存在导致了这种现象。这推动着他们继续探索的脚步，此后好几年，他们都致力于从沥青铀矿石中提炼这种成分。经过坚持不懈的努力，终于成功分离出来氯化镭这种物质，并发现了钋（Po）和镭（Ra）这两种全新的化学元素，堪称物理和化学领域的重大突破。为了表彰他们的开创性贡献，1903 年居里夫妇和另一名知名的物理学家共同获得了诺贝尔物理学奖，居里夫人因此成为诺贝尔奖历史上第一位获此殊荣的女性。

1906 年，玛丽的丈夫皮埃尔·居里因为一场车祸意外丧生，这对她来说是重大的人生打击。然而精神伴侣兼挚友的离去并没有熄灭她对科学的研究热情。1911 年，她成功分离了镭元素，这为她赢得了诺贝尔化学奖，并使她成为两次获得诺贝尔奖的第一人。难能可贵的是，居里夫人没有为她的这一项发现申请专利，这极大地推动了放射化学的发展，使放射性医疗开始为广大民众服务。

第一次世界大战时期，居里夫人倡导利用放射学来救护伤员，这加快了放射学在医学领域里的运用，堪称造福全人类的壮举。她发明了分离放射性同位素的技术，并指导人们将其用于癌症治疗。

一心致力于拯救人类的居里夫人没有意识到，她正在经受病魔的侵袭。她的双手因为长期接触射线辐射而被严重灼伤，但这没有令勇敢的居里夫人退缩。此外，她的身体也遭受着视力衰退、耳鸣、风湿等疾病的折磨，但是在解开科学之谜的强大动力之下，她成为科学的忠实女仆。

为了缓解病痛以及实验压力，她喜欢旅行度假，通过与大自然亲近的方式放松自己。在溜冰场里消磨时间、在幽静的山谷中自在地徜徉、欣赏山区壮观的落日以及悠闲地散步都是她喜爱的休闲方式，晚年更是乐此不疲。尽管如此，居里夫人认为这一切不过是为了拥有更好的精力来进行科学研究。她果然是名科学狂热分子，此时，她正在着力撰写一本名叫《放射线》的书。

1934 年的某天，她和姐姐布罗妮娅去她在卡瓦莱尔·锡尔·梅尔的家，当时房子里没有生火，寒冷的天气使她着了凉。她十分担心自己的病情，甚至哭倒在姐姐的怀里，因为她的《放射线》还没有完成。不过她迅速恢复了平静，回到巴黎继续自己的研究。虽然此后她一直忍受着低烧的纠缠，她只当是普通的感冒，没有过于放在心上。她亲自搬运实验用的放射性材料，实在撑不住了就回家写书。低热还在持续，使她脸色极其苍白，医生劝告她需要好好休息，最好是卧床休息，但是她唯一关心的便是自己的工作，她所能做的就是尽量与时间赛跑，她很快又出现在实验室里。

5 月的一天下午，已经在实验室工作了六个多小时的她突然感觉十分不舒服，经过医生的仔细诊断，发现她的结核病复发了。为了利于治疗，医生说服了她去环境优美的山区疗养一段时间。

在圣·热尔韦疗养院，她重新做了检查，结果令人失望。她患上了"再生障碍性恶性贫血"，体内的红白血球锐减，并且高烧不退。这让医生们束手无策，只能对她进行保守治疗。

7月，她的体温开始下降了。在居里夫人看来这仅仅是回光返照，并不值得庆贺。此时她丈夫的兄弟雅克来信劝慰她积极配合治疗，并摒弃不吃晚饭的坏习惯。他称赞她拥有旺盛的生命力，肯定能渡过难关。虽然深知这只是雅克鼓励她的话，但还是让她非常高兴。

没过多久，居里夫人又高烧了，时断时续的昏迷让她经常说一些别人无法理解的话，比如，她会问陪伴自己的女儿，所喝的水是否用镭或钛泡的，这让陪护的人哭笑不得。7月4日这天，医生按惯例要给她注射退烧药，但是遭到了她的拒绝。"我需要安静。"这是居里夫人留给世人的最后一句话，说完，她就悄然离世了。

她的女儿回忆说，居里夫人至死都在念叨着她那本未完成的书。科学给她带来了巨大的声誉，但也要了她的命，她从没有后悔过。她是科学领域绽放的一朵美丽花朵，为枯燥的科学世界增添了一抹亮色，永远为人们所敬仰。

玛塔·哈丽：
以飞吻面对死亡的传奇女间谍

国　　别：荷兰

生 卒 年：1876 年 8 月 7 日—1917 年 10 月 15 日

死亡原因：死刑

地位影响：玛塔·哈丽是世界间谍史上最富传奇的女间谍之一，位列"最著名的十大超级间谍"之一。她从生活不幸的乡下女孩一跃成为轰动巴黎的脱衣舞娘，后来又周旋于德法之间从事间谍活动，人生波澜壮阔，充满神秘。她的经历吸引了后人的目光，并被改编进了文学和影视作品中，在西方文化中拥有一定的影响力。

原名玛嘉蕾莎·吉尔特鲁伊达·泽利的玛塔·哈丽本是荷兰的一名普通乡下女孩。童年的她生活并不快乐，父亲生意失败后离家出走再也没有回来，抛下了她的母亲和四个孩子，小小年纪的玛嘉蕾莎饱尝人间辛酸。

1895 年，年仅 19 岁的玛嘉蕾莎嫁给了年长自己 20 多岁的荷兰海军军官，但是经常酗酒的丈夫喜欢对她拳打脚踢，使她受尽了虐待。儿子不幸夭折后，她下定决心离了婚，并于 1904 年孤身一人来到巴黎寻求发展。

她先是在一家马戏团找了一份骑师的工作，同时做起了兼职艺术模特。她的母亲是印度尼西亚人，因此她本人也洋溢着神秘的东方气质。为了维持生计，万般无奈之下，她在一家剧院开始表演脱衣艳舞。这种舞蹈惊世骇俗，大胆出位，在当时是绝无仅有的。她改名为玛塔·哈丽，决心以此为生。1905 年 3 月 13 日，她在巴黎吉梅博物馆进行首次演出，在场所有的观众都被她的东方魅力和诱惑性的身材折服了，这使得她一夜成名。后来，她拍摄了许多暴露甚至裸体的照片，并将这种大胆的行为带到了舞蹈之中，令人如痴如狂。为了增加自己的神秘感，她编造了自己的身世，宣称自己是印度僧侣的后裔，从小就掌握了高超的印度舞蹈技艺。这一说法骗倒了很多不明真相的人，相对于她的身份，人们更关心她的舞姿以及她的新花招。

玛塔·哈丽成为了职业舞娘，并且在巴黎红得发紫。她的艳舞表演将巴黎的娱乐界带进了崭新的境界，甚至使得巴黎成为闻名世界的国际大都市。玛塔·哈丽在舞蹈上取得了巨大的成功，她的私人生活却十分混乱放纵。她虽然没有惊人的美貌，却凭借曼妙的身姿、妩媚的东方气质成为巴黎著名的交际花，周旋于欧洲的军政显要之间。

1914 年，第一次世界大战爆发前夕，玛塔·哈丽正在德国进行巡回演出，她引起了德军统帅部的军官巴龙·冯·米尔巴赫的注意。米尔巴赫认为哈丽是一块做间谍的好材料，于是私下出价 2 万法郎意欲将她收买。这令玛塔·哈丽欣喜异常，面对德军的重金诱惑，她决定铤而走险，利用自己的优势谋利。事实证明德国军官没有看走眼，玛塔·哈丽很快掌握了间谍的技能，靠出卖美色成为很多高级军官的情妇，从他们那里套取情报，并将其源源不断地输送给德国，令德国在战争伊始获得了作战主动权，并导致法军在马恩河战役中惨败。

随着战争进入相持阶段，玛塔·哈丽开始担心自己的未来，她害怕有朝一日协约国取得胜利，自己的事情败露会导致不利后果，于是开始有意向法国靠拢。当时负责法国情报工作的乔治·劳德克斯上尉决定将错就错，让玛塔·哈丽以德国间谍的身份作掩护为法国套取情报，这样，她又开始为法国服务，情报工作做得极其出色，达到在法德两国之间左右逢源、出神入化的程度。怪不得《间谍大师：阿兰·杜勒斯》一书的作者詹姆斯·史劳德斯高度评价她的表现："从任何角度来看，她的工作都非常出色。"

1917 年，玛塔·哈丽来到西班牙巡演，她在演出的间隙，将掌握的西班牙情报源源不断地发往德国，这引起了英国间谍机构的注意，并将这一情况反馈给了法国。此时，法国方面正好截获了驻西班牙的德国军队发往柏林的一封电报，并破译了电文："通知 H21 速回巴黎，并支付 1.5 万法郎费用。"巧合的是，玛塔·哈丽中断了在西班牙的演出，很快返回了巴黎，这使法国反间谍机构基本确定了玛塔·哈丽就是电报中显示的"H21"。玛塔·哈丽被捕了。

玛塔·哈丽同时为德国和法国服务的行为彻底惹恼了法国。就连当初招募她成为法国间谍的乔治·劳德克斯上尉也极力夸张她为德国搜集情报导致法国屡屡战败的罪行，只字未提她后来为法国做出的贡献。最终，玛塔·哈丽因犯叛国罪而被判死刑。

1917年10月15日，受刑前，哈丽头戴一顶宽檐黑帽，脚穿一双漂亮的红舞鞋，神态自若。她拒绝戴眼罩，面对眼前11个行刑队员的枪口，反而笑着调侃："这是头一次有人肯付12法郎占有我。"（法语中的"法郎"和"子弹"同音）她甚至还向他们飞了一个吻。

奥黛丽·赫本：
与罗伯特走完最后的人生

国　别：英国

生卒年：1929年5月4日—1993年1月20日

死亡原因：阑尾癌

地位影响：奥黛丽·赫本是一名伟大的电影演员，曾主演《罗马假日》《窈窕淑女》《蒂凡尼的早餐》等经典影片，她一生共获五次奥斯卡最佳女主角提名，并于1999年被美国电影协会评为"百年来最伟大的女演员"第三位。与辉煌的电影事业相比肩的，是她为慈善所做的贡献。晚年的奥黛丽·赫本一心为善，曾作为联合国儿童基金会亲善大使为欠发达地区的妇女儿童争取权益，做出了卓越贡献，并获得美国总统自由勋章、奥斯卡人道主义奖等。

奥黛丽·赫本出身高贵、容貌清丽、心地善良、演技精湛，人们愿意用所有美好的词汇来描绘她，甚至将她奉为"人间天使"，而赫本也经得起这样的赞赏。回顾她的一生，她简直是美丽、优雅、温暖的代言人。

赫本因电影和优雅的气质为世人所熟知，毫无疑问，这位"百年来最伟大的女演员"之一的事业是举世瞩目的，但是她的情路非常坎坷。

赫本的初恋詹姆斯·汉斯是英国一家卡车制造公司的继承人，两人准备结婚之时正值赫本刚刚拍摄完《罗马假日》，处于事业的起步阶段，而与汉斯结婚则意味着放弃自己心爱的演艺事业，为此赫本纠结不已。《罗马假日》的成功令她看到了"除了卡车就是马匹和猎狗的世界"的另一种可能，她放弃了婚姻，选择在演艺事业中成就自己。

赫本的第一任丈夫是导演、演员兼剧作家梅尔·费勒，两人经格里高利·派克介绍认识并一见钟情。他们的婚姻维持了13年，其间赫本因身体原因经历了四次流产，最终还是以离婚收场。离婚的原因在于赫本的光芒掩盖了费勒的锋芒，以艺术家自居且固执自傲的他不能忍受做"奥黛丽·赫本的先生"。

赫本的第二任丈夫、著名心理学家安德烈·多蒂是她在希腊旅游时的邮轮上认识的。多蒂比她小九岁，但她还是被他的幽默风趣所打动，赫本在与费勒正式离婚的六周后与多蒂举行了婚礼。当时她一心想做个称职的医生太太，可惜多蒂风流成性，屡屡背叛赫本，令她的第二次婚姻也以失败告终。

此时的赫本已经封闭了内心，基本对爱情没有了奢望，哪料命运却为她带来了惊喜，让她遇到了后来被她称作"灵魂伴侣"的罗伯特·沃德斯。他们相识于朋友的书房，罗伯特曾回忆说那间书房是他生命中非常重要的地方，他和赫本的相遇仿佛前世注定。当时他们都遭受了感情创伤，罗伯特的丧妻之痛和赫本的不幸婚姻使得两个人像找到了同类那样惺惺相惜。罗伯特需要母性的关爱，而赫本则需要一个可靠的肩膀，两人都在彼此身上找到了苦苦追寻的东西。赫本后来跟朋友回忆遇到罗伯特时的激动心情，简直是"灵魂上的双胞胎"，她看到了爱情的希望。事实证明罗伯特就是那个"正确的人"。

　　遇到罗伯特时，赫本已经 51 岁，此时的她经历了感情的种种波折却依旧对爱有着执着的信仰。她中晚年时期一直居住在瑞士的家——"和平之邸"，忙于慈善事业的同时享受着中欧闲适的田园风光。罗伯特搬来同住，与她一同分享生活的点点滴滴。他们有着说不完的话，虽有意见冲突，但能够互相包容。比如罗伯特非常讨厌逛街，赫本就把他安排在露天咖啡座消磨时光。除此，罗伯特却十分愿意陪伴赫本出席服装发布会，并对赫本的穿衣打扮给予指导。

　　赫本与罗伯特并没有正式结婚，也许经历了两次失败的婚姻之后，赫本已并不看重形式上的忠诚与约束。在她眼中，与罗伯特的结合即使没有形式上的承诺却收获了超越婚姻的幸福与满足。面对人们询问"何时结婚"的关切，赫本轻描淡写"东西没坏，就不用修理"。是啊，为什么要做计划呢？她的孩子已经长大成人，自己的事业举世瞩目，生活有罗伯特照料，还有比这更美好的吗？

　　赫本最后的 13 年与罗伯特在"和平之邸"度过，她说这是她一生最快乐的时光。1993 年 1 月 10 日，罹患阑尾癌的赫本在罗伯特的搀扶下，最后一次走进"和平之邸"的花园，眷恋地抚摸每一株植物，叮嘱他照料时需要注意的地方。十天后，赫本这位人间天使飞向了天堂。

　　尽管情路历经坎坷，但是在最后的十几年，命运还是让他们相遇、相知、相爱，成就了一段爱情传奇。与灵魂伴侣最后的时光，天使最快乐。